As Identidades do BRASIL 1

De Varnhagen a FHC

José Carlos Reis

As Identidades do BRASIL 1

De Varnhagen a FHC

9ª edição ampliada

ISBN — 978-85-225-0596-8

Copyright © 2007 José Carlos Reis

Direitos desta edição reservados à
EDITORA FGV
Rua Jornalista Orlando Dantas, 37
22231-010 — Rio de Janeiro, RJ — Brasil
Tels.: 0800-021-7777 — 21-3799-4427
Fax: 21-3799-4430
e-mail: editora@fgv.br — pedidoseditora@fgv.br
web site: www.fgv.br/editora

Impresso no Brasil / *Printed in Brazil*

Todos os direitos reservados. A reprodução não autorizada desta publicação, no todo ou em parte, constitui violação do copyright (Lei nº 9.610/98).

Os conceitos emitidos neste livro são de inteira responsabilidade do autor.

1ª edição — 1999; 4ª edição — 2001; 5ª edição — 2002; 6ª edição — 2003; 7ª edição — 2005; 8ª edição — 2006; 9ª edição ampliada — 2007; 1ª reimpressão — 2008; 2ª e 3ª reimpressões — 2009; 4ª reimpressão — 2010; 5ª reimpressão — 2011; 6ª reimpressão — 2012; 7ª reimpressão — 2014; 8ª reimpressão — 2015; 9ª reimpressão — 2019; 10ª reimpressão — 2021.

REVISÃO DE ORIGINAIS: Waldivia Marchiori Portinho

REVISÃO: Aleidis de Beltran e Fatima Caroni

CAPA: aspecto:design

Ficha catalográfica elaborada pela Biblioteca
Mario Henrique Simonsen/FGV

Reis, José Carlos.
  As identidades do Brasil: de Varnhagen a FHC / José Carlos Reis — 9. ed. ampl. — Rio de Janeiro : Editora FGV, 2007.
  xxviii, 280p.

  Inclui bibliografia.

  1. Brasil — Historiografia. I. Fundação Getulio Vargas. II. Título.

CDD – 981

Sumário

Prefácio
Uma sociedade nacional-dependente — vii
Luiz Carlos Bresser-Pereira

Vivas Representações do Brasil — xvii

Introdução à 9ª Edição — 1
Vera Alice Cardoso Silva

Introdução — 7

Parte I — O "Descobrimento do Brasil" — 21
Anos 1850: Varnhagen
O elogio da colonização portuguesa — 23

Anos 1930: Gilberto Freyre
O reelogio da colonização portuguesa — 51

Parte II — O "Redescobrimento do Brasil" — 83

Anos 1900: Capistrano de Abreu
O surgimento de um povo novo: o brasileiro — 85

Anos 1930: Sérgio Buarque de Holanda
A superação das raízes ibéricas — 115

Anos 1950: Nelson Werneck Sodré
O sonho da emancipação e da autonomia nacionais   145

Anos 1960: Caio Prado Jr.
*A reconstrução crítica do sonho de emancipação
e autonomia nacional*   173

Anos 1960-70: Florestan Fernandes
*Os limites reais, históricos, à emancipação
e à autonomia nacionais: a dependência sempre
renovada e revigorada*   203

Anos 1960-70: Fernando Henrique Cardoso
*Limites e possibilidades históricas de emancipação
e autonomia nacional no interior da estrutura capitalista
internacional: dependência & desenvolvimento*   235

PREFÁCIO
Uma sociedade nacional-dependente

A rigor, este belo livro de José Carlos Reis não precisa de um prefácio. Quando foi publicado, em 1999, talvez isso fizesse sentido, já que o autor era desconhecido. Desde então, porém, o livro se impôs por si mesmo. Ainda que aborde um tema amplamente tratado — as interpretações clássicas do Brasil —, o livro o discute usando um estilo claro e uma abordagem sem preconceitos, aberta a essas mesmas interpretações, de forma que o resultado é uma visão ampla dos autores escolhidos e do Brasil. José Carlos Reis, entretanto, convidou-me para escrever um prefácio para esta 9ª edição, talvez porque saiba que eu me interesso pelo tema, talvez porque acredite que um prefácio, ainda que breve, possa de alguma forma enriquecer seu livro, oferecer algum ângulo novo aos leitores.

Na introdução, José Carlos afirma que "cada geração, em seu presente específico, une passado e presente de maneira original, elaborando uma visão particular do processo histórico. O presente exige a interpretação do passado para se representar, se localizar e projetar o seu futuro". Sou contemporâneo de alguns dos autores, principalmente de Florestan Fernandes e, mais especificamente, de Fernando Henrique Cardoso, de forma que talvez possa falar com mais propriedade sobre eles porque minha formação coincidiu no tempo, ou sobre aquilo que eles não falaram porque suas obras fundamentais são dos anos 1960 e 1970, e depois disso a sociedade brasileira enfrentou novos desafios, passou por novas experiências, vitórias e frustrações, que não foram por eles analisadas. Se a função da história social é, como diz José Carlos, citando Lucien Febvre, "organizar o passado em função do presente", se a história é reescrita porque o conhecimento dela mesma muda e porque o presente onde esse reescrever se dá é sempre novo, à medida que passa o tempo é preciso sempre rever as interpretações com os olhos novos do presente.

Florestan Fernandes e Fernando Henrique Cardoso são membros da "escola de sociologia de São Paulo": o primeiro foi seu fundador, o segundo, seu principal representante. Essa escola tem recebido uma atenção especial porque teria introduzido a "sociologia científica" no país. Suas pesquisas científicas, porém, embora relevantes, eram necessariamente tópicas, e pouco contribuíram para a visão geral que esses dois autores tiveram do Brasil. Mais importante foi o fato de a Universidade de São Paulo ter sido fundada em 1934 pelas elites locais, logo após sua derrota na Revolução de 1932; foi a competição acadêmica em que seus membros se dedicaram com a sociologia de Gilberto Freyre e a visão geral do Brasil dos intelectuais do Iseb e principalmente de seu sociólogo maior — Guerreiro Ramos —, em busca do que Bourdieu chamou de "monopólio do saber legítimo"; foi a associação que essa escola fez com outros dois ilustres intelectuais paulistas de geração anterior, Sérgio Buarque de Holanda e Caio Prado Jr.; e foi a influência marxista que sofreu nos anos 1960 e 1970, principalmente depois do golpe militar de 1964. Em consequência, não foram obras que relataram pesquisas científicas, mas grandes ensaios que marcaram mais profundamente sua visão da identidade do Brasil.

Embora Florestan tenha sido mestre de Fernando Henrique, a obra fundamental da interpretação do Brasil produzida pela escola de sociologia de São Paulo foi escrita pelo segundo, *Dependência e desenvolvimento na América Latina* (1970), em associação com o sociólogo chileno Enzo Faletto. Com esse ensaio, a teoria da dependência, que fora iniciada em 1965 com André Gunder Frank e Ruy Mauro Marini, perdeu o caráter radical, e a possibilidade de compatibilizar desenvolvimento com dependência ganhou estatuto de teoria sociológica e de teoria do desenvolvimento econômico. Ambas as visões da dependência tinham base marxista e compartilhavam a tese de que não haveria possibilidade de uma burguesia nacional no Brasil ou na América Latina, mas, enquanto a corrente da "superexploração capitalista", de Frank, concluía da sua análise a necessidade da revolução socialista, a corrente da "dependência associada", que seria chefiada por Fernando Henrique, via a possibilidade de combinar a dependência com o desenvolvimento em associação com o império.

Florestan Fernandes escreveu depois, na fase mais negra do autoritarismo militar, seu livro principal de interpretação do Brasil, *A revolução burguesa* (1974). Ele compartilhava com a teoria da dependência a tese da impossibilidade de uma burguesia nacional — uma tese que havia se tornado absolutamente dominante nas esquerdas latino-americanas nos anos 1970 —, mas seria antes um membro da teoria da superexploração imperialista do que um defensor da dependência associada. Havia no próprio título do livro uma contradição, já que "revolução burguesa" que estava no título de seu ensaio não ocorrera nem ocorreria no Brasil — pelo menos não ocorreria uma revolução burguesa clássica, pois todas elas foram sempre revoluções nacionais. Florestan advertia que não pretendia explicar o presente do Brasil pelo passado dos europeus, mas a sua revolução burguesa era afinal "uma contrarrevolução autodefensiva (...), uma nova forma de submissão ao imperialismo".[1] Além disso, seguindo aqui outra faceta da teoria da dependência, que teve em Guillermo O'Donnell e no modelo burocrático-autoritário seu representante mais conhecido, Florestan Fernandes afirmava o caráter necessariamente autoritário da burguesia brasileira.

A teoria da dependência, que marcou todo o pensamento da esquerda a partir de meados dos anos 1960, ao radicalizar a tese da impossibilidade de uma burguesia nacional, inviabilizava também a possibilidade de uma nação no Brasil. Uma nação é historicamente uma sociedade que compartilha um destino comum e usa o Estado como seu instrumento de ação coletiva. As nações nascem com o capitalismo e o Estado moderno, e dão origem ao Estado-nação. Uma nação não impede o conflito interno entre as classes sociais, mas implica um grande acordo de classes quando se trata de competir com as demais nações. Implica, portanto, uma solidariedade nacional no quadro competitivo da sociedade capitalista mundial. A teoria da dependência não compreendeu esse fato: sua versão da superexploração radicalizou a impossibilidade de uma burguesia nacional porque via a revolução socialista no horizonte, e a teoria da dependência associada fez o mesmo

---

[1] FERNANDES, Florestan. *A revolução burguesa*. Rio de Janeiro: Zahar Editores, 1974. p. 217-219.

porque supunha que a falta de nação era compatível com o desenvolvimento em associação com os países centrais — associação que nos anos 1950 a Cepal e o Iseb, fiéis à sua vinculação com a teoria do imperialismo, haviam declarado impossível. A teoria da dependência associada nega a própria existência do imperialismo, ou a subestima, e concentra sua crítica nas distorções que essa dependência provoca, principalmente o aumento da desigualdade e o autoritarismo.

A rejeição da possibilidade de uma burguesia nacional era, em grande parte, a consequência de um ressentimento: o fato de nos anos 1960, no Cone Sul da América Latina, as burguesias terem se associado aos militares e aos americanos em uma sucessão de golpes autoritários que refletiam principalmente o quadro da Guerra Fria e o medo da repetição da Revolução Cubana (1959). A tendência necessária dessa burguesia a ser não apenas dependente, mas autoritária, derivava dos próprios regimes militares a que esses golpes deram origem. Em um trabalho de 1982, eu distingui três interpretações de esquerda pós-1964 e situei Fernando Henrique na interpretação da "nova dependência", distinguindo-a da interpretação "funcional-capitalista" defendida por quase todos os seus mais próximos colaboradores.[2] Creio, porém, que me enganei. Essas duas interpretações estavam no mesmo barco da dependência associada, mas havia outra condicionante fundamental dessa teoria. Ela é formulada no momento em que a economia brasileira está em pleno "milagre econômico" (1968-73). Dessa forma, seus autores, de esquerda e democráticos, pressupuseram que o desenvolvimento econômico estava assegurado não obstante a dependência. Tomaram o crescimento econômico que então ocorria como algo sólido, duradouro — como um problema resolvido —, ignoraram que o desenvolvimento econômico sustentado só é possível quando há por trás uma estratégia nacional de desenvolvimento, e trataram de enfrentar dois outros problemas centrais: o da desigualdade e o da falta de liberdade ou de democracia. Esses problemas eram de fato fundamentais, e a crítica firme da esquerda, seja ao autoritarismo, seja à concentração de renda, colocou-os na agenda nacional.

---

[2] BRESSER-PEREIRA, Luiz Carlos. Seis interpretações sobre o Brasil. *Dados*, v. 25, n. 3, p. 269-306, 1982.

Enquanto a tese do caráter dependente da burguesia nacional até hoje não pode ser refutada, porque, apesar de sua ambiguidade, a burguesia brasileira, como as demais classes, é fortemente dependente da hegemonia ideológica vinda do Norte, a tese do seu caráter autoritário foi negada pouco depois, em 1977, quando o "pacote de abril" — um conjunto de medidas autoritárias tomadas pelo presidente Ernesto Geisel — provocou uma reação indignada da burguesia, a ruptura de sua associação com a tecnoburocracia militar e sua gradual aliança com as forças democráticas — aliança que levaria à formação de um pacto nacional-democrático, à campanha das "Diretas Já" e à transição democrática no final de 1984.[3] A adesão da burguesia nacional às forças democráticas foi o fato histórico novo que viabilizou a transição democrática afinal completada em 1985. A tese da inexistência de uma burguesia nacional era, assim, falseada pouco depois de haver sido formulada.

Por outro lado, principalmente a partir da transição democrática, a luta pela distribuição de renda ganhou corpo, tendo sido usada para isto a estratégia de aumentar o gasto social do Estado. Esta luta dos representantes da teoria da dependência foi até certo ponto bem-sucedida. Em relação ao desenvolvimento econômico, porém, os resultados foram negativos — o que não é surpreendente, já que na globalização marcada por rivalidades nacionais não existe desenvolvimento econômico sem que haja por trás uma nação e uma estratégia nacional de desenvolvimento. Em vez disso, a teoria da dependência associada, a partir da observação correta de que, a partir dos anos 1950, as empresas industriais dos países ricos passaram a investir em países em desenvolvimento como o Brasil, e diante da crise econômica do início dos anos 1960, inferiu que a continuidade do desenvolvimento da região dependeria de aportes de poupança externa — tese esta que não se sustentava nem historicamente, já que todos os países sempre se desenvolveram usando recursos internos, nem teoricamente, já que déficits em conta corrente inerentes à estratégia de crescimento com poupança externa não são sustentáveis: quando não provocam crise de balanço de pagamentos, implicam fragilização financeira do país, apreciação do câmbio e elevada taxa de substituição da poupança interna pela externa. Nos anos 1970, porém, o Brasil, como quase toda a América Latina, adotou sem restrições

---

[3] BRESSER-PEREIRA, Luiz Carlos *O colapso de uma aliança de classes*. São Paulo: Brasiliense, 1978.

a estratégia de crescimento com poupança externa, se endividou, e, em consequência, enfrentou profunda crise nos anos 1980. Dessa forma, o desenvolvimento econômico, que essa teoria julgava assegurado, revelou-se frágil, e, a partir da crise que teve início em 1980, o país entrou em quase estagnação: depois de crescer a quase 4% *per capita* ao ano entre 1950 e 1980, passou a crescer a uma taxa na média inferior a 1%.

O desenvolvimento econômico revelou-se tão frágil como frágil se mostrou a nação brasileira: minada pelo golpe militar que afastou os trabalhadores e amplos setores médios da vida política, e enfraquecida pela teoria da dependência que negava a possibilidade de um acordo nacional quando se tratava de competir internacionalmente, não encontrou até hoje o caminho do desenvolvimento econômico. Por isso, depois da grande crise da dívida externa dos anos 1980 que logo se transformou em uma crise fiscal do Estado, o Brasil se viu presa fácil da onda ideológica neoliberal e globalista que vinha do Norte. Entre 1930 e 1980, o país se desenvolvera com base em uma estratégia nacional de desenvolvimento: o nacional-desenvolvimentismo, que a teoria da dependência nunca aceitou. Quando essa estratégia se esgotou ou se tornou superada, porque o Brasil já não tinha mais uma indústria infante que precisasse tanto de proteção, nem dispunha de uma capacidade de acumulação privada tão débil que tornasse a acumulação estatal fundamental, em vez de a sociedade brasileira definir uma nova estratégia nacional de desenvolvimento, aceitou, a partir de 1990, o diagnóstico e o receituário vindo do Norte: a "ortodoxia convencional". Em consequência, o desenvolvimento econômico não foi retomado e a crise dos anos 1980 se prolonga até hoje — desde 1990 sob a égide da hegemonia externa.

Hoje, o que vemos é um país em que a democracia é forte e alguns ganhos foram alcançados na distribuição de renda, mas cuja economia se encontra semiestagnada desde 1980. A nação brasileira que ganhara força com o pacto nacional-democrático de 1977-86 entrou em profunda crise a partir de 1987 em função do fracasso do Plano Cruzado, o qual foi também o fracasso da burguesia nacional, que assumiu o comando da transição, em estabilizar a economia brasileira. A partir de 1990 as elites brasileiras se entregam, como nunca tinham feito antes, à hegemonia externa.

Existe uma profunda ambiguidade na sociedade brasileira e em suas elites não apenas burguesas, mas também intelectuais. Fernando Henrique Cardoso e Enzo Faletto reconheciam esse fato em seu livro clássico:

> Desde o momento que se coloca como objetivo instaurar uma nação — como no caso das lutas anticolonialistas — o centro político da ação das forças sociais tenta ganhar certa autonomia ao sobrepor-se à situação do mercado; as vinculações econômicas externas, entretanto, continuam sendo definidas objetivamente em função do mercado externo e limitam as possibilidades de decisão e ação autônomas.[4]

A questão é saber se essa ambiguidade afinal se resolve necessariamente pela subordinação aos países ricos e hegemônicos, ou se nessa ambiguidade existe a potencialidade da independência que, em certos momentos, aflora e se afirma. Minha própria interpretação do Brasil foi sempre a da segunda alternativa. O que define o Brasil não é simplesmente a dependência, mas a nacional-dependência. Sei bem que esta expressão é um oximoro, que uma palavra contradiz a outra, mas a uso de forma deliberada para exprimir a contradição intrínseca em que vive uma sociedade como a brasileira na periferia do império hegemônico. Diferentemente do que aconteceu nas sociedades asiáticas, algumas das quais se revelaram incrivelmente dinâmicas na segunda metade do século XX, a dependência brasileira começou pela nossa constituição como sociedade em consequência de uma colonização de exploração mercantil latifundiária em que o componente branco europeu se revelou dominante entre as elites. Isto levou as elites latino-americanas a uma identificação com as dos Estados Unidos e da Europa que, somada ao poder econômico e à hegemonia ideológica ou cultural do centro, lhes roubou a identidade nacional.

Não obstante, é preciso não subestimar os interesses nacionais que uma nação forma ao ter o controle de um Estado e de um território. As nações, o Estado moderno e sua junção no Estado-nação são o produto

---

[4] CARDOSO, Fernando Henrique; FALETTO, Enzo. *Dependência e desenvolvimento na América Latina*. Rio de Janeiro: Zahar Editores, 1970. p. 30.

da revolução capitalista. Os povos se transformam em nações no momento em que a revolução capitalista acontece porque percebem que, se tiverem como instrumento o Estado, terão uma condição muito melhor de lograr seus objetivos políticos de liberdade, bem-estar e justiça. Ainda que Marx tenha dito que o Estado é o comitê executivo da classe dominante, ele, principalmente nas sociedades democráticas, é o instrumento de ação coletiva por excelência da nação. Em torno do Estado e no respectivo território, os participantes da nação — os empresários, os trabalhadores, a burocracia do Estado, os intelectuais, as classes médias profissionais em geral — desenvolvem interesses que só podem ser atendidos dentro do quadro do Estado-nação.

Este fato foi subestimado ou ignorado pela teoria da dependência, enquanto é afirmado pela teoria do desenvolvimento nacional-dependente. Ao se reconhecer a ligação intrínseca entre nação, Estado e desenvolvimento, ao se salientarem os interesses nacionais de ordem econômica e política que ligam os membros da nação, a dependência não desaparece, mas se revela superável porque fica aparente seu caráter ambíguo e contraditório. O nacionalismo que existe em um país não é apenas uma emoção ou um sentimento; ele é a ideologia da formação do Estado-nação porque traz consigo os interesses reais da nação. Nos países ricos a palavra "nacionalismo" tornou-se pejorativa — uma forma de neutralizar a ideia de nação nos países em desenvolvimento que com eles competem com sua mão de obra barata — porque eles não mais necessitam dela para distinguir seus cidadãos: ao contrário do que acontece em países nacional-dependentes como o Brasil, todos os americanos ou todos os franceses sabem que é dever do seu governo defender o trabalho, o conhecimento e o capital nacionais. Não é esta a situação dos países da periferia do capitalismo, cujas elites estão sendo insistentemente convidadas a colaborar com o centro hegemônico. A Guerra Fria facilitou esse convite durante muito tempo. Quando ela terminou, a hegemonia ideológica do Norte desenvolvido encarregou-se de dar substância ao convite à colaboração sempre necessária para qualquer império. Essa era uma hegemonia cultural baseada nas realizações concretas do capitalismo nos Estados Unidos e apoiada em um sistema de aparelhos ideológicos poderosos, como a universidade, a mídia internacional e o cinema. Tornara-se de tal forma poderosa que parecia incontrastável — indicando aos países em desenvolvimento como o Brasil um único caminho a seguir: o do desenvolvimento recomendado por Washington e Nova York.

Entretanto, passados 20 anos do começo da aplicação do receituário da ortodoxia convencional na América Latina, o que se verifica é que o desenvolvimento não foi retomado, e se alguma distribuição de renda, ainda que muito limitada, foi obtida, isto se deveu à democracia desafiar aquela ortodoxia e aumentar os gastos sociais do Estado. Quando as medidas de focalização das despesas sociais não neutralizaram o caráter excludente das reformas propostas — principalmente a abertura financeira e a estratégia de crescimento com poupança externa —, essas reformas, além de neutralizar o desenvolvimento econômico, se revelaram causadoras de exclusão social.

Enquanto isso acontecia na América Latina, os países dinâmicos da Ásia demonstravam, como já tinham demonstrado os países europeus, que havia outros caminhos para o desenvolvimento capitalista: caminhos nacionais, resultado de acordos que produzem estratégias nacionais de desenvolvimento. Será que o fracasso da ortodoxia convencional e o êxito do desenvolvimentismo asiático ensinarão algo à nação brasileira? Será que a nação que entrou em processo de desconstrução e de desorganização desde 1980 terá condições de se reconstituir? Uma nação não existe independentemente da solidariedade, do sentimento de pertencimento e de destino comum que une seus membros. Ernest Renan disse que a nação é uma construção de todos os dias. Se a nação brasileira não é simplesmente uma nação dependente ou uma não nação, mas uma nação nacional-dependente, e se ela sabe aprender com a experiência, o enfraquecimento da hegemonia ideológica do Norte que ocorre nos anos 2000 representa uma oportunidade a ser aproveitada, assim como o enfraquecimento daquela hegemonia nos anos 1930 significou uma oportunidade que o Brasil utilizou para se desenvolver.

Voltando a José Carlos Reis e a seu livro, se as interpretações do Brasil são os reflexos dos desafios que a sociedade brasileira enfrenta, o desafio hoje é o de voltar a se constituir em nação e em retornar ao desenvolvimento. Nos anos 1970 a sociedade brasileira se constituiu em sociedade civil e lutou pela liberdade e pela justiça. Através da democracia a liberdade foi basicamente alcançada, e alguns avanços foram realizados no campo da justiça social. Mas está claro hoje que a estratégia utilizada — o aumento do gasto social — está esgotada, já que não é mais possível continuar a aumentar a carga tributária. Torna-se, então, evidente que só se alcançará maior justiça social no Brasil se melhor distribuição de renda for lograda através do aumento dos salários, e não do gasto social. Os salários, entretanto, só acompanharão o aumento da produtividade e a renda poderá começar a ser distribuída com um pouco mais de justiça quando se esgotar a oferta ilimitada de mão de obra que caracteriza uma economia ainda subdesenvolvida como a brasileira. O desenvolvimento econômico é a única maneira de atingir esse resultado. Só através dele o Brasil poderá deixar de ser um país de alto desemprego e de emigração; só através do desenvolvimento econômico o mercado de trabalho poderá favorecer os trabalhadores que, somando a esta melhor condição sua própria luta, passarão a realmente partilhar os frutos do desenvolvimento.

Não existe desenvolvimento sem nação e sem estratégia nacional de desenvolvimento. Não existe mercado forte que favoreça a atividade econômica sem Estado forte que regule essa atividade e a torne coerente com os interesses nacionais. No processo de reconstruir a nação e retomar o desenvolvimento que deve ser econômico, social e político, a contradição nacional-dependente deverá ser superada pelo nacional. Definitivamente? Não creio, nada há de definitivo na vida social. A sociedade brasileira está hoje profundamente confusa, porque as certezas ou quase certezas neoliberais que adquiriu nos anos 1990 foram por terra, mas não está claro o que poderá substituí-las. A confusão, porém, é sinal de crise, e a crise, uma oportunidade de repensar o Brasil — uma oportunidade na qual um número cada vez maior de brasileiros está pensando.

Luiz Carlos Bresser-Pereira
Professor de economia e teoria política na FGV,
ex-ministro da Fazenda, da Administração
Federal e Reforma do Estado e da
Ciência e Tecnologia

VIVAS REPRESENTAÇÕES DO BRASIL[1]

O problema que este livro propõe ao debate é: como se deu a formação do Brasil-nação? Não há resposta única, sistemática, para esta questão. Esta história pode ser relatada de muitas formas. O Brasil é um país vasto, complexo, contraditório e extremamente dinâmico, o que impede que se possa ter uma representação consensual, homogênea, estável, de sua identidade nacional. Quem somos, o que fomos e o que queremos ser? O que significa a afirmação "sou brasileiro"? Qual é o *conteúdo empírico* dessa emoção? A resposta depende do sujeito histórico brasileiro que toma a palavra. Pode-se pensar o Brasil de múltiplos modos e todos sustentáveis com uma argumentação coerente e reconhecível. Há versões do Brasil de origem senhorial, burguesa, proletária, classe média, camponesa, sem-terra, paulista, mineira, nordestina, gaúcha, negra, indígena, feminina, *gay*, imigrante, migrante, caipira, urbana, suburbana, litorânea, sertaneja, oficial, marginal, militar, civil etc. A maioria delas ainda não foi formulada, pois o povo brasileiro foi silenciado e não efetivamente representado na vida intelectual e política ao longo dos seus cinco séculos de vida. Contudo, cada um desses personagens se sente "brasileiro" de um modo particular e conta suas experiências de forma diferenciada por meio de festas, poemas, quadros, músicas, tradições orais. Quem são os "heróis" da história brasileira? Quais são os grandes eventos, as datas mais fortes? Em que direção o Brasil se encaminha? Que juízo de valor elaborar sobre as experiências brasileiras? Qual seria a síntese mais global, que "juízo sinótico" se pode fazer sobre

---

[1] Originalmente publicado no jornal *Zero Hora* (Porto Alegre, p. 6-8, 22 abr. 2000).

as experiências brasileiras? A resposta revelará a identidade social e histórica de quem toma a palavra.

Há representações da identidade brasileira que são hegemônicas, oficiais, mas revelam apenas a força do sujeito que as articula. Não falam de uma identidade brasileira em si, de uma brasilidade enquanto tal, essencial. Quando se discutem as identidades nacionais do Brasil há "discursos", "representações", que emergem de sujeitos brasileiros particulares e que pretendem valer para todos os brasileiros. Estes discursos e representações usam a história dita "científica" para legitimar seus interesses e paixões. Imaginários, mitologias, ideologias e reabertura de arquivos se confundem. Seria possível produzir um discurso sobre o Brasil desapaixonado, científico, "verdadeiro"? Dificilmente. É por isso que todas as representações do Brasil são relevantes, pois, juntas, revelam uma ideia do Brasil complexa, poliédrica; uma ideia composta de ideias, de projetos, um polígono de múltiplas faces ao mesmo tempo opostas e interligadas em uma mesma figura. Pensar o Brasil como um todo é "pôr junto", confrontadas, contrastadas, as múltiplas representações que os diversos sujeitos históricos produziram para se localizar na trajetória brasileira e escolher uma direção para a construção do futuro. A identidade nacional não é uma ontologia, que só seria o congelamento do passado em uma homogeneidade artificial. A identidade nacional brasileira é "histórica", isto é, (re)construída em cada presente, em uma relação de recepção e recusa de passados e de abertura e fechamento aos futuros. E cada brasileiro continua a "reconhecer" em sua diferença a identidade histórica brasileira, apesar de reconstruída, heterogênea, contraditória, plural e múltipla.

O Brasil é ainda um enigma. Poucos autores conseguiram tocar em seus nervos e coração. Talvez a literatura, a poesia, as artes plásticas, a música tenham se aproximado mais da alma brasileira. Nós escolhemos como fonte para pensar o Brasil os clássicos do pensamento histórico brasileiro. Este livro procura rememorar o que já se pensou sobre o Brasil para repensar sua trajetória: o que se fez, o que se faz e o que faremos? Ele talvez possa ser comparado a uma galeria de arte: exibe alguns dos mais importantes quadros do Brasil, alguns retratos pintados por seus melhores historiadores e sociólogos, em datas cruciais da história brasileira. São representações do Brasil que, em sua diversidade e oposição recíprocas, revelam uma identidade reconhecível do Brasil, oferecendo-lhe um passado, um futuro e uma localização no presente. Este livro reúne oito interpretações do Brasil elaboradas ao longo dos últimos 120 anos: Varnhagen (1850), Capistrano de Abreu (1900), Gilberto Freyre (1930), Sérgio Buarque de Holanda (1930), Nelson Werneck Sodré (1950), Caio Prado Jr. (1960), Florestan Fernandes (1960) e Fernando Henrique Cardoso (1970). Por que oito e por que estes autores? Ora, e por que não? Este não é considerado o "panteão da historiografia brasileira"? É claro que estão faltando muitos outros autores, mas foi preciso selecionar. Este é o primeiro gesto de toda pesquisa: recortar, selecionar, escolher, construir.

    Neste livro-galeria, os quadros estão dispostos em uma certa ordem. Aqui, a ordem cronológica coincide com uma certa ordem lógica. Uma "lógica do Brasil" aparece na disposição cronológica dada: de 1850 a 1970. É claro, estas interpretações podem ser lidas separadamente; cada quadro é um quadro único e pode ser apreciado isoladamente. O leitor pode estabelecer o roteiro que quiser para a sua visita, pois o livro já é seu. Mas, se o leitor permitir, o autor gostaria de dar uma sugestão: ler cada interpretação separadamente não é o modo mais recomendável para se ler este livro. Ele possui uma "intriga virtual", uma "lógica interna", e, se lido do início ao fim, torna-se um "romance do Brasil". Cada capítulo dá continuidade aos anteriores, uma continuidade indireta, que só aparece no espírito do leitor. O capítulo sobre FHC, por exemplo, que talvez chame mais a sua atenção, só é plenamente compreensível se situado em relação aos anteriores: ele emerge do longo e tenso debate sobre o Brasil que o precede. Ele recebe sua iluminação de trás, de Freyre, Holanda, Sodré, Prado Jr. e Florestan. Isoladamente, ele tem um sentido apenas parcial ou talvez nem tenha sentido nenhum. É como se você, afoito, abrisse um romance policial nas últimas páginas e conhecesse logo o nome do assassino. Mas ele não significa nada para você, pois você não tomou conhecimento da situação, do drama, do alcance do problema cuja resposta você até já tem, mas que não responde a nada, pois não faz nenhum sentido.

    Se você ler *As identidades do Brasil* do início ao fim, poderá também fazer em seu espírito o caminho inverso, do fim ao início, o que potencializará ao máximo a inteligibilidade do Brasil que este livro quer oferecer. Se você o ler assim, para frente e retrospectivamente, compreenderá a "lógica do Brasil" que a ordem sucessiva das obras por décadas pressupõe e esconde ao mesmo tempo.

    Este livro-galeria expõe seus quadros do Brasil em duas paredes.

Em **uma parede**, as *teses conservadoras* dos intérpretes do "descobrimento do Brasil", que veem o futuro do país como a melhoria do seu passado, não havendo necessidade de mudança profunda, ruptura, revolução. Esses intérpretes, em vez de tomar a colonização portuguesa como um problema, fazem o seu elogio. Para Varnhagen, nos anos 1850, fazendo uma leitura ultraconservadora, lusitana, do projeto de história do Brasil que Von Martius escreveu para o Instituto Histórico e Geográfico Brasileiro, em 1843/44, o Brasil era um país branco-embranquecido, monárquico, cristão, neoportuguês, neoeuropeu, centralizado no imperador, em direção a um futuro grandioso. O Brasil vinha de um passado de glórias e será uma nação poderosa. Não havia nada a mudar. Os portugueses fizeram tudo muito bem-feito! O imperador Pedro II deveria fazer o mesmo que a Coroa portuguesa já fizera no período colonial. O legado português era precioso e deveria ser acolhido e continuado. O Brasil-nação será uma continuidade do Brasil-colônia. O Brasil será outro Portugal: um império colonial. Esse era o ideal de Varnhagen. Ele olhava o Brasil com o olhar dos reis portugueses e propôs a Pedro II que continuasse a sua obra. Varnhagen fez o elogio da conquista e colonização portuguesas e esperava que o Brasil não pagasse muito caro por ter em sua identidade branco-europeia a "mancha" das alteridades indígena, negra e mestiça. O problema é que esta "alteridade" reunia quase 90% da população do tal "império colonial"! A própria população brasileira deveria ser excluída ou, então, "embranquecida", para ser integrada a essa autoritaríssima identidade imperial.

Seguindo esta mesma orientação conservadora, ou seja, do elogio da conquista e colonização portuguesas, para Gilberto Freyre o Brasil era o único país do mundo em que a democracia racial se realizou; era um país culturalmente miscigenado, democrático, livre, sem ódios raciais ou sociais, que vivia em um tempo tranquilo, sem pressa, feliz. O Brasil era o maior feito da colonização portuguesa, que foi eficiente, competente, democrática e, por isso, inesquecível. O país deveria continuar a se mirar no espelho da ação colonial dos portugueses para produzir o seu futuro, pois aqueles foram superiores, inexcedíveis na conquista e colonização dos trópicos. Freyre reconstruiu o Brasil colonial em cores vivas, brilhantes, integrando negros e índios no mundo profundamente democrático (!) que o português criou nos trópicos. O Brasil era "moreno", sim, e a miscigenação não tornou o brasileiro uma sub-raça, mas criou o tipo físico ideal para os trópicos. Entretanto, apesar de ser politicamente muito conservador, um "descobridor do Brasil", Gilberto Freyre tornou-se um interlocutor eterno, seja para ser atacado, seja para ser admirado. Os historiadores atuais transformam parágrafos seus em pesquisas essenciais sobre o Brasil. Toda discussão atual sobre o escravismo nas Américas, a vida familiar, afetiva e sexual, a infância, as culturas indígena e negra e a religiosidade colonial precisa levar em consideração suas teses. Sua obra é um *seminal work* da história cultural. *Casa-grande & senzala* é uma catedral do pensamento histórico brasileiro.

Em **outra parede**, as *teses revolucionárias* sustentam que, no futuro, o Brasil deverá romper, seja acelerada, seja gradualmente, com a herança colonial ibérica e, buscando conhecer seus próprios ritmos, mudar profundamente a estrutura econômico-social-mental-política que herdou do passado. Os "redescobridores do Brasil" problematizam a conquista e colonização portuguesas e as veem como o grande mal a ser superado. Capistrano de Abreu foi um dos primeiros a enfatizar a recusa do nosso passado colonial e a propor o "redescobrimento do Brasil". Para ele, o Brasil, desde o início do período colonial, quis romper com o domínio português. A "rebelião brasileira", o descontentamento com a dominação portuguesa, teria existido desde a fundação de Piratininga (atual São Paulo), desde os primeiros bandeirantes, e cresceu e se fortaleceu nos sertões. Uma genuína identidade brasileira formou-se ao longo do período colonial, pelos rios e caminhos de gado que levaram os brasileiros ao Brasil mais profundo, para longe do rei e da sua espoliação fiscal, distante do litoral e da sua administração. O brasileiro formou e reconheceu sua identidade opondo-se aos invasores reinóis e aos seus interesses. Desde o início da colonização, os brasileiros foram conquistando o sertão e foram se consolidando seu sentimento e projeto de fundar uma nação autônoma, independente, soberana.

Sérgio Buarque de Holanda dará continuidade a este "redescobrimento do Brasil". Para Holanda, o país tinha se alimentado de valores e ideias que não lhe eram adequados. O modo de ação dos portugueses foi eficaz para os portugueses, que só queriam se apoderar das nossas riquezas e arruinar nosso território. Ao contrário, aqui, os brasileiros querem fundar uma nação e, para isso, deverão reconhecer os ritmos particulares dos tempos brasileiros e produzir uma representação adequada do Brasil, criar valores e instituições que o façam "funcionar". O Brasil precisa romper com o seu passado colonial, superar as suas raízes ibéricas e criar um projeto próprio de sociedade moderna, realmente democrática. O futuro nacional, democrático, livre e soberano, deverá ser o oposto do que foi o passado colonial.

Raízes do Brasil é ainda extremamente atual e profundamente revolucionário. Sérgio Buarque, por descrever de forma mais evasiva a "revolução brasileira", sem definir claramente sujeitos, datas e limites, criou uma obra menos datada. Ele deu ênfase aos novos valores que conduziriam os brasileiros na fundação da sua nação. Defendeu valores que atendiam às exigências de liberais utópicos e socialistas: racionalidade na administração pública, separação nítida entre o público e o privado, a lei contra o privilégio, a integração da população excluída à cidadania, a superação de nossas raízes ibéricas, mas não de forma mecânica e autoritária. O Brasil deverá encontrar seu próprio estilo de auto-organização, preservando-superando suas raízes ibéricas. *Raízes do Brasil* é outro templo do pensamento histórico-sociológico brasileiro. Sérgio Buarque de Holanda é atualíssimo, pois, nos anos 1930, defendeu a ordem democrática no auge do sucesso dos diversos projetos autoritários.

Com as interpretações marxistas, a partir de 1950, sobretudo com as teses do PCB, formuladas, entre outros, por Nelson Werneck Sodré, a "revolução brasileira" era iminente! A população brasileira oprimida e escravizada queria a mudança rápida, acelerada, contra um passado de conquista e espoliação. O futuro será uma produção das classes oprimidas e não mais das elites luso-brasileiras. Para Sodré, os brasileiros sonhavam com uma produção de riquezas voltada para dentro, sonhavam com o socialismo e com a ruptura com o imperialismo. Desejavam um país soberano, produtivo e socialista. *O povo unido jamais seria vencido*, incluindo a burguesia nacional, e romperia com o passado agrário-feudal, que oprimia de dentro, e com o presente imperialista, que oprimia de fora. E, para chegar a este fim emancipador, era preciso não só tolerar, mas utilizar os meios autoritários.

Entretanto, Caio Prado Jr. veio dar um "choque de realidade" nesse sonho revolucionário. Com ele, começamos a perceber os "limites estruturais" dessa mudança profunda. Para ele, a "revolução brasileira" precisava ser redefinida em termos brasileiros, considerando as especificidades da realidade brasileira, o seu cristalizado presente-passado. Não se podia realizá-la aplicando ao Brasil receitas feitas para funcionar em outros lugares. O sonho continuava o mesmo: democracia política, a distribuição justa da riqueza, a autonomia nacional. Mas a dependência insuperável condenava o país ao subdesenvolvimento: como romper com a dependência e promover o desenvolvimento com autonomia nacional? Eis a questão das esquerdas nos anos 1950/60... e atuais!

Como produzir a mudança em uma realidade dependente, estruturada de modo quase inquebrável? Para Florestan Fernandes, a mudança exigia uma competente análise histórico-sociológica científica do passado-presente do Brasil. Não se muda a golpes de teoria-ficção. Mudar é um "trabalho difícil", que envolve teoria adequada e ação eficiente, e não se faz apenas com sentimentos nacionalistas sinceros. Era preciso tomar conhecimento da realidade, de sua história, na qual predominava a continuidade, e reconhecer os limites e margens da mudança. A mudança significaria: democracia política, participação popular, crescimento econômico e soberania nacional. Contudo, o impasse parecia insuperável: a soberania nacional seria compatível com a dependência duradoura e inquebrável?

Fernando Henrique Cardoso, o sociólogo dos anos 1970, pretendeu dar uma solução a este enigma ao sugerir um novo caminho para as esquerdas. Para ele, o problema maior era o conceito de soberania nacional das esquerdas, que precisava ser redefinido. A soberania nacional não podia ser definida abstratamente. Era preciso vê-la como formas históricas diferenciadas, dependendo do que decidiam as elites no poder em cada país e em cada presente. No Brasil, ela não significou ruptura com a dependência nem isolamento do país, mas negociação das elites internas quanto à sua margem de decisão em relação às forças externas. Uma elite competente poderia produzir o desenvolvimento mesmo na dependência. A ruptura com o externo não era condição essencial ao desenvolvimento; pelo contrário, seria preciso atrair os capitais externos e torná-los mobilizadores das energias brasileiras. A solução para o crescimento econômico associado à democracia política e à distribuição justa da riqueza seria a "internacionalização do mercado interno", a abertura do Brasil ao mundo, e não seu afastamento e isolamento. O Brasil deveria se integrar mais ainda, e não romper com o capitalismo. "Dependência", para Fernando Henrique Cardoso, não queria dizer necessariamente submissão, mas articulação, interação, negociação, integração. E, sobretudo, "desenvolvimento"! Qual país, o mais soberano, não é dependente? FHC, de certa forma, antecipava a tese de Francis Fukuyama sobre o fim da história: a democracia liberal derrotou historicamente os projetos concorrentes, os fascismos e comunismos, e não só militarmente, pois foi o único modelo de organização social que conseguiu produzir sociedades ricas e democráticas. O problema do Brasil, portanto, não era a exploração capitalista, mas a falta de maiores investimentos de capitais na estrutura produtiva interna, o que exigiria não a nossa resistência, mas a nossa capacidade de uma máxima integração ao capitalismo global.

Comentando a Visita ao Livro-galeria

Eis aí algumas ideias do Brasil que continuam muito vivas, fazendo a história do Brasil. Esses "retratos do Brasil" não estão pendurados em uma parede externa, exterior aos brasileiros. Eles estão nas "paredes da nossa memória" e nas "paredes da nossa vida cotidiana". Eles definem as relações de cada brasileiro com o Estado, os negros, os índios, as mulheres, os filhos, a religião, o passado, o futuro, o trabalho, o capital, a arte, a ciência, a tecnologia, o estrangeiro, a América Latina, os EUA, a Europa, o rural, o urbano, o litoral, o sertão, a República, o Império, a guerra, a paz, a opressão, a utopia... E, sobretudo, de cada brasileiro consigo mesmo. Eles estão infiltrados na vida escolar, familiar, política, cultural, religiosa, empresarial, sindical, afetiva. Na vida pessoal e social. Eles orientam a ação, a avaliação do passado, do presente e do futuro. Eles sustentam e formulam os valores brasileiros, pois emergiram dos diversos sujeitos históricos brasileiros e constroem e representam suas diversas identidades.

Dessas interpretações, as que tiveram mais influência sobre a realidade brasileira foram as de Varnhagen e de Freyre, que são as das elites. A de Varnhagen é ainda hoje ensinada na escola fundamental: heróis luso-brasileiros brancos, guerras contra índios e negros e "invasores estrangeiros", o elogio da conquista, da escravidão, do Brasil grande, potência, "outro Portugal". Até hoje esta representação do Brasil é viva e forte. Freyre representou um abrandamento dessa interpretação ao aceitar a presença negra, ao recusar o branqueamento e admitir a *morenidade* brasileira. Freyre tornou-se cartilha das elites pós-1945; foi distribuído em quadrinhos e santinhos na escola fundamental depois de 1964. Freyre renovou e revigorou Varnhagen. As elites ganharam um perfil simpático, democrático, brando, afável, para continuar dominando.

A "rebelião brasileira" contra estas elites de Varnhagen e Freyre começou com a interpretação nacionalista, mais democrática e emancipacionista, mais próxima dos ideais republicanos, que é a de Capistrano de Abreu. Capistrano foi um dos primeiros autores a dar ênfase à "rebelião brasileira" contra o autoritarismo da Coroa portuguesa. Ele inaugurou uma corrente de interpretação do Brasil antielitista, antiescravista. Ele representou os exaltados e jacobinos da República. Mais tarde, as diversas interpretações apoiadas nas análises marxistas da luta de classes radicalizaram o espírito rebelde de Capistrano e influenciaram os diferentes grupos de esquerda em épocas diferentes. Mas nenhuma delas venceu. Vencerá alguma um dia? Por que falharam as interpretações revolucionárias? As teses revolucionárias falharam, talvez, por excesso de voluntarismo, idealismo, utopismo, mimetismo cultural, elitismo, e pouca análise sócio-histórica concreta. As esquerdas mantinham um certo estilo autoritário, que era também o das elites. Eram múltiplos os grupos de esquerda e eles não se entendiam. Falavam mal, ouviam mal, analisavam mal e se organizavam pior! Talvez a mudança devesse começar por aí... se ainda houvesse partidos de esquerda no Brasil!

Entretanto, curiosamente, apareceu uma "tese revolucionária" — pelo menos era vista assim nos anos 1970 — que venceu. A "teoria da dependência" — que significou a opção pela produção da mudança ainda no interior da estrutura capitalista internacional, a opção pela tomada do Estado pelo voto e sua aproximação da sociedade, a opção pela abertura do mercado interno aos investimentos externos, e não a sua proteção ou isolamento, a opção pelo diálogo com o passado, não sem tensões, e não pela ruptura acelerada e violenta — em tese, tomou o poder. Depois da derrota de 1964 as esquerdas se perguntavam o que fazer. Uns preferiram as armas; outro fazer a mudança dentro da ordem burguesa autoritária. Esta segunda opção, quem a formulou teoricamente — e no interior das esquerdas!, e a testou no poder! — foi o sociólogo Fernando Henrique "FHC" Cardoso (junto com o chileno Enzo Falleto).

Seu projeto de produção da mudança era brando: reconhecia o passado incrustado no presente, admitia o capital externo mergulhado no interior do processo produtivo interno, reconhecia as regras do jogo parlamentar como "dados estruturais". Para ele, a opção que sobrava às esquerdas era a de negociar mudanças conjunturais e pontuais. O passado era ainda muito forte e a burguesia externa era voraz e asfixiava as forças internas, mas o caminho possível era negociar posições vantajosas dentro da estrutura capitalista internacional. Contudo, seria possível negociar mudanças com poderes tão fortes, inabaláveis? E determinados até a crueldade na defesa dos seus interesses? As antigas esquerdas não acreditavam nessa possibilidade — preferiam a radicalização, a aceleração da mudança com o uso da força, da moratória, do isolamento. Não era este o projeto de Fernando Henrique Cardoso e nem é mais o do próprio PT, que vieram das esquerdas e se querem de esquerda, mas se renderam à nova ordem neoliberal.

A interpretação do Brasil que foi mais "caricaturada" pelos críticos e considerada um equívoco, um delírio total, foi a de Sodré, que era a do PCB entre 1922 e 1964 e que parece viva até hoje no interior dos remanescentes grupos dos ex-PCs. Sodré sonhava com a emancipação nacional total, que seria feita pela aliança da burguesia nacional com o proletariado e o campesinato contra as "forças do atraso": o latifúndio feudal aliado ao imperialismo e à burguesia mercantil. A revolução democrático-burguesa teria a burguesia nacional na liderança, pois democrática e nacionalista! Seus críticos acharam isto um delírio; mas os estudantes de historiografia brasileira, os que ainda não foram dominados pela chamada "história cultural", a discutem com entusiasmo e devoção. Eles parecem ter saudade do discurso nacionalista revolucionário e querem ainda dar "um pau" (linguagem deles) no imperialismo! Afinal, os críticos são justos quando se referem à interpretação nacional-burguesa dos anos 1950 ou a deturpam e a manipulam? É um debate aberto; uns a consideram plausível, acham que era adequada, sim, aos anos 1950; outros a veem como um equívoco teórico total, um delírio, uma perigosa teoria-ficção do Brasil.

As outras interpretações não foram deturpadas ou manipuladas, pois vieram inequivocamente de sujeitos históricos precisos. Talvez Freyre permita uma leitura revolucionária, apesar de ter sido apropriado pela direita. Seu pensamento é complexo. Freyre é um autor-esfinge: indecifrável, impossível de ser posto em termos transparentes. É contestável e tão admirável, é impreciso e tão genial, é conservador e tão revolucionário! Os próprios intérpretes e os sujeitos históricos que se apossaram de suas interpretações se deturparam e se manipularam reciprocamente para se legitimar. E, é claro, quando os sujeitos históricos escolhem, decidem, agem, eles manipulam os outros sujeitos, que vão sofrer sua escolha e ação, impondo-lhes sua visão do Brasil como a única possibilidade de interpretá-lo. Para não sofrer esta manipulação é necessário conhecer os vários modos e sentidos em que o Brasil pôde ser representado. O cidadão brasileiro, então, se localiza e descobre com quais sujeitos, com que interesses e projetos está lidando e se sentirá capaz de formular seu próprio interesse e projeto, tornando-o para si e tomando uma "posição de sujeito".

Para Hegel, o ponto mais alto do desenvolvimento de um povo é a consciência racional de sua vida e da sua condição. Nessa unidade íntima da realidade objetiva com a autoconsciência, o espírito do povo consegue integrar-se e estar consigo mesmo. Ele se tem como objeto ao pensar em si e torna-se para si. Os gregos tiveram esta representação geral de sua vida nas obras de Sófocles, Tucídides, Platão e muitos outros. Nestes indivíduos, o espírito grego apreendia-se em pensamento e esta era a sua mais profunda satisfação. As narrativas em que o espírito de um povo se apreende têm um caráter sintético, sinótico. Na síntese, a compreensão narrativa é obtida por meio de conexões, pela articulação de acontecimentos vividos separadamente em uma totalidade. Uma visão global das experiências vividas por este povo é apreendida num ato de juízo que "põe juntos" os acontecimentos heterogêneos. Essa visão global é um juízo reflexivo. O pensamento histórico é um "juízo sinótico". A narrativa histórica realiza uma síntese compreensiva, feita após a ocorrência dos eventos, e oferece uma máxima visão sintética quando, após a sua leitura, se retorna reflexivamente do fim ao início em uma inteligibilidade retrospectiva. As narrativas são retomadas e refeitas incessantemente e, à medida que são articuladas, produzem uma síntese profunda no espírito do povo-nação, que passa a ter uma imagem de si e se reconhece. Para nós, pode-se potencializar ainda mais a inteligibilidade da experiência histórica reunindo, "pondo juntas", em um mesmo volume, narrativas feitas em épocas diferentes, por narradores que partiram de pontos de vista diversos e em conflito. Obtém-se assim um "juízo sinótico", uma síntese, uma visão global construída com várias sínteses, uma síntese de sínteses.

Este livro quer servir, assim, à formação da **cidadania brasileira**, ao revelar um polígono de visões do Brasil que orientam as opções e ações dos diferentes sujeitos brasileiros. Ele interessa a todo brasileiro capaz de ler: aos estudantes e profissionais de história e das diversas ciências humanas e sociais, da filosofia e da literatura, aos múltiplos profissionais liberais que se interessam em pensar e discutir o Brasil. E não só a estes "setores médios", digamos assim, mas a todos os brasileiros de todas as áreas que se interessem em pensar e repensar o Brasil. Ele foi redigido de forma clara e densa para ser acessível a todos os portadores das diversas identidades brasileiras. Estes intérpretes do Brasil, entre outras coisas, disseram do brasileiro: é mestiço, doente, racialmente inferior e incapaz de fazer a história, um jeca-tatu; é um mestiço eugênico, democrático, feliz, com uma vida tropical exuberante; é proletário e camponês em luta pela reconquista do território e da sociedade que o oprime e exclui; é um "homem cordial", afetivo, familiar, incapaz de se submeter a hierarquias e de se associar por motivos racionais; é um homem triste, melancólico, que perdeu todas as suas energias em excessos sexuais; é um mameluco, rejeitado pelos pais brancos, que não o reconhecem como descendente, e pela tribo da mãe, que só valoriza a ascendência paterna; é um subdesenvolvido, espoliado pelos países centrais através de trocas econômicas desiguais que o condenam eternamente ao subdesenvolvimento. Somos um "povo vencido"?

Aos que insistem em dizer que Deus é brasileiro, o filho de Sérgio Buarque de Holanda respondeu, enfático: "Deus me fez um cara fraco, desdentado e feio, pele e osso, simplesmente, quase sem recheio, Deus achou muito engraçado me deixar cabreiro, na barriga da miséria nasci **brasileiro!**" É claro, esta descrição não "assenta" nas mulheres brasileiras, que são maravilhosas "garotas de Ipanema", "Iaras", "Iracemas", excelentes produtos para fomentar o turismo e a exportação sexual. Ou será um imperdoável exagero? O exagero é uma estratégia cognitiva das ciências humanas. Weber afirmava que a função do historiador-sociólogo é "exagerar". Enfim, o brasileiro foi abordado de múltiplos modos pelos seus mais ilustres intérpretes, cada um mais "exagerado" do que outro.

Veja ainda o que disseram os intérpretes do Brasil do **livro-galeria 2**: Pedro Calmon, Afonso Arinos, Oliveira Vianna e Manoel Bomfim.[2] Eles estão falando de nós, de você e de mim. Você se identifica com alguma das descrições que fizeram de nós? Para você, "abrindo as cortinas do passado", a história brasileira seria motivo de ódio ou de ode, você a amaldiçoaria ou a cantaria em seus versos? Como você se representaria, então?

---

2 REIS, José Carlos. *As identidades do Brasil 2*: de Calmon a Bomfim — a favor do Brasil: esquerda ou direita? Rio de Janeiro: FGV, 2006.

INTRODUÇÃO À 9ª EDIÇÃO

No Brasil, quando um livro que não é romance nem é de autoajuda chega a sucessivas edições, já tem demonstrado o seu mérito. Tem um público que não é estritamente acadêmico, alcançando, portanto, aquele tipo de leitor genericamente identificado como "cidadão médio bem-informado". No caso de *As identidades do Brasil*, este "cidadão médio" é o brasileiro letrado, cada vez mais desejoso de entender o enigma representado pelo seu próprio país, que avança em tantos aspectos, sem sair do lugar em outros, justificando a tese defendida por José Carlos Reis: a decifração do que é o Brasil como sociedade e como forma de civilização pede uma "visão poliédrica", ou seja, a iluminação de diferentes princípios constitutivos desta formação social que não se explica por uma "lógica" de formação única e coerente. A contribuição essencial deste livro é, justamente, focalizar o desafio da compreensão do Brasil para os brasileiros a partir de diferentes visões que pensadores brasileiros propuseram, em momentos históricos distintos, como referência para o diagnóstico do que é o país como construção de um povo e de uma economia.

A meu ver, o sucesso editorial de *As identidades do Brasil* pode ser explicado por duas razões. Por um lado, colocou o debate sobre o sentido histórico do país na perspectiva propriamente ideológica, que julga o percurso das instituições e da cultura pelo o prisma de sua positividade ou negatividade para o grande projeto liberal e progressista de realização da modernidade. Por outro, ao selecionar pensadores tidos como relevantes para entender o enigma do Brasil, destacou de modo muito inovador e perspicaz o que cada ângulo do "poliedro interpretativo" pode oferecer para a compreensão abrangente do país, tanto na sua formação como sociedade, quanto na dimensão propriamente política, que teve a ver com a constituição do Estado e com o processo de internalização do capitalismo.

José Carlos Reis contrapõe, para a apreciação crítica do leitor, pensadores que se distinguem por terem destacado diferentes princípios fundacionais da civilização brasileira, o que tem consequências para a visão do que é positivo ou negativo na constituição do país como unidade histórica. Escolheu apresentar primeiro pensadores que valorizaram a ação colonizadora dos portugueses, quer como construtores de impérios (Varnhagen), quer como instauradores de um "povo novo" e de uma nova forma de civilização, a "civilização dos trópicos" (Gilberto Freyre). Como contraponto à visão positiva do passado colonial, introduz a tese da "herança maldita", que vê nas orientações administrativas e éticas do colonizador português, que persistiram nas instituições e formas de relações sociais do período nacional, o empecilho que retarda, no limite impede, o advento da modernidade realizada na mentalidade secularizada, competitiva, consumista do cidadão que é próprio da ordem liberal congruente com a sociedade de mercado (Sérgio Buarque de Holanda). Está aí apresentada a abordagem culturalista, que força o leitor de José Carlos Reis a refletir sobre os valores éticos e morais que fundamentam as instituições sociais e políticas brasileiras e o levam a pensar sobre o sentido do liberalismo e da democracia na construção de uma sociedade marcada pelas contradições da "democracia racial" e pela crença persistente na eficácia das "relações de favor" e do compadrio, que é parte do universo mental do "homem cordial", este "neoportuguês" que não tem vocação nem motivação para implantar a ordem racional-legal própria das sociedades completamente modernas.

Para descortinar outro tipo de olhar sobre o Brasil, José Carlos Reis escolheu apresentar a inovação que foi para a interpretação da história do país a recepção do marxismo, a partir da qual se buscou testar em que medida esta história repetia a de outros países e sociedades, berços do "capitalismo originário". Na perspectiva da história das ideias, o leitor é levado a acompanhar tanto as mudanças estruturais que ocorrem no país desde o início da fase nacional, quanto o reflexo de tais mudanças no campo interpretativo construído com as categorias analíticas do materialismo histórico. Acompanha o processo de refinamento intelectual que evolui desde o determinismo das explicações de Nelson Werneck Sodré, passando pela sofisticada tese da revolução burguesa no Brasil como um complexo processo de mudanças institucionais e de mentalidades, concebida por Florestan Fernandes, até a "novidade latino-americana" da teoria da dependência, formulada por Fernando Henrique Cardoso, "discípulo" de Florestan Fernandes, com a colaboração do chileno Enzo Faletto. Três gerações de marxistas, destaca José Carlos Reis, tratando de mostrar como variou, ao longo do século XX, o modo de os intelectuais introduzirem e explorarem a abordagem institucionalista-estruturalista na interpretação do Brasil para demonstrar quer a positividade, quer a negatividade do capitalismo dependente/periférico como contexto de efetivação da transformação de um "povo novo", mas "atrasado/subdesenvolvido", em sociedade moderna.

Aprofundando a análise sobre a apropriação do marxismo por pensadores brasileiros, José Carlos Reis ressaltou o impacto do marxismo dogmático na formação da esquerda nacional. Chamou Caio Prado Jr. ao debate, não como historiador da evolução econômica do Brasil, mas como crítico de uma visão partidária da crise institucional que resultou no fim do "regime de 1946", visão esta que, pelos seus equívocos, teria levado os esquerdistas brasileiros a análises e estratégias políticas destituídas de realismo, do que resultou o fechamento da opção de uma solução reformista mais liberal da "crise da ordem capitalista" no Brasil do pós-guerra. Nesta perspectiva, Caio Prado Jr. é apresentado como um analista inteligente da política brasileira, não vendo na forma como se configuram as forças sociais e os conflitos em que se envolvem condições para uma "revolução nacional-burguesa", menos ainda para uma revolução socialista. Na visão de José Carlos Reis, Caio Prado Jr. impõe a dura reflexão sobre os caminhos possíveis para a transformação do Brasil capitalista em uma sociedade mais igualitária e mais justa, dado que o caminho revolucionário não existe no país como possibilidade real.

Se há lugar para (relativo) otimismo sobre o futuro do Brasil entre os culturalistas, tal atitude fica muito mais difícil quando o ângulo destacado do poliedro inclui a reflexão sobre as desigualdades sociais como resultado de determinações estruturais da economia, extremamente resistentes à mudança inercial que resultasse, por exemplo, do aumento da escolaridade ou da diminuição dos traços arcaicos da vida social, como o familismo. Passa-se da tese da necessidade e inevitabilidade da revolução social e política como única forma de redenção do povo brasileiro à da melhoria social que pode provir da liderança política inteligente que, por meio de governo liberal-democrático eficiente, apoiado no dinamismo do mercado, promova o progresso nacional. Como resultado, os brasileiros adquirirão as qualidades próprias do homem moderno e se comportarão, cada vez mais, como cidadãos esclarecidos. Nesta forma de ver o Brasil e seus problemas, fica muito distante a visão culturalista do povo lúdico, que não se relaciona por meio de hierarquias rígidas, que aceita a autoridade de modo leve, porque pode passar acima ou ao largo dela em muitas circunstâncias. No entanto, pode-se perguntar:

o que há de coesão social numa sociedade tão desigual como a brasileira, resultado do modo de internalização do capitalismo posto em prática por elites que se pretendem esclarecidas no controle do Estado, não seria justamente resultado deste modo de ser dos brasileiros, dessa persistência dos traços "neoportugueses" na cultura nacional?

Se o Brasil pode ser visto assim, isto é, como resultante da colonização portuguesa e do avanço dependente, incompleto, periférico, do capitalismo nacional, então José Carlos Reis está mais que coberto de razão ao provocar o debate sobre o elemento propriamente ideológico que permeia a escolha do ângulo a partir do qual explicar a identidade do Brasil. É muito rica a tese da qual parte na empreitada de exploração das várias visões sobre esta identidade, que pode ser assim resumida: o Brasil não se explica por um princípio só, não se resolve numa equação simples; mas, se nos dedicarmos a entender as razões e os contextos em que cada grande pensador do Brasil selecionou o princípio para falar do que é faltoso ou do que é promissor, então será possível ter uma "visão completa" do que é o Brasil, como ideal e como realidade histórica.

As identidades do Brasil valoriza o ensaísmo como forma de produção de conhecimento especialmente válida para fundamentar o debate sobre os projetos de nação que se confrontam no plano das opções políticas e que se realizam por meio das escolhas e decisões das elites dirigentes do país. Nessa perspectiva, o livro não é obra puramente acadêmica, já que expressa uma visão do autor relativa ao universo intelectual que faz sentido desvendar quando se trata de pensar o resultado prático de concepções ideológicas na formação e conformação de um povo como moderno Estado nacional. A separação dos pensadores entre os que "descobrem" e os que "redescobrem" o Brasil constitui recurso heurístico que permite a José Carlos Reis ressaltar a diferença que existe entre dois "olhares": o do pensador que está interessado em apreender o que houve de único e de inovador numa portentosa empreitada civilizatória e o do pensador que prefere destacar as constrições que se impuseram a tal empreitada, dado que esta ocorre num universo de determinações econômicas e culturais já existentes e consolidadas como "modelos" institucionais e éticos superiores (ou mais avançados, ou mais modernos...)

Escolhida a abordagem, fica o pensador obrigado a tirar de sua interpretação os elementos de avaliação sobre o resultado da empreitada, olhada em algum momento de sua evolução. Os "descobridores" do Brasil a veem sob uma ótica positiva, mesmo identificando pontos negativos (Varnhagen preferiria que a grande construção dos portugueses no Brasil não tivesse sido "manchada" com a importação de africanos; Gilberto Freyre preferiria que a civilização tropical não tivesse dado origem à pobreza, da qual proveio a desnutrição e tantas doenças terríveis que enfraqueceram e enfearam parte da população brasileira...). Já os "redescobridores" do Brasil avaliaram a "herança colonial" como fardo a ser descartado, a fim de que o país se liberte para um futuro moderno. Sob este olhar, o futuro não é necessariamente promissor e otimista, pois pode exigir transformações dolorosas para se impor — uma revolução, no limite extremo, mas não a "revolução passiva" de que fala Luís Werneck Vianna — ou a decisão de aceitar posição secundária, complementar, no grande cenário externo dos países-potência, conforme propõe a opção do desenvolvimento dependente.

Em qualquer perspectiva, o Brasil continua a colocar aos brasileiros a dramática pergunta: qual é a identidade que deve valer para conduzir as escolhas políticas, para fixar os termos de um "projeto de nação"? Pergunta que não se esgota no tempo, que ainda é tão pertinente hoje, quando se discutem uma política de cotas para negros em instituições diversas e o quanto da lógica do mercado deve sobrepor-se às responsabilidades sociais do Estado, quanto o foi no início do século XX, quando se debatiam o recrutamento militar obrigatório como forma de melhorar a qualidade física e educacional dos jovens brasileiros pobres e a necessidade de um projeto de industrialização para diminuir a vulnerabilidade do país praticamente sustentado pela exportação de um "produto de sobremesa", como se referiu Celso Furtado ao café, ao tratar da drástica queda da receita nacional durante a I Guerra Mundial e nos anos que se seguiram à grande crise de 1929.

O leitor atento vai concluir que José Carlos Reis não quer resolver o enigma do Brasil simplesmente por meio da dicotomia entre "descobridores" e "redescobridores" do Brasil, pois deu um passo metodológico interessante e arriscado ao introduzir, entre os "redescobridores", um estudioso dos processos históricos de ocupação territorial do país que deram origem a "tipos sociais" especificamente brasileiros: o caboclo, o gaúcho, o "homem do interior". De fato, ao incluir Capistrano de Abreu na sua lista de intérpretes do Brasil, José Carlos Reis destaca o tipo de estudo que busca revelar o modo concreto de constituição das formas de vida econômica e social, que focaliza o olhar sobre o "homem comum", cujas soluções para os desafios práticos enfrentados dão origem a padrões culturais diferenciados, compondo um mosaico variado da vida nacional, no limite, a "alma nacional" nas suas múltiplas expressões. Deste tipo de olhar podem emergir visões críticas ou ufanistas, mas é dele que provém a possibilidade de interpretar um país como identidade coletiva, que não se resume às fronteiras definidas politicamente ou ao conjunto das instituições formais.

Para Capistrano, o brasileiro verdadeiro é o homem do interior, não é o citadino amoldado pelo português, que ficou nas cidades do litoral, apegado às mordomias sustentadas pela receita da agroexportação. Para ele, então, o Brasil do início do século XX ainda era um projeto muito inconcluso de ocupação da terra e de exploração de suas potencialidades. Esta exploração não resultaria de imposições ou induções políticas, mas de certo "espírito de aventura", que não era, no entanto, o "ianquismo" dos ideólogos do pioneirismo paulista. Capistrano é um ensaísta, um crítico do padrão da colonização portuguesa ou um estudioso dos modos de desbravamento de territórios amplos, abertos ainda à conquista por parte de indivíduos simultaneamente aventureiros e sedentários, pois desejosos de se fixarem numa terra sua? Este Brasil que podia ser conquistado, independentemente da indução portuguesa, pode ser visto como o Brasil dos paulistas que se opuseram aos portugueses e deram origem a formas mais autônomas de exploração das riquezas do país. Este é o Brasil verdadeiro, o que procurou escapar da exploração imperialista e das limitações do domínio colonial? Na perspectiva de outros pensadores do Brasil como projeto nacional, que são Olavo Bilac e Manoel Bomfim, o Brasil são todas as regiões, todos os tipos sociais e todas as culturas que o compõem de norte a sul: lição que procuraram levar para as crianças brasileiras com o encantador *Através do Brasil*, de 1910.

Eis, então, as razões do sucesso e da perenidade deste livro de José Carlos Reis: é uma seleção instigante de pensadores do Brasil, apresentados de modo inteligente, que, por causa da competência do autor na exploração de suas teses e ideias, induzem o leitor a refletir sobre a identidade do país e sobre sua própria identidade como brasileiro.

Boa notícia para todos os leitores de *As identidades do Brasil* é a publicação de *As identidades do Brasil 2*, também pela Editora FGV. Nela se acharão mais elementos para o aprofundamento da reflexão sobre o complexo amalgamento de nosso passado e nosso futuro, de nossas condições materiais e culturais, de nossa unidade e de nossa diversidade.

Vera Alice Cardoso Silva
Professora titular do Departamento de Ciência
Política da UFMG, doutora em história pela
Universidade de Illinois, Urbana-Champaign (EUA)

INTRODUÇÃO[1]

Os historiadores reescrevem continuamente a história. E o fazem talvez por duas razões principais.

Em primeiro lugar, pela especificidade mesma do objeto do conhecimento histórico: os homens e as sociedades humanas no tempo. O sentido dos processos e eventos humanos, que são temporais, não é conhecível imediatamente. Os homens e as sociedades humanas, por serem temporais, não permitem um conhecimento imediato, total, absoluto e definitivo. A história só se torna visível e apreensível com a sucessão temporal. A reescrita contínua da história torna-se, então, uma necessidade. Os contemporâneos estão imersos no tempo vivido e têm dificuldade para ascender a um tempo pensado, à reflexão sobre o seu próprio vivido. A história não é transparente e não se deixa interpretar imediatamente, enquanto é vivida, embora o contemporâneo não esteja impedido de fazer reflexões imediatas ainda em seu "tempo quente". No entanto, o olhar do contemporâneo se deixa iludir pelo brilho e barulho de personalidades, gestos, ações e discursos. É somente com algum distanciamento, apenas no final do dia vivido, que o seu sentido pode ser interpretado. O passado é o dia/ vivido; o presente é a noite/ reflexão. O presente é ambíguo: em relação a si próprio é

---

[1] Este trabalho foi desenvolvido entre agosto de 1993 e julho de 1997. Agradeço ao CNPq o apoio e o incentivo com uma preciosa bolsa de pesquisa durante os dois primeiros anos. Este trabalho é também o resultado da disciplina historiografia brasileira, que ministrei durante vários anos no Curso de História do Instituto de Ciências Humanas e Sociais (ICHS) da Universidade Federal de Ouro Preto (Ufop). Agradeço aos meus ex-alunos a sua contribuição através dos seus seminários e monografias de final de curso.

sonhador, noturno; em relação ao passado, assume uma posição reflexiva, interrogadora, procurando lançar indiretamente luzes sobre ele próprio. O passado é uma *referência de realidade*, sem a qual o presente é pura irreflexão.

Assim, o historiador é também um "pássaro de minerva": passa a noite reexaminando o dia. Por outro lado, não tem certeza de que pode conhecer o passado-dia, pois a noite-presente em que ele está é o lugar do sonho. Ao tematizar o dia, ele o conhece ou o imagina? Sempre estará dominado por essa dúvida. Talvez seja exagerado afirmar com a tradição que, quanto mais afastado no tempo o historiador se encontra, mais vasta e profunda é a sua percepção do passado. Mas, esta não é uma tese sem peso teórico. É do alto da montanha, é dos ombros do gigante-tempo, que se contempla um horizonte mais amplo. Na verdade, é de madrugada, tarde da noite, que o dia anterior é melhor pensado e organizado e também imaginado! Algumas *possibilidades objetivas* são consideradas para uma melhor compreensão do que de fato se passou. E se... tivesse sido diferente? O tempo não se revela de uma só vez, portanto. O sentido dos eventos não é conhecível enquanto eles ocorrem. A história é *sucessão processual*: os acontecimentos emergem, submergem, explodem, adormecem, dependendo do seu ritmo próprio. O evento pode ser anódino no presente e ser decisivo no futuro: o que era secundário e nem percebido pelo contemporâneo emerge no futuro com grande importância; o que era visível e importantíssimo vai perdendo eficácia histórica com o passar do tempo. As obras históricas são também históricas, temporais, e têm uma duração determinada, que, às vezes, é bem curta. Elas envelhecem e exigem uma revisão, uma reelaboração, uma reescritura (Schaff, 1978).

Para Koselleck, conhecer um mundo histórico é responder a esta questão maior: como, em cada presente, as dimensões temporais do passado e do futuro foram postas em relação? Para ele, se se determina, em um presente, a diferença entre passado e futuro, entre campo da experiência e horizonte de espera, torna-se possível apreender alguma coisa que seria chamada de tempo histórico. Quem realiza esta operação cognitiva é a história, que torna visível e dizível a experiência temporal. A história é a reconstrução narrativa, conceitual e documental, em um presente, da assimetria entre passado e futuro. Passado e futuro reenviam-se um ao outro e são assimétricos, diferentes, e esta sua relação é que dá sentido à ideia de temporalização. O presente muda e, nesta sua mudança, o passado e o futuro são constantemente rearticulados, obrigando à reescrita da história. Na experiência individual, por exemplo, o envelhecimento modifica a relação entre espera e experiência. Quando se é mais jovem ou mais velho, o passado e o futuro significam diferentemente, e sua relação se altera. Assim também na experiência histórico-social. As sociedades existem em uma data determinada, e ao historiador interessa conhecer a sua "idade interna", ou seja, a relação que em seu presente, que muda sempre, cada sociedade estabelece com o seu passado e o seu futuro (Koselleck, 1990).

Dominada pela temporalização, portanto, a imagem da história vivida muda constantemente como em um holograma. Os acontecimentos históricos exigem a sucessão, precisam do tempo, para revelar o seu sentido. A sensibilidade historiadora se ancora no tempo, na inter-relação sempre mutante entre passado, presente e futuro. As mudanças no processo histórico alteram as interpretações da história. Toda interpretação, que é uma atribuição de sentido ao vivido, se assenta sobre um "mirante temporal", um ponto de vista, em um presente — vê-se a partir de um lugar social e um tempo específicos. O desdobramento do tempo pode mudar a qualidade da história, interpretações inovadoras emergem com a sua passagem. Não há um passado fixo, idêntico, a ser esgotado pela história. As esperas futuras e vivências presentes alteram a compreensão do passado. Cada geração, em seu presente específico, une passado e presente de maneira original, elaborando uma visão particular do processo histórico. O presente exige a reinterpretação do passado para se representar, se localizar e projetar o seu futuro. Cada presente seleciona um passado que deseja e lhe interessa conhecer. A história é necessariamente escrita e reescrita a partir das posições do presente, lugar da problemática da pesquisa e do sujeito que a realiza. Febvre considera que a função social da história é "organizar o passado em função do presente" (Febvre, 1992). Um novo olhar sobre o passado e o futuro se elabora sob as pressões do presente vivido. A partir do presente, a visão do passado se altera e age sobre a visão e a produção do futuro.

Em segundo lugar, a história é reescrita porque o conhecimento histórico muda, acompanhando as mudanças da história. Novas fontes, novas técnicas, novos conceitos e teorias, novos pontos de vista levam à reavaliação do passado e das suas interpretações estabelecidas. Há uma transposição para essa nova linguagem do patrimônio do passado. O passado é, então, repensado e ressignificado de forma renovada e fecunda. Além disso, dessas razões teóricas e técnicas, aparecem novos historiadores, indivíduos talentosos, formados na leitura dos clássicos e na história presente, que formulam novas questões ou reformulam questões clássicas, oferecendo-lhes respostas surpreendentes, que influenciarão a representação que a sociedade em que vivem tem dela própria e do seu passado. Novos historiadores, ligados organicamente a novos sujeitos históricos, reinterpretam a história segundo as suas necessidades e a sua forma particular de relacionar o passado e o futuro (Schaff, 1978).

As novas questões, apoiadas em uma teoria e metodologia renovadas e em grupos sociais e intelectuais inovadores, alteram as relações das dimensões temporais entre elas. Uns historiadores articulam as dimensões temporais enfatizando o passado; outros, o futuro; outros, ainda, o presente. Criam-se visões da história regressivas, conservadoras e modernizadoras. A renovação teórico-metodológica não abole o condicionamento da produção histórica em um presente e lugar social. Não cria um efeito de neutralidade, imparcialidade, que aboliria a condição temporal do objeto e da pesquisa com o seu sujeito. Para Koselleck, a tomada de posição é inevitável e favorável à pesquisa — é uma tentativa de salvar a objetividade ao não se pretender um impossível ponto de vista supra-histórico (Koselleck, 1990).

Entretanto, o conceito filosófico de "verdade" é complexo, e suas relações com a história/tempo o são ainda mais (Domingues, 1996; Ricoeur, 1968). Não poderemos nos estender em sua teorização, embora seja o núcleo que conecta as diversas visões do Brasil aqui apresentadas. Pensamos a verdade histórica com os conceitos de "interpretação" e de "compreensão", que implicam reconstruções temporais parciais, múltiplas, relativas, não definitivas e ao mesmo tempo racionais, não subjetivistas e não relativistas. *Interpretar* é atribuir sentido a um mundo histórico determinado em uma época determinada; *compreender* é, a partir dessa atribuição de sentido, autolocalizar-se no tempo, retendo, articulando e integrando suas próprias dimensões temporais. Cada mundo histórico é dominado pelo tempo e muda. As suas interpretações e autocompreensões também mudam, sem deixar de se referir a ele em um de seus momentos.

Portanto, por essas duas razões, o objeto temporal e a renovação teórico-metodológica e de quadros humanos, entre outras, o conhecimento histórico se faz sob o signo da mudança. Todo historiador quer escrever uma nova história, quer oferecer um ponto de vista mais abrangente e mais seguro. As escolas históricas, no entanto, se iludem ao pensar que o seu novo ponto de vista é único e definitivo, que descobriram a "verdade da história", que estabeleceram o conhecimento histórico em bases objetivas, científicas. Em defesa da sua nova interpretação definitiva, cada uma delas desvaloriza os historiadores e as interpretações anteriores, em geral com os mesmos adjetivos empregados pelos "novos" anteriores para desautorizar os seus predecessores — ultrapassados, equivocados, positivistas, ideológicos, reacionários... —, ignorando a condição temporal de toda elaboração histórica. A verdade histórica, ela é fundamentalmente histórica. Não há métodos e histórias definitivas que levem (ou tragam) à "verdade absoluta no tempo". Em cada presente, o que se tem é uma visão parcial, uma articulação original do passado e do futuro. A história é visada segundo perspectivas diversas, e, com o avanço do tempo, as proposições históricas mudam. Todo historiador é marcado por seu lugar social, por sua "data" e por sua pessoa. Veem-se sempre aparecer obras novas sobre o mesmo assunto. À medida que o tempo passa, novas experiências são acrescentadas às precedentes, e novas esperas são desenhadas. O passado é assaltado por interrogações novas, que oferecem respostas diferentes das anteriores. Em cada presente há um esforço de compreensão: de autolocalização pela rearticulação de passado e futuro. São essas autolocalização e organização temporais, originais em cada presente, que possibilitam as estratégias de ação. E são múltiplas as representações e respectivas estratégias de ação que cada presente se oferece...

Para se conhecer uma interpretação histórica, esclarece Koselleck, é sempre preciso saber quem a formulou: um nativo ou um estrangeiro, um amigo ou inimigo, um erudito ou um cortesão, um burguês ou um camponês, um rebelde ou um súdito dócil. As narrativas podem se contradizer e, paradoxalmente, ser verdadeiras. Pode-se olhar sobre o mesmo tempo e representá-lo diferentemente, mas coerente e corretamente. A verdade histórica talvez possa ser comparada a um caleidoscópio: os historiadores diversos e sucessivos escolhem e sintetizam, servem-se de metáforas, formulam perguntas específicas, servem-se de fontes e técnicas diferentes. Ela é um sentido atribuído ao vivido, atribuição carregada de influências sociais, técnicas e pessoais. Portanto, o conhecimento histórico está atravessado pela temporalização e não se fixa em verdades absolutas, em um conhecimento científico, no sentido naturalista do termo. A necessidade da reescrita da história não seria também uma condenação do conhecimento histórico ao subjetivismo, ao relativismo, ao ceticismo. Ela revela a sua especificidade, a sua condição singular, o caráter particular da objetividade que pode produzir. O historiador, para se diferenciar de mentirosos e falsários, deve buscar oferecer uma interpretação controlável racionalmente e, para isso, deve apoiar-se em problemas, conceitos e documentos. Mas a sua interpretação histórica não abole as anteriores e não evitará outras que se sucederão. Por isso, para Koselleck, o conhecimento histórico exige do historiador o exame crítico da historiografia anterior. De maneira mais geral, afirma ele, pode-se dizer que o conhecimento histórico é também e ao mesmo tempo história da historiografia (Koselleck, 1990:174).

Essa conclusão de Koselleck revela o espírito deste trabalho: o conhecimento histórico é ao mesmo tempo *história da história*. Na nossa perspectiva, os "intérpretes do Brasil", e não os "explicadores do Brasil", como os denomina pejorativamente C. G. Mota (1978), que se sucedem, não se eliminam; os autores posteriores podem até ser melhores do que os anteriores do ponto de vista teórico-metodológico, na abrangência e profundidade de sua análise, mas não os substituem nem os tornam descartáveis. Koselleck se refere à ideia de um "progresso do conhecimento histórico": as interpretações coincidiriam crescentemente com os eventos e processos; eventos e processos e interpretações convergiriam progressivamente. As interpretações seriam cada vez mais seguras, retificando os erros passados, baseadas no próprio desdobramento da história.

A ideia por trás desta tese do progresso do conhecimento histórico é a de que o passado se presta tanto mais à interpretação quanto mais tarde é apreendido, pois pode-se vê-lo melhor, embora não integralmente, em suas possibilidades já explicitadas. Esta tese pode parecer talvez correta se for acrescentado que se trata de um progresso dialético e não linear. Por *progresso dialético* prentende-se dizer que as interpretações posteriores superam conservando as anteriores, sem diluir a sua diferença, ao contrário de um progresso linear onde só haveria superação sem conservação. Em um progresso dialético, as interpretações posteriores podem até ser mais seguras e reunir melhor as dimensões temporais — mas não eliminam o valor e a necessidade das anteriores. Cria-se, então, uma "verdade histórica caleidoscópica". O Brasil, por exemplo, é conhecível, não através de uma ou outra interpretação em particular e isolada, mas pelo conjunto delas, pelo confronto e diálogo entre as várias interpretações feitas em épocas distintas. A síntese não seria uma integração de todas as interpretações em uma única e superinterpretação. A síntese seria um diálogo entre todas, que se esclareçam pelo reconhecimento e contrastação recíprocas. Em cada presente, os historiadores articulam diferentemente passado e futuro, experiência e espera, articulação esta que revela o fundamento temporal da sua interpretação. Nas interpretações sucessivas percebem-se as concepções diferenciadas do tempo histórico brasileiro que em cada momento da história do Brasil puderam ser formuladas. E estas representações históricas retornam à realidade social, reproduzindo-a ou alterando-a. Cada interpretação do Brasil revela o que podia ser visto do passado e vislumbrado do futuro naquela posição temporal específica. As interpretações atuais são mais amplas e abrangentes e se enriquecem ao incluírem as anteriores, mesmo na divergência. Referindo-se à filosofia, Ortega y Gasset afirma que nenhum filósofo pode ignorar os seus predecessores, o que talvez valha também para a história. O progresso consiste em absorver o predecessor, sem diluí-lo, mas preservando-o em sua diferença, e apoiar-se nele; toda superação é negação, e toda verdadeira negação é uma conservação. Um filósofo e um historiador retomam os seus antecessores com uma dupla finalidade: partir deles e negá-los, conservando-os. Assim, o conhecimento histórico teria também a estrutura da reflexão, um retorno que se apoia e vai além, em que a história da história desempenha um precioso papel (Ortega y Gasset, 1958).

O que se propõe neste trabalho é a reposição de alguns intérpretes do Brasil em sua época, em sua data, com a sua problemática específica e com as suas específicas avaliações do passado e projeção do futuro. A data de uma obra diz muito sobre ela, é a sua definição, pois revela o mundo histórico em que foi produzida (Ortega y Gasset,

1958). Ler Varnhagen é ouvir o pensamento brasileiro e a história brasileira dos anos 1850. Por um lado, retirá-lo de 1850 e compará-lo com as interpretações marxistas dos anos 1960-70, é, injustamente, asfixiá-lo. Por outro, é extremamente rico o que este contraste revela: o Brasil dos anos 1960-70 representa uma enorme mudança/continuidade em relação ao de 1850. Nossa hipótese é a de que não há autores superados, desde que lidos em sua época. Dentro dela, são insuperáveis. Se o conhecimento histórico é também e ao mesmo tempo história da história, o conhecimento da história do Brasil pressupõe a leitura e a confrontação dos intérpretes do Brasil no decorrer da sua história. Surge uma verdade histórica do Brasil produzida ao longo do tempo, uma verdade poliédrica, caleidoscópica. O que se pretende oferecer é uma visão do Brasil construída por uma multiplicidade de visões parciais.

Eis a tese fundamental que orienta a nossa leitura e o confronto entre esses autores: o que os diferencia e aproxima, o que os separa e agrupa, é uma representação particular do tempo histórico brasileiro. As duas categorias fundamentais que permitem a inteligibilidade e diferenciação desses discursos sobre o Brasil são categorias temporais: *mudança* e *continuidade*. Esses autores realizaram fundamentalmente uma articulação de mudança (processo, modernização, progresso, revolução, na direção da independência e autonomia) e continuidade (estrutura, permanência, tradição, resistência, conservadorismo, que significam dependência e heteronomia). O conhecimento histórico é o conhecimento das durações humanas, que podem ser medidas em sua maior ou menor intensidade com os conceitos de mudança e de continuidade: este será o eixo de articulação do trabalho. *Mudança*, para o Brasil, significa a identificação das forças que produzem a autonomia e a emancipação nacional; *continuidade*, a identificação das forças que reproduzem e renovam a dependência. Por ser a história o conhecimento das durações humanas, dos homens no tempo, a articulação de mudança e continuidade, de independência e dependência, em cada presente, levou os historiadores brasileiros a reescreverem continuamente a história do Brasil.

As interpretações do Brasil que estudamos são sínteses produzidas em datas específicas, que reúnem de forma original uma apreensão do passado (dependência), uma localização do presente e um projeto para o futuro (independência). Tais sínteses têm um duplo objetivo: criar uma representação global do Brasil, uma "configuração", que dê conta dos seus eventos e personagens, das suas mentalidades, das suas elites e da sua população em geral, suas classes e lutas, seus escravos, índios e mestiços do passado e, a partir dessa representação global, "refigurar" o presente e imaginar um futuro possível, uma utopia realizável.

O que o Brasil foi, está sendo e o que se tornará? Eis a questão fundamental que formulamos aos oito intérpretes que estudamos. Cada síntese pertence a um presente, e esse presente vivido do Brasil refletiu-se em cada uma das interpretações do Brasil. Esses presentes vividos foram épocas marcantes que levaram os seus historiadores a se debruçarem sobre todo o tempo histórico brasileiro. Cada interpretação produzida é nova. É uma reafirmação ou uma recusa das anteriores. Alguns recriam teses tradicionais; outros rompem com a tradição, criando uma nova tradição. Uns valorizam a continuidade; outros, a mudança. Não há continuidade pura, sem mudanças; e também não há mudança pura, sem continuidades. O tempo não se deixa cortar como o espaço, pondo de um lado o passado e de outro o futuro. O passado continua agindo depois da mudança, por mais radical que essa tenha sido; mas a mudança pode alterar bastante o passado, dependendo da sua profundidade. Ora os intérpretes do Brasil valorizam o espaço da experiência brasileira, o que o Brasil já foi e ainda é, ora valorizam o horizonte de espera, o que o Brasil quer ser e ainda não é. As ideias passadas influem sobre as presentes —, a originalidade não é pura. O conhecimento histórico é sempre um debate, uma retomada dos pontos de vista do interlocutor, seja para reformulá-lo, apoiando-o, seja para rejeitá-lo. A partir de certas crises, rupturas, mudanças bruscas, as interpretações conhecidas envelhecem e são ou substituídas por outras ou recriadas. As forças sociais predominantes em cada época são levadas a repensar toda a história do país e a criar uma nova imagem histórica reconhecível.

Estas sínteses são *reconstruções racionais* do Brasil, reconstruções do tempo histórico brasileiro, em sua especificidade, oferecendo-lhe uma coerência, um sentido. É um esforço de unificação da multiplicidade, de organização da dispersão. O resultado deste esforço é uma contemplação: os eventos múltiplos e dispersos se integram em uma totalidade. O discurso e a realidade social se orientam reciprocamente. Alguns historiadores consideram este esforço inútil e perigoso: pensam que se chega sempre a uma abstração esvaziada de conteúdo concreto. Para eles, um discurso totalizante não se refere à realidade e perdeu o contato com a mudança, eliminando a multiplicidade, suspendendo as contradições. E os historiadores preferem o concreto, a mudança, a multiplicidade, as pesquisas monográficas. Não se pode reconstruir um mundo histórico integralmente de forma racional. A pesquisa histórica, eles afirmam, para ser racional e atingir o real, tem de se particularizar e se formalizar.

Entretanto, a pesquisa particular e conceitual precisa de alguma orientação mais global, de uma síntese anterior. Esta não precisa ser um sistema fechado e abstrato. Ela pode ser simplesmente uma organização da multiplicidade, uma representação racional, mas aberta e flexível. Se se toma a síntese neste sentido fraco — uma representação racional e aberta, uma interpretação histórica do Brasil e não um sistema abstrato, global e fechado, uma explicação atemporal do Brasil —, ela é indispensável às pesquisas particulares como orientação e indispensável sobretudo aos indivíduos que agem, que precisam se situar em relação ao passado e ao futuro. Tais sínteses globais ligam-se diretamente à prática histórica de sujeitos específicos. Na verdade, elas elaboram as visões do Brasil desses sujeitos e os tornam eficientes em relação ao futuro.

Dividimos estas sínteses do Brasil em duas correntes: a do descobrimento do Brasil (1850-1930), aqui representada por Varnhagen e Gilberto Freyre, que priorizam a continuidade em relação à mudança, que preferem o passado brasileiro ao futuro, preferem o Brasil português ao Brasil brasileiro, o Brasil tradicional ao Brasil moderno. Desde essa perspectiva, o futuro do Brasil deverá ser ou o mesmo passado ou a melhoria do passado. A tese do "progresso linear e gradual" é interpretada de modo conservador: é o mesmo que se aperfeiçoa. O passado resolverá os seus problemas sem necessidade de ruptura, mudança brusca, revolução. A crítica documental serve para resgatar a verdade da tradição, para torná-la mais viva e mais vigorosa contra a mudança. A história é mestra da vida; a assimetria passado-futuro é quase reduzida a zero: o futuro será no máximo o passado resolvido (Koselleck, 1990). Varnhagen escreveu em 1850, momento da ascensão e consolidação do Estado nacional sob a Monarquia — ele pôde até ser mais crítico do passado do que Freyre, pois não havia ameaça real à continuidade do passado colonial no presente-futuro nacional. Freyre escreveu em 1930, momento da crise do Brasil das elites luso-brasileiras que se consolidaram em 1850. Para legitimar o seu poder em crise, Freyre fecha os olhos a todas as dificuldades e tensões do passado. Ele o idealiza e o aceita integralmente como modelo e referência para o futuro.

As interpretações que constituem a corrente do "redescobrimento do Brasil" (1900 a 1960-70), representadas aqui neste estudo pelos historicistas Capistrano de Abreu e Sérgio Buarque de Holanda e pelos marxistas Nelson Werneck Sodré, Caio Prado Jr., Florestan Fernandes e Fernando Henrique Cardoso, priorizam a mudança em relação à continuidade, variando a ênfase, preferem a ruptura com o passado, preferem o brasileiro ao português, o Brasil moderno ao tradicional, colonial. Capistrano de Abreu foi um dos primeiros a ver o futuro da sociedade brasileira como assimetria profunda em relação ao passado colonial. O Brasil futuro deveria continuar, acelerando e aprofundando, a ruptura que se desenhava desde o início da colonização. O futuro não será luso--brasileiro, mas brasileiro: uma nação livre, soberana, autônoma, habitada por um povo novo, com interesses e sentimentos singulares. S. B. Holanda, em 1936, ao recusar as nossas raízes ibéricas, aprofundou a reflexão de Capistrano sobre a ruptura do futuro brasileiro com o seu passado colonial ibérico. Nos anos 1950, com a visão marxista pioneira do Brasil de N. W. Sodré, já se formula claramente a ideia e até se planeja a "revolução brasileira". Sodré e o PCB fazem planos para um Brasil livre do latifúndio e da dependência imperialista. A história os decepcionou em 1964. Em 1966, Caio Prado Jr., com a mesma ambição de mudança profunda, refaz os seus planos revolucionários. Ambos, Sodré e Prado Jr., cada um à sua maneira, pensam a radicalização da mudança. Mas, já em Caio Prado Jr. começam a aparecer as dificuldades postas pela mudança. A sua pesquisa histórico-sociológica mais objetiva, menos voluntarista, dogmática e idealista, mais atenta e sensível à temporalidade interna e específica do Brasil, revelou que a história brasileira é mais marcada pela continuidade do que pela ruptura. Os estudos de Caio Prado Jr. apontaram para os limites históricos e estruturais à iniciativa revolucionária. Assim como Caio Prado, e de modo teórico-metodológico mais consistente, Florestan Fernandes revelou a mesma ambiguidade: se o seu lado "cientista social" constata objetivamente os limites estruturais que limitam a iniciativa revolucionária, o seu lado "cidadão" clama apaixonadamente pela ruptura com o passado colonial e dependente e protesta diante da imobilidade e ineficiência dos sujeitos da mudança. Em F. H. Cardoso, a estrutura já pesa muito sobre a mudança. A mudança não poderá ser pensada sem se levar em consideração a duradoura realidade da dependência, que tende mais a permanecer do que a mudar. Ele então procura pensar a produção do máximo de mudança interna possível no interior e na direção da estrutura capitalista internacional.

Essas duas correntes reúnem diferentemente o passado ao futuro brasileiros, pensam diferentemente a identidade brasileira, divergem quanto aos verdadeiros sujeitos da história do Brasil e quanto aos ritmos e sentido do seu desdobramento. Todas as oito interpretações são legítimas, ou seja, informam sobre o Brasil e o representam de forma válida e eficaz, desde que consideradas em sua época, perspectiva e circunstância. O diálogo entre os membros das duas correntes é áspero — é em tom de luta. Aqui, sem apagarmos a diferença e a luta, nosso interesse é o de conhecer as diversas posições que constituem a "verdade poliédrica" do Brasil.

Foi essa, portanto, a periodização que levou à seleção daquelas obras e autores, além do seu valor reconhecido e incontestado. É uma solução artificial e discutível, sem dúvida, pois elimina muitas outras obras e autores que poderiam também representar aqueles momentos históricos. Mas, como é consabido, toda e qualquer periodização e seleção é artificial e contestável, pois é só uma entre muitas estratégias de abordagem e de atribuição de sentido. Essa é uma limitação, no entanto, intrínseca à reflexão teórico-historiográfica, mas que não invalida o esforço intelectual e cognitivo que representa. Para reconhecer-lhe o valor e o vigor, e quem sabe até o rigor, o leitor terá de se limitar também a extrair dela aquilo que ela quis e pôde oferecer.

Nossa disposição é a da escuta, ora atenta, ora flutuante, ora interrogativa, ora duvidosa, ora simpática, ora resistente e em alguns momentos amigavelmente irônica dos intérpretes do Brasil. Mas, uma "escuta paciente", um estudo sereno de alguns discursos que inventaram a imagem temporal do Brasil. Vamos manter-nos bem próximos do texto original e dos seus comentadores, imitando suas linguagens, fazendo-os falar e se interrogarem reciprocamente. A paráfrase será onipresente: ideias e palavras saltarão dos textos originais para este, pois queremos compartilhar os seus modos de ver e estilos. Do ponto de vista formal, seremos deliberadamente pouco formais: as citações serão ágeis — autor e data da publicação; não faremos citações de pé de página, pois, quando relevantes, foram incluídas no próprio texto; não cotejaremos edições diversas de cada obra, pois da primeira edição o que nos interessou foi somente a data e as circunstâncias históricas do país e pessoais do autor; não seremos exaustivos em relação aos comentadores, pois não temos a ingênua ambição de produzir um texto completo, embora suficientemente documentado; não abordaremos toda a obra de cada autor e não tematizaremos as mudanças em seu pensamento, pois escolhemos no conjunto da sua obra a sua síntese, a sua representação global do Brasil, no quadro de uma época determinada. Nosso esforço é o de compreender, de dialogar e mediar o diálogo, com a sensibilidade da origem social, da formação intelectual, do temperamento pessoal, enfim, do lugar social e da data dos interlocutores. Nossa intenção é comparar e compartilhar, promovendo um "impossível encontro" entre intérpretes não só adversários mas distantes no tempo. Mas a nossa ambição maior é, através dos seus intérpretes postos, justapostos, superpostos e contrapostos, contrastados e articulados, alcançar uma compreensão mais ampla do Brasil através dos momentos mais críticos da sua trajetória histórica.

As várias interpretações do Brasil se sucedem sem se suprimirem, desde o contemporâneo até o historiador mais distante/recente. Ricoeur compara o contemporâneo e o historiador com o sonhador e o narrador do sonho. O contemporâneo, ele afirma, é como o sonhador; seu vivido é como o sonho. Ele vive à noite, entre eventos desconexos, desarticulados: é pura emoção e desejo. Adormecido, vive em um espetáculo desconhecido, misterioso, que é a sua própria vida. Ele próprio é a sua expressão. O historiador é como o sonhador no dia seguinte: um narrador do seu sonho. Acordado, esse sonhador se torna historiador — ele se lembrará do que sonhou e fará uma narrativa do sonho. Este, o sonho, assim como o vivido, é noturno, desconhecido, repleto de camadas profundas do passado. A narrativa se dá no dia seguinte e será a organização do sonho/vivido. A narrativa não é o próprio sonho/vivido: é um esforço de organização e atribuição de sentido. O sonho e o vivido são inabordáveis em si: deixam vestígios, lembranças, com as quais se tece uma narrativa totalizante. Tal narrativa é um esforço de interpretação do sonho/vivido, de decifração, de reconstrução e compreensão. Ela será tentada a cada dia, todos os dias. A narrativa será sempre refeita, reescrita, reelaborada, ressignificada. A narrativa visa ao vivido/sonho, mas jamais coincidirá com ele. Ela evita as tensões ou as ressignifica, gerenciando-as. O narrador/historiador resiste ao que há de ameaçador no sonho/vivido. A narrativa é contemporizadora, tranquilizadora, tanto mais quanto maior é o conflito. É equívoca, polissêmica, metafórica. Há narrativas de narrativas, metanarrativas retrospectivas, interpretações de interpretações, textos sobre textos. Nenhum texto aparece saturado de sentido, transparente, e exige sempre uma decifração contínua. Não há leitores definitivos de um texto, não há decifração conclusiva do sonho, não há narrativas esgotadoras do vivido histórico. Por isso, a história é sempre reescrita. Não há narrador que reproduza o seu sonho tal qual foi sonhado; não há historiador que reproduza o vivido tal qual foi vivido. Entre narração/conhecimento e sonho/vivido há um abismo intransponível, sobre o qual se estende a ponte frágil e oscilante das *interpretações* (Ricoeur, 1965).

Nossa disposição é, portanto, a de quem abre o ouvido e escuta, a de quem abre o espírito e recebe narrativas diferentes, cruzadas, lacunares, tendenciosas, suspeitas, mas que são a representação sincera de sujeitos que buscam se conhecer, se apreender e tomar a sua história em suas mãos. Os sujeitos históricos brasileiros viveram/sonharam, seus intérpretes organizaram esse seu vivido/sonho de formas distintas em épocas distintas. Em sua própria época, cada interpretação é ainda meio sonhadora, pois ainda muito próxima do sonho. Ela ainda está próxima do vivido, faz ainda parte dele e é também sonho/vivido. E se narração e sonho/vivido não coincidem, isto não quer dizer que as narrações sejam inúteis. A narração toca indiretamente o sonhador, que se emociona, toma consciência e muda; a interpretação histórica toca indiretamente em sua vida os homens, que passam a se compreender melhor e mudam. Assim, os sujeitos históricos informados pelas interpretações, localizados, quando sonharem com o futuro e o passado, terão menos pesadelos, e quando viverem, no presente, encontrarão os melhores meios e termos para expressar seus interesses e realizar os seus projetos.

Parte I

O "Descobrimento do Brasil"

ANOS 1850: VARNHAGEN
O elogio da colonização portuguesa

Varnhagen, "Heródoto do Brasil"

Francisco Adolfo de VARNHAGEN (1816-78) é considerado o "Heródoto brasileiro", portanto, o fundador da história do Brasil, mesmo se antes dele, entre outros, Pero de Magalhães Gândavo, frei Vicente do Salvador, Sebastião da Rocha Pita, Robert Southey escreveram, respectivamente, *História da província de Santa Cruz* (1576), *História do Brasil* (1627), *História da América portuguesa* (1730), *História do Brasil* (1810). Southey disputa com Varnhagen, sem nunca ter estado no Brasil, aquele título historiográfico. Ele pintou em sua *História do Brasil* um quadro sombrio quanto às possibilidades futuras da colonização comercial portuguesa no Brasil: degeneração dos costumes, da religião e da moral, causada pela escravidão e pela falta de agricultura — miséria, fome, turbulências, crimes, doenças. Varnhagen e os nativistas do IHGB se revoltaram contra esta apreciação negativa de Southey em relação à colonização portuguesa e ao futuro da jovem nação. Para estes, a colonização portuguesa teria sido um enorme feito, e o futuro estava aberto ao sucesso da nova nação (Dias, 1974:237).

Foi somente nos anos 1850, com Varnhagen, que surgiu a obra de história do Brasil independente mais completa, confiável, documentada, crítica, com posições explícitas: a *História geral do Brasil*, que superou as obras mencionadas anteriormente sem, no entanto, torná-las descartáveis. A sua *História geral do Brasil* refletia uma preocupação nova no Brasil com a história, com a documentação sobre o passado brasileiro, que o recém-fundado Instituto Histórico e Geográfico Brasileiro representava. A *História geral do Brasil* foi possível porque as condições históricas do Brasil, o processo da independência política e a constituição do Estado nacional amadureceram nos anos 1850. E foi no interior desse processo histórico que ocorreu a outra condição favorável ao surgimento da obra de Varnhagen: a institucionalização da reflexão e da pesquisa históricas no IHGB. A independência política consolidada, e reprimidas as lutas internas geradas por ela, o Brasil possuía um perfil do qual ainda não tomara conhecimento. Nos anos 1850, Varnhagen desenhará o perfil do Brasil independente, oferecerá à nova nação um passado, a partir do qual elaborará um futuro.

Varnhagen era filho de um oficial alemão, engenheiro metalúrgico que trabalhara no Brasil, e de uma portuguesa. Em sua obra, ele faz acompanhar o seu nome das credenciais "visconde do Porto Seguro e natural de Sorocaba". Entretanto, este paulista nobre morou pouco no Brasil. Ele residiu em Portugal desde os seis anos de idade. Sua formação, em Lisboa, foi mais militar, técnica e matemática. Mas estudou também paleografia, diplomática e economia política. Conhece-se pouco, no entanto, da sua formação intelectual. O que se sabe é que apreciava frequentar os arquivos dos lugares por onde passava, os arquivos públicos, essa novidade do século XIX. Capistrano de Abreu afirma no *Necrológio de Varnhagen* que o desconhecido o atraía. Diante de documentos corroídos, esquecidos, desorganizados, ele se sentia desafiado. Parecia um "bandeirante em busca da verdade: bravo, destemido, persistente, vigoroso". Embora tenha tido alguma formação em paleografia e em diplomática, quanto à história ele era sobretudo um autodidata. Raramente cita autores estrangeiros em sua correspondência, afirma A. Canabrava, mas a sua preocupação com a exegese documental parece revelar a influência de Ranke. A influência alemã sobre o seu pensamento deve ser forte também em virtude de sua origem paterna. Ele estava bem adaptado à produção histórica de sua época. Não só estava atualizado com o que se fazia na Europa, como foi um dos pioneiros da pesquisa arquivística e do método crítico que o século XIX redescobriu e aprimorou. Tanto quanto Ranke, Varnhagen é um historiador típico do século XIX (Canabrava, 1971; Odália, 1979).

Ele pode ser considerado, de fato, o "Heródoto do Brasil", pois foi o iniciador da pesquisa metódica nos arquivos estrangeiros, onde encontrou e elaborou inúmeros documentos relativos ao Brasil. Tendo morado sempre no exterior, se sentia um exilado, dominado que sempre esteve pela saudade do Brasil. Capistrano, ainda no *Necrológio*, o considera movido por um patriotismo profundo, quando se empenhou obstinadamente na escrita da história pátria, uma história completa e apaixonada. Em todo lugar em que esteve, fosse como embaixador ou turista, deixou declarações de amor ao Brasil e de crença em seu futuro como nação. Em 1841, adotou a nacionalidade brasileira, logo após a confirmação antecipada de d. Pedro II no trono brasileiro. Ele quis assessorar o jovem imperador na construção da identidade do seu império, que lhe garantiria unidade e longevidade. Aristocrata, o visconde nutria sentimentos de profunda fidelidade à família real portuguesa. Em Portugal, defendera até às armas d. Pedro IV (I) contra d. Miguel. Seu amor pelo Brasil se confundia, portanto, com a sua fidelidade à família real portuguesa. Defendia um Brasil português, com o imperador. Sua adesão à Coroa era total, e a representou em diversos países da América Latina e da Europa: Portugal, Espanha, Áustria, Colômbia, Equador, Venezuela, Peru, Chile. Casou-se com uma chilena e, após a sua morte, foi enterrado no Chile. Atualmente, os seus restos mortais encontram-se em Sorocaba (Odália, 1979).

Varnhagen, o Instituto Histórico e Geográfico Brasileiro (IHGB) e Karl Philipp von Martius

O imperador foi o protetor de Varnhagen, oferecendo-lhe os recursos para a sua obra. O jovem imperador, aliás, precisava muito da história e dos historiadores. Em 1838/39, pouco antes de ocupar antecipadamente o trono, fora criado o Instituto Histórico e Geográfico Brasileiro, que foi de uma importância capital para a constituição da história brasileira. Até 1931-33, o IHGB exercerá uma grande influência e será o único centro de estudos históricos do Brasil. O imperador precisava dos historiadores para legitimar-se no poder (Guimarães, 1988). A nação recém-independente precisava de um passado do qual pudesse se orgulhar e que lhe permitisse avançar com confiança para o futuro. Era preciso encontrar no passado referências luso-brasileiras: os grandes vultos, os varões preclaros, as efemérides do país, os filhos distintos pelo saber e brilhantes qualidades, enfim, os luso-brasileiros exemplares, cujas ações pudessem tornar-se modelos para as futuras gerações. O IHGB produziu uma história biográfica, constituindo uma galeria de vidas exemplares que iluminavam a ação futura (Stein & Stein, 1964).

O novo país precisava reconhecer-se geográfica e historicamente. O projeto do IHGB era geográfico e histórico. Geográfico, teria a tarefa de situar as cidades, vilas, rios, serras, portos, planícies; de conhecer e engrandecer a natureza brasileira, seu céu, clima, matas, riquezas minerais, flora e fauna; de definir os limites do território. Histórico, deveria eternizar os fatos memoráveis da pátria e salvar do esquecimento os nomes dos seus melhores filhos. Para isso, deveria coletar e publicar os documentos relevantes para a história do Brasil, incentivar os estudos históricos, manter relações com as instituições congêneres do exterior, especialmente com a instituição que foi o seu modelo, o Institut Historique de Paris. Desde então, o Brasil procurou os franceses como referência intelectual. O IHGB será o lugar privilegiado da produção histórica durante o século XIX, lugar que condicionará as reconstruções históricas, as interpretações, as visões do Brasil e da questão nacional.[2]

O Brasil independente, portanto, precisava da história e dos historiadores para se oferecer um passado e abrir-se um futuro. O primeiro passo, e fundamental, cuja ideia surgiu no seio da Sociedade Auxiliadora da Indústria Nacional (Sain), criada em 1827, marcada pelo espírito iluminista e que se propunha a incentivar o progresso e o desenvolvimento brasileiros, foi a fundação do IHGB.[3] A partir daí, multiplicaram-se os projetos para o Brasil baseados nas interpretações do passado brasileiro. O IHGB, em 1840, estabeleceu um prêmio para quem elaborasse o melhor plano para a escrita da história do Brasil. O texto premiado foi o do botânico e viajante alemão Karl Philipp von Martius. Na sua monografia intitulada "Como se deve escrever a história do Brasil", publicada na *Revista do IHGB*, em 1845, Von Martius definiu as linhas mestras de um projeto histórico capaz de garantir uma identidade ao Brasil. Surgiu do seu projeto a interpretação do Brasil, do primeiro Brasil-nação, que se entranhou profundamente nas elites e na população brasileira. Von Martius lançou os alicerces do *mito da democracia racial brasileira*. Para ele, a identidade brasileira deveria ser buscada no que mais singulariza o Brasil: a mescla de raças (Barata, 1974).

No essencial, a história do Brasil será a história de um ramo dos portugueses, pois o português foi o conquistador e senhor, ele deu as

---

[2] Ver sobre a criação..., 1839.
[3] Op. cit.

garantias morais e físicas ao Brasil. O português foi o inventor e motor essencial do Brasil. Aventureiro, no Brasil, se sentiu livre da sua obediência ao rei, sentiu que nada tinha acima de si, e avançou para a conquista do interior. O historiador deverá transportar o leitor à casa dos colonos e mostrar como viviam, como se relacionavam com seus vizinhos, escravos e família. Deverá mostrar a ação da Igreja e da escola; como chegavam as plantas e árvores; como era a construção naval e a navegação, a vida militar e o comércio. Mostrar, ainda, como chegavam as ideias e as letras da Europa. Enfim, mostrar fundamentalmente a vida portuguesa no Brasil. Quanto às demais raças, o historiador filantrópico, humano e profundo, cristão não poderá deixar de abordá-las. Deverá defender essas raças desamparadas. Se o português é a raça mais importante, as raças etiópica e indígena reagiram positivamente.

Von Martius dará alguma ênfase à história dos indígenas. Quanto ao negro, ele será breve, oferecendo poucos dados e propondo algumas poucas questões. A questão principal, quanto ao negro, segundo ele, seria esta: o Brasil teria tido um *desenvolvimento diferente* sem a introdução dos negros escravos? Ao historiador, de responder se teria sido para melhor ou para pior... Essa pergunta atormentará os historiadores brasileiros, que darão a ela uma resposta negativa, isto é, "foi pior", até a chegada de *Casa-grande & senzala*, em 1933. Gilberto Freyre responderá à pergunta de Von Martius de forma diferente dos historiadores que o antecederam. Mas será uma resposta ainda ligada à pergunta de Von Martius e aos historiadores do IHGB. De certa forma, ele pertence a esse grupo, pois partirá da mesma questão, embora sua resposta tenha sido inovadora. Von Martius, além de enfatizar a mescla de raças que singularizava o Brasil, embora privilegiando a raça branca, considera que o historiador do Brasil deverá fazer uma história da unidade brasileira. A história do Brasil deverá ser centralizada no imperador. Apesar da variedade de usos e costumes, dos climas, das atividades econômicas, das raças e da extensão territorial, o historiador deverá enfatizar a unidade. À diferença, ele deverá dar um tratamento comum. Como a extensão territorial dificulta essa unificação, ele propõe que se façam histórias regionais que garantam uma direção à centralização. Por exemplo: as histórias de São Paulo, Minas Gerais, Goiás são convergentes; as histórias do Maranhão, Pará, Amazonas também convergem; as histórias da Bahia, Pernambuco, Ceará convergem igualmente. Assim, as histórias regionais mais amplas diminuiriam as diferenças locais, e se tenderia progressivamente a uma história nacional.

Para escrever essa história do Brasil-nação, o historiador deverá fazer o que Von Martius provou que era possível fazer: viajar pelo Brasil, conhecer as províncias, para melhor aconselhar a administração e ter uma melhor visão global do Brasil. Em cada província ele encontrará outra natureza, outros homens, outras paixões, outras necessidades, que tratará de conectar, reunir. As províncias criam estereótipos umas das outras, alimentando antipatias recíprocas, afastando-se pelo preconceito. Ao historiador, de conhecê-las melhor e reuni-las. Seu texto deverá ser patriótico, despertando o amor ao Brasil. Em sua defesa do Brasil unido, monárquico, cristão, precisará lutar contra a desconfiança entre as províncias, contra a fragmentação do território e a agitação republicana.

Eis a história de que o Brasil recém-independente precisava, ou seja, de que as elites brasileiras precisavam para levar adiante a nova nação, nos anos 1840-60. Uma história que realizasse um elogio do Brasil, dos seus heróis portugueses do passado distante e recente, que expressasse uma confiança incondicional em seus descendentes. Uma história que não falasse de tensões, separações, contradições, exclusões, conflitos, rebeliões, insatisfações, pois uma história assim levaria o Brasil à guerra civil e à fragmentação; isto é, abortaria o Brasil que lutava para se constituir como poderosa nação. O que Von Martius tinha elaborado não era uma tal história ainda, mas somente o seu projeto, que ele próprio se recusara a levar adiante. Com certeza, após avaliar a enormidade do trabalho a fazer. Faltava, portanto, o historiador brasileiro que poderia realizar tal projeto de história do Brasil. Varnhagen tomará para si esta tarefa e se tornará o primeiro grande "inventor do Brasil". As sínteses anteriores sobre o Brasil foram válidas em sua época e continuavam e continuarão ainda válidas. Mas a grande síntese do Brasil do século XIX será a de Varnhagen.

Varnhagen e seus Críticos

As avaliações feitas posteriormente sobre a sua *História geral do Brasil*, publicada entre 1854 e 1857, são discordantes. J. H. Rodrigues o considera o maior historiador da sua época e ainda hoje incomparável pela vastidão da obra, pelos fatos que revelou, pela publicação de inéditos, pelo seu enorme esforço e determinação. Ele foi incomparável na história geral e parcial. Antes dele, o Brasil não tinha consciência de sua história. Rodrigues é enfático: *ninguém pode graduar-se em história do Brasil sem ter lido Varnhagen*. Em 1854, ele se pôs sob o ponto de vista nacional, e o seu grande tema foi a obra da colonização portuguesa no Brasil (Rodrigues, 1967). Para A. Canabrava, a sua obra é o monumento da história brasileira do século XIX. Sua "nova história", como ele a chamava com orgulho, abasteceu-se de valioso material inédito, que lhe deu uma consistência nunca antes alcançada (Canabrava, 1971). P. M. Campos o considera o principal historiador brasileiro do século XIX. Seu pensamento era ao mesmo tempo ligado ao pensamento do IHGB e diverso. Nele, as tendências nativistas do IHGB não eram tão fortes. A exaltação do indígena, ele a considerava injusta para com os colonizadores. No IHGB ele era visto com reservas. Mas, apesar de seus defeitos, ele teria sido o maior expoente do próprio instituto (Campos, 1983).

N. Odália discorda das avaliações anteriores. Para ele, a *História geral do Brasil* foi escrita num estilo literário monótono, sem mostrar o dramático das tensões e opções. Varnhagen teria, segundo Odália, o estilo de um botânico descrevendo a flora: árido e distante. As análises anteriores, ele as considera superficiais, transformando Varnhagen em um modelo de patriota, e seu trabalho de historiador é elogiado de forma oca. Para Odália, o interesse da leitura da sua obra, hoje, é muito restrito. Seria um autor superado não só por suas limitações, mas porque a história do Brasil é outra, hoje. Deverá ser lido somente como o testemunho valioso de uma época. Ele revela a ideologia histórica que legitima o processo de dominação social inerente à jovem nação brasileira (Odália, 1979).

Talvez se possa perguntar a Odália se as obras históricas que sucederam à de Varnhagen seriam também mais do que testemunhos de sua época e da história que se podia fazer então. Como todas são marcadas pelo lugar e tempo da sua produção e por um inevitável e necessário projeto de poder e dominação, são todas datadas, todas teriam no futuro um interesse restrito. Mas, é exatamente por esta razão que a leitura de todas é interessante, por revelarem a consciência histórica e a teoria/metodologia da história da sua época. Algumas são superiores por serem paradigmáticas, modelos superiores da consciência e da história que então se fazia. Varnhagen tem este valor de modelo. Entretanto, logo depois, em seu texto introdutório a uma bem organizada compilação de Varnhagen, Odália relativiza a avaliação que havia feito antes ao afirmar que os seus temas serão constantes na historiografia brasileira até os anos 1930: a organização do Estado, seu papel na estrutura social, a centralização do poder político, a miscigenação...

Capistrano de Abreu, mais próximo de Varnhagen no tempo e no tipo de história, reconhece numerosos problemas na obra dele: em sua história do século XVIII, deixou a desejar; seu estilo tende mais à crônica, faltando-lhe a intuição, o espírito de conjunto, perdendo-se em acontecimentos irrelevantes; uniformizou a história do Brasil, tornando-a sempre igual, repetitiva, não percebendo o ritmo específico de cada época; era irascível, matando moscas a pedradas; não tinha o espírito plástico e simpático, compreensivo, que o tornasse confidente dos homens e dos acontecimentos de que tratava; era resistente aos movimentos populares, rebeliões e outros problemas maiores. Mas, apesar dessas fortes restrições, Capistrano afirma que é difícil exagerar os serviços prestados por Varnhagen à história nacional assim como os esforços que fez para elevar-lhe o tipo. Apesar de tudo, Capistrano considera que a sua obra se impõe ao nosso respeito, exige a nossa gratidão e mostra um grande progresso na maneira de conceber a história pátria.

Capistrano lamenta que Varnhagen não tenha conhecido a sociologia que surgia então, o que o impediu de ver o Brasil como um todo solidário e coerente. Ele só pôde descobrir e dominar documentos, reconstituir fatos, mas não pôde produzir generalizações, formular uma teoria que permitisse a sua compreensão. Não pôde descobrir duas ou três leis basilares que oferecessem um Brasil integral, total. Capistrano cita Comte e Spencer e deseja que apareça este sociólogo que eleve o edifício da teoria do Brasil a partir dos elementos reunidos por Varnhagen, oferecendo as leis de consenso que constituem a racionalidade da civilização brasileira. Esse comentário de Capistrano é francamente positivista, e ele próprio, depois, recuará e não proporá mais uma tal teoria do Brasil. Capistrano conclui enfaticamente sua avaliação da *História geral do Brasil*: "mãos a bolos! é preciso reconhecer nele o mestre da história do Brasil" (Abreu, 1975a).

Dos analistas de Varnhagen, somente Odália rejeita a sua obra quase integralmente e lamenta que ela tenha exercido a influência que exerceu por tanto tempo. Os outros fazem sérias restrições, mas concluem considerando-o mestre, monumento, grande expoente... Odália rejeita a obra de Varnhagen sobretudo porque ela expressa uma visão de mundo política que não interessa mais ao Brasil e até mesmo ao conhecimento histórico. Seu patriotismo é parcial, unilateral: ele formula e defende o Brasil das elites brancas e da família real. Ele formulou uma teoria da miscigenação visando ao branqueamento que "entranhou". Em sua visão essencialmente política do Brasil, reconstrói o seu passado, dá sentido aos seus fatos e personagens e estabelece o seu futuro. Os sujeitos da história do Brasil são o homem branco e o Estado imperial. O passado colonial deve ser reconstruído como suporte de um Brasil branco e europeu. O problema político que os historiadores brasileiros enfrentavam teoricamente nos anos 1840-50 era o da transformação da ex-colônia em uma nação. A colônia tinha legado uma sociedade heterogênea, incompatível social e etnicamente. Parecia impossível estruturar uma nação a partir desse legado colonial. Como transformar em cidadãos indivíduos que sempre mantiveram uma relação de exploração social e étnica? Como organizar um país com tais dados? Isto é, sem população livre? Era preciso criar uma ideia de homem brasileiro, de povo brasileiro, no interior de um projeto de nação brasileira. Sobretudo: era preciso perceber a nação como diferença e continuidade colonial e como continuidade da diferença colonial. Pensou-se o Brasil com o conceito de "raça" e a sociedade brasileira como uma mescla de raças. A dominação branca se ocultava sob a tese da miscigenação democrática.

O que o Brasil queria ser? Eis a primeira questão da identidade (Guimarães, 1988). A resposta de quem podia responder então, isto é, as elites brancas que fizeram a independência: o Brasil queria continuar a história que os portugueses fizeram na colônia. A identidade da nova nação não se assentaria sobre a ruptura com a civilização portuguesa; a ruptura seria somente política. Os portugueses são os representantes da Europa, das Luzes, do progresso, da razão, da civilização, do cristianismo. O Brasil queria continuar a ter uma identidade portuguesa, a jovem nação queria prosseguir na defesa desses valores. A outra questão suscitada pela busca da identidade: o que o Brasil não quer ser? A resposta das elites: o Brasil não queria ser indígena, negro, republicano, latino-americano e não católico. O que significa dizer: o Brasil queria continuar a ser português e para isso não hesitará em recusar ou reprimir o seu lado brasileiro. Esse Brasil português será defendido e produzido pelas elites brancas, pelo Estado, pela Coroa. O novo país será uma continuação da colônia. A diferença é que a Coroa não é mais exterior, mas interior. E é portuguesa ainda.

O Brasil independente queria, portanto, continuar a obra de Portugal, pois a colonização portuguesa era vista como bem-sucedida, trouxera a civilização europeia, a religião cristã e tornara produtiva uma região abandonada e desconhecida. Portugal integrou o Brasil na rota da "grande história". O Brasil, portanto, foi, é e deverá continuar a ser português. Varnhagen será o mestre dessa história do Brasil, que Odália rejeita até com legitimidade. Aristocrata, elitista, sua história prioriza as ações dos heróis portugueses e brasileiros brancos. Para ele, a plebe — índios, negros, caboclos, mamelucos, mulatos, pobres em geral — seria desequilibradora do Brasil grande, atrasava-o, desordenava-o, entravava o seu progresso. O Brasil quer ser outro Portugal: uma grande nação imperial, uma potência mundial. A *História geral do Brasil* abrirá este futuro às elites brasileiras no poder, nos anos 1850. E, no passado, todos os eventos e personagens que comprometeram este futuro receberiam uma severa avaliação. Seus preconceitos elitistas são evidentes, afirma Canabrava. Os movimentos sociais anteriores à independência, ele agradecia à providência a sua repressão. A própria independência, ele só a tolerava porque produzida por um príncipe português e porque mantivera internamente a monarquia. Ele sempre defendia a Casa de Bragança, era um cortesão lisonjeador de d. João VI, d. Pedro I e de d. Pedro II. Foi um historiador oficial, um adulador dos poderosos e juiz severo das revoltas populares. A história, para ele, é feita pelos grandes homens, por reis, guerreiros e governadores, bispos e não pelos homens incultos. Foi a Casa de Bragança que construiu o Brasil íntegro, uno e independente.

Varnhagen era, portanto, um historiador engajado, militante, apesar de pretender produzir uma história imparcial e objetiva. Julgava sempre tudo e todos e justificou a dominação colonial, a submissão do povo, os direitos das elites. Ele defenderá a sociedade escravista e uma sociedade com cidadania restrita. Entretanto, se se considerar que a sua *História geral do Brasil* foi escrita nos anos 1850 e é representativa do pensamento histórico brasileiro e internacional dominante de então; se ele a escreveu naquelas circunstâncias históricas, políticas, culturais e outras, naquele tempo, naquela historicidade, poder-se-ia esperar algo de diferente? Seria possível esperar um Varnhagen socialista? Democrático? Antiescravista? Um Varnhagen fora da sua atmosfera temporal, fora do leito da história? Individualmente, ele poderia ser socialista, democrata e antiescravista e teria um interesse particular, pioneiro; mas sua obra não representaria o seu tempo, não teria o valor coletivo e histórico que nos interessa ressaltar. É preciso situar as obras e seus autores em suas condições históricas objetivas e subjetivas para que se possa realizar uma análise justa e produtiva. Olhar a obra de Varnhagen com simpatia e compreensão é abrir-se à sua contemporaneidade, aceitar o diálogo com ele, ouvi-lo com paciência, apesar do "desejo que se tem às vezes de fechar o volume", como Capistrano afirma ter tido (Abreu, 1975b). Varnhagen representa o pensamento brasileiro dominante durante o século XIX, e ele o expõe com rara clareza, com fartura de dados e datas, nomes e fatos. Deve ser lido como um grande depósito de informações sobre o Brasil, um arquivo portátil, e como a interpretação do Brasil mais elaborada e historicamente eficaz do século XIX. Quando faz o elogio da colonização portuguesa e defende a continuidade luso-brasileira, caminho pelo qual, de fato, optaram as elites brasileiras, ele o faz com eloquência e vigor e torna-se um grande interlocutor no grande debate sobre o Brasil que é a historiografia brasileira. Para combater melhor o Brasil que ele formulou e defendeu é preciso tomá-lo como um grande historiador e mestre da história do Brasil. É preciso conhecê-lo.

O olhar de Varnhagen sobre a história do Brasil é, portanto, o olhar do colonizador português. Ele inicia a corrente de interpretação do Brasil que articulará os sentimentos e interesses dos "descobridores do Brasil". Ele reconstrói o Brasil, sintetiza os seus diversos ritmos temporais, submetendo-os à lógica do descobridor e conquistador. O vencedor tem todos os direitos. Vencedor, o português impôs a sua superioridade étnica, cultural e religiosa. Aliás, se o português venceu militarmente os seus adversários, se conquistou seus territórios e os escravizou e exterminou, é porque é superior. Eis o seu silogismo (ou sofisma?) básico! A vitória confirma uma superioridade presumida. E, se na luta colonial os brancos venceram, a jovem nação quer ser também vencedora e se identificar étnica, social e culturalmente com o branco. Foi este quem trouxe a civilização europeia superior — a lei, o rei, a fé, a razão. Os brancos são portadores de tudo aquilo de que uma nação precisa para se constituir soberanamente. Aos vencidos, resta a exclusão, a escravidão, a repressão e a assimilação pela miscigenação, isto é, pelo branqueamento racial e cultural. A conquista portuguesa foi feita com guerra e sangue. Então, vitoriosos os portugueses, as terras indígenas serão legitimamente portuguesas.

A Obra: *História Geral do Brasil* (1854-57)

A Natureza Selvagem Brasileira

A *História geral do Brasil* se inicia com uma descrição geral da natureza brasileira, descrição feita por alguém que a "descobre", que a vê pela primeira vez. Terra do Brasil foi o nome dado pelos portugueses à sua nova conquista em virtude da abundância de uma mercadoria nova, um certo lenho de tinta vermelha, um pau vermelho, que os índios chamavam de *ibirapitanga*. "Brasileiro" era o nome dado ao comerciante desse pau vermelho, nome que se estendeu aos moradores do lugar. A Terra do Brasil, ou somente Brasil, é um dos mais extensos territórios do planeta — é quase metade do continente ao qual pertence. Possui diversos tipos de solos, não possui vulcões, nele não ocorrem terremotos. Possui vários climas, e a ordem das estações não é a mesma da Europa, ambiente do descobridor/conquistador. Só há duas estações: a seca e a quente e úmida. A vegetação é sempre verde, não havendo inverno rigoroso. A floresta é como um campo de batalha: as plantas se entredevoram e lutam pelo sol. Essas florestas têm um ar sombrio. O coração do descobridor se aperta diante de sua imensidão e seus perigos. Há plantas exóticas que poderão ser úteis à Europa e sustentarão o comércio: pau-brasil, jacarandá, cedros, algodão, baunilha, urucum, castanheiras, sapucaias, cacau, tabaco, cará, mandioca; frutas: ananás, caju, sapoti, maracujá, mangaba, araticum, fruta-do-conde, pitanga, araçá, guabiroba, jabuticaba... Se as plantas têm alguma afinidade com as africanas, o mesmo não acontece com os animais. São todos especificamente americanos. Não são paquidermes enormes. Os maiores são o tapir ou anta.

Há ainda tamanduá, tatu, preguiça, gambá, tartaruga, aves variadas e belíssimas: arara, tucano, papagaio, periquito, araponga, bem-te-vi, curió, bicudo, patativa... A nova terra oferece também numerosas plantas medicinais: copaíba, guaraná, mate e outras; e venenos terríveis de plantas e répteis, animais ferozes...

 A natureza que o português descortina é intimidadora pela extensão, pelo vigor, pelo desconhecido e, sobretudo, pela pobreza em minerais preciosos. Eis a natureza brasileira vista por Pedro Álvares Cabral do alto do monte Pascoal! Uma imensa terra verde, com muita novidade, muito exotismo e alguma gente. Selvagem como a natureza! O português que vê tudo isso pela primeira vez — esse o sentido da ideia de "descoberta" — se enche de fascínio e ao mesmo tempo de receio e decepção. Varnhagen, empático e aliado, vem em seu socorro, solícito e solidário, com palavras de estímulo: "Ânimo! Tudo doma a indústria humana! Cumpre à civilização aproveitar e aperfeiçoar o bem e prevenir e destruir o mal..."

Os Indígenas

 Aqueles homens exóticos, habitantes daquela natureza exuberante e sem riquezas fáceis, Varnhagen os descreverá com interesse, mas sem afeição. Eram, segundo ele, uma gente nômade, que vivia em cabildas, morava em aldeias transitórias, pouco numerosa em relação à extensão do território. Violentos, mantinham guerras de extermínio entre si; bárbaros, não nutriam os altos sentimentos de patriotismo. Sem amor à pátria, essas *gentes vagabundas*, em guerra constante, constituíam no entanto uma só raça, falavam dialetos de uma só língua — a *geral* ou *tupi*. Era uma unidade de raça e língua que poderia tê-los levado à constituição de uma única nação. Mas mantiveram-se fragmentados e hostis entre si. Não aparecera um só chefe que estabelecesse um centro poderoso, como havia no Peru, cuja aristocracia, livre de cuidar só em resguardar-se das intempéries e em adquirir o sustento, pudesse pensar no bem dos seus semelhantes, apaziguando as suas contendas, civilizando-os com o exemplo. Os laços de família, primeiro elemento da nossa organização social, eram muito frouxos. Os filhos não respeitavam as mães e só temiam os pais e tios. No amor, não havia sentimentos morais. As delícias da verdadeira felicidade doméstica quase não podiam ser apreciadas e saboreadas pelo homem no estado selvagem. Rodeado de feras e homens-fera, não podem nele desenvolver-se a parte afetuosa da nossa natureza, a amizade, a gratidão, a dedicação. Se eram favorecidos nos dotes do corpo e nos sentidos, o mesmo não ocorria com o espírito. Eram falsos e infiéis, inconstantes, ingratos, desconfiados, impiedosos, despudorados, imorais, insensíveis, indecorosos! Eram fleumaticamente brutais! Monótona e tristemente passavam a vida habitual, entrecortada pelos sobressaltos da guerra, festas e pajelanças. Aos 30 anos, o bárbaro tinha uma expressão ou melancólica ou feroz. Possuíam vários vícios: a hostilidade, a antropofagia, a sodomia, a vingança, comiam terra e barro.

Como Von Martius havia recomendado, Varnhagen faz um longo estudo sobre os indígenas: língua, usos, armas, indústria, ideias religiosas, organização social, trabalho, guerra, medicina... Mas interessa-nos aqui o seu ponto de vista, o seu olhar sobre essas "alcateias de selvagens". Diante dos estudos que fez, ele se surpreende que haja ainda poetas e filósofos que vejam o estado selvagem como feliz. Os indígenas passam por privações, fome, não têm lei, religião, vivem na selvageria, na ferocidade. Divididos os tupis em cabildas insignificantes, que se evitam e guerreiam, apenas atendem aos interesses ditados pelo instinto da conservação vital. A sorte da mulher era julgada tão inferior à do homem que muitas mães afogavam as filhas ao nascerem. As mulheres quase não eram mais do que escravas. Ele descreve os rituais de sacrifícios humanos, a antropofagia. E afirma que não dirá mais sobre os horrores que praticavam os selvagens para não arrepiar a carne dos leitores, como os bárbaros as de suas vítimas! Sua pena, ele insiste, se detém irresistivelmente ao escrever essas misérias da humanidade bestial.

Tais eram os "alienígenas" (ou aborígines?) que percorriam havia mais de três séculos todo o atual território do Brasil e percorriam ainda em 1850 uma parte dele, onde não havia entrado ainda a luz da civilização e do evangelho. Ele repete: à vista do perfil que traçou dos bárbaros, sem carregar nas tintas!, aliás, ele não entende como alguns poetas e filósofos ainda veem no estado selvagem a maior felicidade do homem. Nesse estado, sem o auxílio mútuo da sociedade, sem o cultivo eficaz da terra, há sempre privação e fome, que torna canibais os mais civilizados. Sem os vínculos da lei e da religião, tende-se à ferocidade. As leis tornam feliz o homem que se sujeita a elas. O direito, a justiça e a razão são melhores do que o instinto, o apetite e o capricho. O selvagem cercado de perigos não sabe o que é tranquilidade d'alma: receia e teme tudo. Ele é inábil para concorrer para a melhoria da situação da humanidade. Varnhagen sustenta uma tese surpreendente sobre as origens dos tupis: eles teriam vindo da Ásia Menor, derrotados na guerra de Troia, fugindo das crueldades que se cometiam então contra os derrotados. Teriam navegado o Mediterrâneo, permanecido no Egito por algum tempo e, finalmente, teriam enfrentado o oceano e chegado ao Brasil! E cita pontos de convergência entre a cultura indígena e a egípcia. Por exemplo, o tupi se aproxima do antigo egípcio!

A "Descoberta do Brasil"

Tais bárbaros e barbaridades ter-se-iam perpetuado neste abençoado solo, tal anarquia teria despovoado o território, se a providência divina não tivesse acudido a dispor que o cristianismo viesse ter mão a tão triste e depravado estado! Essas gentes errantes desfrutavam, sem os benefícios da paz e da cultura do espírito, do fértil e formoso solo do Brasil. Esse é o passado do Brasil que deverá ser esquecido ou que não deverá influenciar na construção do futuro da nação brasileira, se preservado. Deverá até ser preservado como antimodelo, como modelo daquilo que o Brasil não quer ser. Aliás, os capítulos dedicados ao indígena na *História geral do Brasil* teriam esta função: mostrar que o futuro do Brasil não poderá ter nesse passado a sua raiz. O presente-futuro do Brasil se assentaria em um outro passado, naquele que veio do exterior para pôr fim a essa barbárie e selvageria interiores. Com a chegada do cristianismo, do rei, da lei, da razão, da paz, da cultura, da civilização, com a chegada dos europeus a este território, o Brasil surgiu e integrou-se no seio da providência.

Para descobrirem o Brasil, para verem-no pela primeira vez, os portugueses tiveram duas motivações: o comércio com o Oriente e o espírito evangelizador, as guerras comercial e santa, a primeira, dos europeus entre si, a segunda, entre os europeus unidos contra os muçulmanos. A descoberta do Brasil se deu no contexto destas duas guerras, que tinham criado duas controvérsias na Europa. A primeira controvérsia refere-se à estratégia de tomada da Terra Santa: devia-se atacar diretamente os lugares santos e libertá-los, como fizeram os cruzados, ou se devia expulsar o infiel porto por porto, fortaleza por fortaleza, a partir da Europa, descendo pela África até o Oriente? Portugal preferiu essa segunda estratégia, segundo as orientações de Luel ou Lúlio, um sábio medieval. Após a reconquista do sul do seu próprio território, Portugal atacou o norte da África, conquistando Ceuta e fazendo retroceder o mouro. Passou então a explorar a África. A segunda controvérsia refere-se à estratégia para se atingir diretamente as Índias, evitando-se os intermediários muçulmanos e outros europeus da rota terrestre tradicional. Havia dois caminhos possíveis: a via ocidental e a via meridional. A primeira trouxe Colombo à América; a segunda levou os portugueses às Índias. O caminho português, pelo cabo da Boa Esperança, levou mais rapidamente ao objetivo, às Índias; o caminho de Colombo levou-o a um lugar inesperado. Esse é o contexto mais amplo da descoberta do Brasil, segundo a reconstrução de Varnhagen. Os portugueses começaram levando vantagem sobre os espanhóis: atingiram o seu objetivo com menos custos e menos ousadia. É verdade que perderam a prata americana, pois não apostaram no plano de Colombo. Varnhagen lamenta esse prejuízo enorme, mas defende os cosmógrafos portugueses que levaram o rei a cometer esse erro: a sua argumentação era de peso!

Chegados ao Brasil, por essas razões e pela via meridional, e depois dos espanhóis, Varnhagen passa a apresentar o desfile dos heróis portugueses pela paisagem e pela história do Brasil. A Vasco da Gama deve-se a descoberta do Brasil, pois foi ele quem orientou a navegação de Cabral. Vasco da Gama e Cabral são os primeiros heróis da numerosa galeria de Varnhagen. A descoberta do Brasil, no entanto, não foi planejada: foi um feliz acaso. O objetivo de Cabral, quando saiu de Lisboa com suas caravelas, não era vir descobrir o Brasil, mas consolidar o novo caminho das Índias. Ao chegar aqui, ele se deparou com aquela natureza e seu morador descritos acima. Na verdade, só então começava a história do Brasil. Os capítulos anteriores, eles só prepararam essa chegada, descrevendo o cenário em que ela ocorreria.

Varnhagen, Cabral em terra, põe então, retoricamente, a questão da sua propriedade: pertenceria aos portugueses? E responde: pertencia, sim, desde 1494, isto é, antes de ter sido descoberta, pelo Tratado de Tordesilhas, assinado por portugueses e espanhóis diante do papa. Varnhagen até reconhece que não foi Cabral o primeiro a ter chegado ao

Brasil. Ele foi precedido por alguns navegantes espanhóis: Américo Vespúcio, Vicente Pinzon, Diogo de Lepe. Entretanto, a vinda desses não tivera consequências. Como a *História geral do Brasil* começa de fato aqui, Varnhagen explicita o seu programa:

> "Como e quando se inteirou Portugal da existência do legado do Tratado de Tordesilhas, como o descuidou a princípio e o beneficiou e aproveitou depois e, finalmente, como, através de muitas vicissitudes, guerras, veio a surgir um novo império a figurar na orbe entre as nações civilizadas, regido por uma das primeiras dinastias de nossos tempos — tal é o assunto da presente história. Portugal tomou conhecimento de suas terras somente seis anos após o Tratado de Tordesilhas, em 1500. Poucos imaginariam que nessa terra, dentro de algumas gerações, se havia de organizar uma nação mais rica e considerável do que a mãe-pátria" (*HGB*:70-1).

Após o descobrimento, o Brasil ficou à mercê de qualquer navio que o procurasse. Os esforços e capitais portugueses estavam voltados para a Ásia. Em 1501, no entanto, foi enviada uma expedição de três caravelas para o reconhecimento da terra descoberta. Américo Vespúcio fazia parte dela e praticamente a conduzia. Dois tripulantes desembarcaram no cabo de São Roque, onde aportaram, e foram comidos pelos indígenas. Varnhagen perde a neutralidade: "assim, a primeira ruptura e agressão entre os da terra e os futuros colonizadores não partiu destes, os quais foram vítimas da traição e a deixaram impune" (*HGB*:83).

Descendo para o sul, d. Nuno Manuel, seu chefe, com o calendário religioso na mão, ia batizando a costa. Os nomes "pegaram": Bahia de Todos os Santos, Salvador, São Sebastião do Rio de Janeiro, São Vicente, Angra dos Reis... Esculpiu-se no litoral brasileiro o perfil do rei português. Foi essa primeira expedição que levou a má notícia ao rei: a terra não era extensa, não tinha metais preciosos e nem mercadorias, só pau-brasil! A Coroa abandonou as suas novas terras, então, à exploração de particulares. Assim mesmo, o rei ainda enviava esquadras guarda-costas, caras, e que não asseguravam a sua posse. A colônia deveria não só se sustentar com seus próprios recursos como oferecer recursos à mãe-pátria.

Começou a triunfar a ideia de fundar no Brasil uma colônia vigorosa. Desde 1516 haviam sido tomadas algumas providências em favor da colonização e do cultivo do Brasil. Decorriam porém os anos, e o Brasil seguia com o seu imenso litoral à mercê de qualquer navio. Varnhagen defende a Coroa: "Não há por que fazer censuras. Os investimentos na Ásia ofereciam um retorno mais imediato". Mas as pressões estrangeiras sobre o litoral brasileiro forçaram a execução da ideia de ocupação e colonização. Em 1530, veio uma esquadra comandada por Martim Afonso de Sousa para fundar feitorias, fortalezas e cidades. Ele fundou Piratininga, que viria a ser São Paulo. Em 1532, o Brasil foi repartido em capitanias hereditárias. O projeto de ocupação do território para garantir a sua posse e exploração exclusiva se tornava cada vez mais concreto. Havia sempre o interesse do lucro e o da propagação do evangelho. Os 12 donatários das 15 capitanias empenharam-se em atrair moradores que trouxessem capitais e aceitassem sesmarias. Na Europa, a tendência era a concentração do poder real; na colônia, regrediu-se ao feudalismo — a descentralização do poder real entre luso-brasileiros foi um meio profícuo de colonização. Na Europa, o rei concentrava poderes; na colônia, cedia poderes. O donatário tinha inúmeros direitos — era um segundo rei. Quase se pode dizer, ele conclui, que Portugal reconhecia a independência do Brasil antes de colonizá-lo!

Aqui, os portugueses cristãos adotavam usos bárbaros: fumar, comer milho, mandioca, abóbora, taioba, cará, inhame. Construíam casas de cipó. Caçavam e pescavam com armas indígenas. Dormiam em redes e tomavam um banho diário. As mulheres indígenas logo se acasalavam com os europeus. Elas gostavam dos europeus tanto por razões fisiológicas (o branco é mais forte no sexo do que o índio!) quanto para se livrar do cativeiro em que viviam com seus maridos. Os portugueses tornaram-se polígamos. A mulher foi o elemento que mais concorreu para a fusão das nacionalidades tupi e portuguesa. Nasceram os mamelucos e os curibocas. Varnhagen defende como sempre o colonizador: eles não matavam e escravizavam os índios! É injusto afirmá-lo! Não sejamos tão injustos com os nossos antepassados! Eles não podem se defender! Se houve excessos, foram punidos. Os donatários se comportaram bem com os indígenas! Eles procuraram cooptá-los, defendê-los, tutelá-los, cristianizá-los. A força só foi usada contra os mais ferozes. O tipo índio, na verdade, ele afirma, desapareceu mais em virtude de cruzamentos sucessivos do que do verdadeiro e cruel extermínio. O bárbaro, vaidoso e independente, desconhecendo os direitos da razão e a supremacia da consciência, não admitia admoestações do colono, que vinham da caridade evangélica! Dissimulados e sempre no ataque, aproveitavam-se da primeira ocasião para cometer um assassinato. Foi preciso a força para aceitarem a nossa tutela, para aceitarem o cristianismo e adotarem hábitos civilizados. É filantrópico civilizar e evangelizar o índio não o deixando entregue à sua barbárie! Varnhagen se excede nesses comentários, oscilando entre a sincera ingenuidade e o cinismo.

A Vitória Portuguesa contra Franceses e Holandeses

Entretanto, franceses e holandeses não estavam muito convencidos de que o Brasil pertencia aos portugueses e desconsideravam tais esforços de ocupação e colonização. Os franceses consideravam as terras brasileiras tão suas como os portugueses. As capitanias hereditárias não estavam sendo eficazes no controle, ocupação e exploração da colônia. Decidiu-se criar um poder central no Brasil e retirar alguns poderes dos donatários. O Governo Geral foi sediado na Bahia, por ser mais central em relação a todas as outras capitanias. Tomé de Sousa foi escolhido o primeiro governador-geral; depois, Duarte da Costa; depois, Mem de Sá. Em todas as capitanias temiam-se as invasões estrangeiras. Varnhagen fará, então, uma apologia da guerra para garantir o domínio português sobre o Brasil. A guerra, ele afirma, ergue um país do torpor, une e confraterniza na ação comum, aperta os laços com o sofrimento. O Brasil esteve separado em partes durante anos, e mal se explica como veio a soldar-se. O governo não era eficaz: corrupto, roubava e escandalizava. Por pouco o Rio de Janeiro não se tornou uma Guiana Francesa. A guerra entre portugueses e franceses foi intensa no Rio de Janeiro. A luta contra o inimigo comum estreitará pelos laços do coração a futura união brasileira. Os holandeses, depois, contribuíram para apertar ainda mais esses laços da nação. Que Deus permita que esta nação possa continuar a ser a primeira deste continente e chegue a ser uma das maiores do planeta, o que sem muita união não poderá ocorrer! (*HGB*:313)

Contra os holandeses, a união brasileira se consolidará. Eles atacaram Salvador e Pernambuco. O perigo comum fez aproximar mais o escravo do senhor, o soldado europeu do brasileiro, o índio do branco. O índio Camarão e o negro Henrique Dias foram libertados um da barbárie e o outro da escravidão. Eles honraram todos os índios e negros. Varnhagen, nessa circunstância de vitória portuguesa, até relativiza a sua avaliação das "raças inferiores": se não têm prestígio não é por causa de suas cores, mas por falta de méritos para serem atendidos. O perigo comum aumentou muito a tolerância dos povos e estabeleceu mais fraternidade. Da guerra contra os holandeses data o espírito público mais generalizado por todo o Brasil. Os católicos brasileiros ficaram ainda mais intolerantes em relação a protestantes e judeus. As guerras também são civilizadoras, pois trazem energia e atividade a povos entorpecidos pela preguiça e pelo ilhamento. O sofrimento educa e robustece. Após as tormentas da guerra, o Brasil se apresentava mais crescido e respeitável e mais reconhecido na Europa.

Na luta contra os holandeses, o que agradou a Varnhagen foi a vitória portuguesa com o apoio da população brasileira indígena e escrava. Após essa luta o Brasil se tornara definitivamente português. E os portugueses mostraram o seu vigor não só contra indígenas e negros, mas também contra holandeses e franceses. Um povo vitorioso! O Brasil que ele vê integrar-se nesse momento não é um Brasil popular, mestiço, índio e negro; ele celebra o coroamento da dominação portuguesa com o consentimento e a colaboração da população nativa. A vitória contra os holandeses confirmou e concluiu a vitória portuguesa contra indígenas e negros. Este é o ponto de vista de Varnhagen: aqui, não surgia o Brasil-brasileiro, antiportuguês, que outros verão depois, mas o Brasil-português, a consolidação de fato do que o Tratado de Tordesilhas garantia como um direito de Portugal.

Os Negros e a Escravidão

Aos negros, Varnhagen dedica poucas páginas, assim como Von Martius em seu projeto de história do Brasil (Moura, 1990). Para ele, os traficantes negreiros fizeram um grande mal ao Brasil entulhando as suas cidades do litoral e engenhos de negrarias. A colonização africana teve uma grande entrada no Brasil, podendo ser considerada um dos elementos da sua população, o que "nos obriga" a consagrar algumas linhas a essa gente de braço vigoroso. Mas fazemos votos de que um dia as cores de tal modo se combinem, que venham a desaparecer totalmente do nosso povo as características da origem africana e a acusação da procedência escrava de um dos troncos da população brasileira, apesar da escravidão no Brasil ter sido mais suave do que em outro país da América, onde o anátema acompanha não só a condição e a cor como todas as suas gradações (*HGB*:223). Ao passar tais gentes ao Brasil, como escravos, na verdade melhoraram de sorte. A escravidão é injusta, por não ser filantrópica, é um insulto à humanidade, por ser um ataque ao indivíduo, à família e ao Estado de onde foram arrancados. Mesmo assim, os negros melhoraram de sorte ao entrar em contato com gente mais polida, com a civilização e o cristianismo. Por causa desse encontro, os negros da América são melhores do que os africanos. Eles se distinguem pela força física, o gênio alegre para suportar a sua sorte, pela capacidade de trabalho. Com o seu canto sempre melodioso e afinado, embora monótono, disfarçavam as maiores penas. Entretanto, fizeram mal ao Brasil com os seus costumes pervertidos, seus hábitos menos decorosos, despudorados. Escravos, viviam alheios à ternura da família, tinham o coração endurecido. A escravidão trouxe graves inconvenientes: abusos, crueldades quanto ao vestuário, comida e bebida.

À pergunta de Von Martius: O Brasil teria tido um *desenvolvimento diferente* (isto é, *para melhor*) sem a introdução dos negros escravos? Varnhagen responde afirmativamente: sim, sem os negros, o Brasil teria sido muito melhor! Foi um erro a colonização africana do Brasil. Perpetuou-se no Brasil um trabalho servil que ele se abstinha de qualificar, mas que não se pode mais dispensar sem grandes males para o país. Para ele, o índio é quem deveria ter sido usado para o trabalho. E ataca os jesuítas e defende os bandeirantes. Foi a pseudofilantropia dos jesuítas que impediu a escravidão do gentio. Estes, quanto mais mimados e protegidos, mais insolentes. Os bandeirantes paulistas que caçavam índios pelo sertão fizeram menos mal ao Brasil do que os traficantes negreiros e do que os jesuítas. A filantropia jesuítica em relação ao indígena era mais palavra do que exemplo — eles próprios usavam o índio como escravo. Sua proteção ao indígena deixou a colônia à míngua de braços, o que forçou a importação de africanos.

Varnhagen, portanto, não considera que a presença negra tenha sido boa, favorável à colonização portuguesa do Brasil. Talvez pudesse ter sido evitada, ou com o abandono do cultivo da cana, ou então com o trabalho de brancos e índios entre cinco e nove horas da manhã e das quatro às seis horas da tarde, descansando ou empregando em casa as horas mais quentes do dia, como faziam os índios antes da chegada dos europeus. Esse teria sido o caminho ideal: sem negros. Mas, se fosse indispensável mesmo a vinda dos africanos, que viessem não na condição de escravos romanos, como coisa venal, bens móveis, mas na condição de servos, fixando-se o negro com sua família e dando-se o primeiro passo para a sua emancipação lenta. Assim, ter-se-ia evitado o embotamento, no escravo, dos sentimentos mais ternos da humanidade, ao separar pais e filhos, maridos e esposas, amigos de infância. Nessa condição, não haveria como esperar deles nobres sentimentos, sobretudo em relação à pátria. Varnhagen, nesse momento, parece ser menos racista e mais antiescravista: não é somente a presença negra no Brasil que o desagrada, mas sobretudo a presença da escravidão. Se a presença do negro fosse, infelizmente, inevitável, que ocorresse em outra condição; uma condição que o ligasse ao Brasil e o levasse a considerá-lo a sua pátria. Como escravo, ele não se sentia e não poderia ser considerado luso-brasileiro.

A Família Real e a Independência

Sobre a guerra da independência, Varnhagen não a vê como uma verdadeira guerra. Para ele, o Brasil não se esquecerá jamais do seu tutor na infância, e Portugal não se esquecerá jamais dos socorros que o Brasil lhe prestou. Nenhum deles é devedor do outro. Ambos devem gratidão e louvores um ao outro. Se a metrópole agiu, às vezes, com despotismo, injustiça, incoerência, ignorância e governou mal, não se deve condená-la, pois ela quis acertar sempre. Não era o governo central que errava, mas os governos locais com a sua excessiva liberdade, verdadeiros senhores feudais. A metrópole agiu com rigor contra os homens que se voltaram contra ela e, se foi muito rigorosa, as razões de Estado justificam.

Em Minas Gerais, alguns planos aéreos de insurreição foram logo denunciados e severamente punidos. Na verdade, ele acusa, só houve um verdadeiro rebelde: Silva Xavier. Uma figura antipática, feia e espantada, ambiciosa, que se tinha dado mal no exército e na mineração e só era hábil dentista. Era pobre, sem respeito e louco. Seu pensamento estava abrasado por patriotismo e independência. O patíbulo deu-lhe a glória que jamais teria tido vivo. Infeliz! Seus companheiros não eram tão febris quanto ele. Tomás Antônio Gonzaga não era um conspirador. Varnhagen lamenta a violência da repressão, mas a considerou necessária. E se vencesse a revolução, ele pergunta, o Brasil estaria hoje em melhor estado? Uma pequena república encravada no império teria sido um mal, e outras nações logo se teriam aproveitado da quebra da unidade e voltado a lutar por outros territórios brasileiros. Felizmente, a providência veio em socorro do Brasil e o manteve unido, resguardando-o na única situação em que podemos procurar ser felizes e fazer-nos respeitar como nação.

Varnhagen expressa as formas de pensamento ajustadas ao sistema colonial. Ele vê o Brasil como o veem os seus administradores e demais representantes da mentalidade oficial e os não inquietos. Estes veem qualquer ideia de revolução no Brasil, no final do século XVIII, como uma maldade, um desrespeito ao rei. Para os representantes da Coroa, e Varnhagen será um, depois, a revolução não é "boa". O Estado precisa de homens bons, honrados, bons pagadores da Fazenda real. A liberdade existe nos limites da fidelidade ao rei. O colonizador é visto como um elemento natural na organização das coisas, bom, a quem se deve grande obrigação. O sistema é imparcial. O mundo social está consolidado e bem organizado, e toda atitude de inovação seria um desrespeito à propriedade e à autoridade do rei e dos seus representantes (Mota, s.d.).

Nessa perspectiva, Varnhagen agradecerá à providência por ter interferido e impedido o sucesso das rebeliões do final do século XVIII e início do XIX, que teria comprometido a continuidade portuguesa na passagem da colônia a nação. Quanto à revolução baiana de 1798, ele considera ainda mais feliz o seu aborto: era um arremedo do horror da Revolução Francesa. Seus líderes foram severa e justamente punidos. Era ainda menos nobre e patriótica do que a Inconfidência Mineira.

Entretanto, se a Revolução Francesa nos trouxe as rebeliões, ela nos trouxe repercussões ainda mais importantes. Trouxe-nos a própria família real, que os brasileiros esperaram no porto de braços abertos. O

Brasil tinha então, segundo ele, mais ou menos 3 milhões de habitantes, dos quais um terço era escravo. Os índios nada tinham aprendido e estavam nas florestas ou em aldeias, sem nenhuma vantagem para a sociedade. As mulheres sofriam com a tirania doméstica: viviam reclusas, escondendo-se das pessoas estranhas à família, casando-se sem conhecer os noivos. Foi nesse Brasil colonial que o príncipe desembarcou em 1808, na Bahia, e já foi emancipando-o da sua condição colonial. A emancipação não foi gratuita: Portugal invadido e em guerra, a Coroa precisava se manter e arrecadar tributos. A ideia da independência do Brasil foi trazida pelo próprio príncipe regente de Portugal. Varnhagen solta a sua língua cortesã: d. João VI era bom, religioso, justo, honrado, fino, sem ambições, dotado de felicíssima memória, apreciava os sermões, o pregador e a sua retórica. Para ele, e Varnhagen assentia, só a religião poderia sustentar os impérios e fortificar as constituições. Foi um perfeito modelo de um soberano amante do povo!

Sua presença tornou o Brasil a sede de um império enorme: europeu, africano, asiático. Além disso, a sua presença garantiu a integridade do Brasil. A revolução pernambucana de 1817, Varnhagen tem enorme desgosto em tratá-la. Não deveria ser catalogada entre as glórias do país. Em 1817, a independência já estava madura, pois já começara com a franquia dos portos em 1808 às "nações amigas" (Inglaterra) de Portugal. O Brasil, quanto à independência, estava à frente de toda a América Latina. A providência sempre amparou o Brasil contra a desunião e a fragmentação. Hoje, todos reconhecem as vantagens da integridade do Brasil. Todos sabem que separar é fácil; difícil é unir. É ilusório pensar que as províncias separadas poderiam gastar consigo seus recursos: não seriam suficientes.

E a separação do Brasil de Portugal, quebrando a unidade do Império, teria sido justa? O Brasil conseguiria se manter com os seus próprios recursos? Varnhagen seria certamente contra, e uma vez mais pediria o socorro da providência, se a ideia de independência não tivesse sido levada adiante pela própria família real! A independência do Brasil foi muito estranha: não foi feita contra a família real, mas pela própria família real portuguesa! É uma situação tão curiosa e inesperada que só a história pode fazer compreender. D. João VI defendia a ideia de um reino unido de Brasil e Portugal. Os brasileiros moderados eram favoráveis a essa ideia também. Varnhagen também preferia tal solução. Mas as elites portuguesas queriam que o Brasil retornasse à condição de colônia. Só então a ideia de independência se radicalizou. E no interior da própria família real! Foi um príncipe português que liderou o processo de emancipação política do Brasil, lutando contra os seus próprios súditos portugueses, por um outro povo, um outro país, um outro projeto de nação! A essa independência, Varnhagen não se opõe. Sua fidelidade é ao rei, à Monarquia, que garantem a unidade e o cristianismo. Divisão e separação, só se for entre reis, os únicos qualificados para o governo. A um príncipe português, o Brasil deve a liderança da sua independência, e ao seu filho, o Brasil deve a consolidação da sua unidade. O patriotismo caboclo, fonte do nacionalismo atual, ele o considera prejudicial ao Brasil.

Varnhagen defende a presença portuguesa no Brasil, ele faz o elogio da colonização portuguesa, é compreensivo com os seus erros e despotismo. A independência não foi prejudicial porque garantiu a continuidade do Brasil colonial no nacional: um Brasil português. A independência não interrompeu o passado, melhorou-o. O Brasil continuava português, imperial e ainda por cima independente! A nação brasileira seria construída racionalmente pelo Estado imperial, autoridade indiscutível, absoluta. A independência não foi problemática porque o Estado não foi comprometido: continuava nas mãos da dinastia de Bragança. O Estado brasileiro será construído sobre o modelo do Estado português. A unidade deverá ser preservada a qualquer custo. O Estado funcionará como um ímã da nação gigantesca: assegurará a ordem, a lei, a religião, a unidade. Ele continuará a ação civilizadora da Europa branca. O novo Estado nacional garantirá o conservantismo, a continuidade. O cristianismo sustentará o regime monárquico. A uniformidade cultural e a unidade nacional se fizeram com lutas sangrentas. Darci Ribeiro recentemente reconheceu, sem perder seu grande vigor crítico, que as velhas classes dirigentes brasileiras tiveram pelo menos este mérito: evitaram a fragmentação. A unificação foi um processo violento, suprimindo toda discrepância, discordância, separatismo, mas indispensável à consolidação da nação brasileira. Varnhagen também considera a unidade nacional um valor sem preço. Ele apaga as tensões e considera a violência do Estado necessária, pois senão seria a fragmentação, com uma violência ainda maior, e o fim do Brasil (Odália, 1979; Ribeiro, 1995).

Varnhagen e a "Verdade Histórica"

Varnhagen quis produzir a "verdade histórica" do Brasil com uma "história científica", isto é, documentada conforme o método, afastando o lendário e o maravilhoso e evitando os juízos de valor. Sua história, ele pretende que seja movida pelo amor à verdade e, assim como Ranke, ele quis narrar os eventos tal como se passaram. A verdade, afirma ele, é alcançada ao se reunir o maior número de testemunhos, acareando-os entre si e com certos fatos já estabelecidos. Ele procurou restringir-se aos documentos oficiais, interpretando-os com o devido critério, esmerando-se em ser conciso e exato, sem se emaranhar em pormenores que se contradigam, que escapam após lidos e nada ensinam. O bom critério é o que aprecia devidamente os fatos apurando deles a "verdade". Afirma enfaticamente que sempre há de dizer a verdade, segundo a sua consciência, mesmo que lhe cause dissabores. O dissabor maior para o historiador é capitular covardemente contra as próprias convicções. A verdade é só uma e há de triunfar em vista dos documentos. A missão do historiador não é adular, lisonjear a ninguém. Ele afirma preferir desagradar publicando a verdade a ser aplaudido faltando a ela.

Talvez Varnhagen possua ainda uma concepção clássica da verdade histórica e do tempo histórico ou então ele usa a concepção moderna para salvar aquela (Araújo, 1988). Na medida em que defende e faz uso do método crítico, em que reivindica a objetividade, a imparcialidade, ele é moderno. Isto é: desconfia da memória e da tradição. Mas, na medida em que é um historiador do império português e defensor da continuidade do passado colonial no futuro do Brasil, é um defensor da tradição e da verdade clássica. O futuro do Brasil deve ser ou o mesmo passado ou a melhoria do passado. A linearidade não representaria uma ruptura com o passado e o predomínio do futuro sobre o presente. A linearidade é só um melhoramento do passado. A ideia de "progresso" é mais aplicável nesse contexto. Varnhagen é um progressista, gradualista, um defensor da continuidade do passado no futuro. Reivindica a verdade objetiva quando esse passado se vê ameaçado pela modernidade, contra a linearidade como revolução.

Varnhagen seria um iluminista pré-revolucionário: progressista e gradualista. O passado resolveria os seus problemas sem necessidade de ruptura. A verdade moderna, que se baseia na dúvida e na crítica documental, torna-se nele uma verdade clássica, baseada em valores éticos.

A crítica documental, moderna, leva à ação segundo a tradição. A crítica documental não se opõe à tradição, resgata-a, livrando-a da mentira e da crise, restaurando-a em seu vigor. O "espaço da experiência" oferecerá exemplos, a história clássica representava sempre a mesma coisa e por isso, quando ameaçada pela mudança brusca, precisa do método crítico para que o mesmo sempre representado seja fidedigno e o passado possa ter uma influência ética e pedagógica, para que ele possa ser mestre da vida. O "horizonte de espera" é orientado por exemplos representados pela história do "espaço da experiência". Sua verdade histórica é clássica e moderna. Clássica: o passado é mestre do futuro, este imita aquele, a verdade é ética; moderna: o método crítico garante a pureza do exemplo e revigora a tradição.

A *História geral do Brasil* é uma história sobretudo político-administrativa, repleta de fatos, nomes e datas, individualista e psicológica. Ela não abrange todos os aspectos da vida nacional. Assemelha-se a um nostálgico e prazeroso álbum de fotografias das ações dos heróis portugueses. Cada descrição é minuciosa como se fosse um quadro ou uma foto. Acima de cada uma, o título-legenda-comentário e a data: "O enérgico governador-geral Tomé de Sousa em Salvador (1549)", "O benemérito governador-geral Mem de Sá expulsa os franceses do Rio de Janeiro (1560)", "O cristão d. Nuno Manuel batizando a costa brasileira com o calendário religioso na mão (1501)", "O ilustre paulista pe. Bartolomeu Lourenço revela os planos do aeróstato Passarola (1715)", "O bom, religioso e justo d. João VI desembarca na Bahia (1808)". Sua narrativa é uma construção que tenta coincidir com o vivido: uma reconstituição do que de fato se passou. O tempo pensado é assimilado ao tempo vivido. A sua marcação do tempo é a de um contemporâneo: "na noite de oito para nove desse mês de setembro, à hora da missa, em um domingo...", "no princípio de setembro...", "dois dias depois, no dia 19", "mas logo, no dia 25...", "logo, no dia imediato...", "na noite de 5 de abril...", "mês e meio antes...", "no dia seguinte, que era dia 19, domingo de Pascoela, às 7 da manhã...", "a ação durou de 3 a 4 horas...". O resultado cognitivo desse não distanciamento do tempo da reconstrução, o pensado, do tempo vivido, é um conhecimento de contemporâneo: muito vivo, mas confuso, pouco crítico. Sem distanciamento, o historiador se confunde com o contemporâneo que conhece o que vive mergulhado em brumas. A imitação do vivido se faz com prejuízo da compreensão: não se tem uma visão de conjunto. Varnhagen parece não dominar aquilo que é o essencial da tarefa do historiador: cortar e recortar o tempo, periodizar, criar ritmos que facilitem o domínio e a compreensão da vida social.

Alguns críticos concordam que essa falha na organização temporal da *História geral do Brasil* é a principal falha de Varnhagen. Capistrano de Abreu, por exemplo, também considera a sua obra pobre na periodização. Ele afirma que Varnhagen organiza a sua exposição cronologicamente e não tematicamente. Quis privilegiar o tempo datado, a cronologia miúda, minuciosa, mas o que conseguiu foi confundir-se com o contemporâneo, que também narra o que vive assim: ontem, anteontem, no dia seguinte, daqui a um mês, no dia 1º de abril... Capistrano afirma que Varnhagen não conseguiu, por isso, perceber o todo, o que dificultou a sua interpretação do Brasil. Capistrano considera a *HGB* um livro arisco, fugidio, detalhado, mas incompleto e lacunar. Faltou-lhe a visão de conjunto, que só uma periodização bem-feita pode oferecer. Deteve-se em detalhes sem importância, em acontecimentos e personagens esquecíveis. Para tentar corrigir o defeito essencial da *HGB*, Capistrano proporá uma periodização da história do Brasil que a cortará em seis períodos e oferecerá uma visão de conjunto. Varnhagen não soube distinguir esses períodos e não propôs outra periodização, sendo este, para Capistrano, o erro fundamental da sua obra (Abreu, 1975a). Mesmo se todas as obras de história são inevitavelmente incompletas e lacunares, o que não é um problema incontornável para o historiador que sabe disso, a de Varnhagen, talvez, seja-o mais ainda por ter ele ingenuamente pretendido produzi-la geral e completa.

ANOS 1930: GILBERTO FREYRE
O reelogio da colonização portuguesa

G. Freyre, Neovarnhageniano, Conservador e... Genial!

Gilberto de Mello Freyre, autor de *Casa-grande & senzala*, publicado em 1933, e de uma obra vasta e volumosa, na qual se destacam ainda *Sobrados & mocambos* (1936) e *Ordem & progresso* (1959), pernambucano, nasceu em 1900 e faleceu em 1987. *Casa-grande & senzala* é a obra de interpretação do Brasil mais conhecida no país e mais traduzida e editada no exterior. Freyre possui todos os títulos, prêmios e honras acadêmicas de quase todas as grandes universidades do mundo, o que ele não se cansa de lembrar e recitar. Aliás, ele tem toda razão de se orgulhar desse fato, pois as grandes universidades do mundo não distribuem as suas bênçãos irresponsavelmente, sem rigorosos critérios. E censurá-lo por ser tão bem-sucedido e se orgulhar de sê-lo, como é comum, não é muito simpático e elegante. Sua obra é reconhecida como uma referência superior da ciência social pelos mais importantes cientistas sociais do mundo: L. Febvre, F. Braudel, R. Barthes e outros. Entretanto, ele jamais aceitou ser classificado como um "especialista" das ciências sociais, antropólogo, sociólogo ou historiador, e sempre se apresentou como escritor ou ensaísta (Freyre, 1968). O que não limitou, no interior das ciências sociais, a repercussão e o alcance da sua obra, que são enormes, pelas inovações metodológicas, pela flexibilidade e beleza do texto, algo original, reunindo literatura e ciência social (Motta, 1981; Briggs, 1981).

Faremos uma compilação dos comentários de alguns dos seus mais ilustres analistas a fim de oferecer uma ideia da dimensão da sua repercussão no interior das ciências sociais. Para a maioria deles, Freyre introduz na análise racionalmente conduzida uma forte quantidade de afetividade e subjetividade. É um texto de ciência social qualitativo, que incomoda a ciência social preocupada com a quantificação: ele conclui muito além dos dados que oferece, dados que, para Leite, já são mal medidos e mal controlados (Leite, 1983). O que ele produziu foi uma espécie de autoantropologia da cultura na qual nasceu, a nordestino-brasileira. Como um romancista, não se colocou fora do seu próprio objeto, já que este objeto faz parte da sua vida e consciência. Sua escrita é encarnada, comprometida; ela traz à expressão uma grande margem da história até então muda, não refletida e explicitada. Seu texto é científico e político. O seu estilo é oral, coloquial, como uma conversa informal entre o presente e o passado. Ele fala do Brasil a partir de dentro e não como de um objeto natural. Seu pertencimento ao seu objeto dá ao seu texto uma impressão de autenticidade, de verdade imediata e interior. Ele parece ter uma visão do passado. Freyre parece experimentar o vivido que descreve. Seus analistas comparam o seu estilo ao de Proust: uma introspecção meticulosa e emocionada do passado, uma visita realista ao vivido passado. Ele próprio declarou inspirar-se em Proust. O misterioso, por ser familiar, o indizível, por ser íntimo, Freyre o revela e expressa. O Brasil colonial aparece vivo, revivido e em toda a sua complexa contraditoriedade (Merquior, 1981; Duvignaud, 1981).

Talvez o que mais inquiete os leitores mais resistentes ao fascínio de *Casa-grande & senzala*, afirma Motta, seja essa percepção do vivido de forma poliédrica, sem nenhuma determinação em última instância (Motta, 1981). *Casa-grande...* é como um "livro-onírico", atravessado de associações, de deslocamentos, condensações e tropos diversos, fruto de uma profunda intuição-imaginação do Brasil. Freyre quis demonstrar que houve uma solução brasileira para um acordo entre diferentes tipos de vivência, diferentes padrões culturais. No Brasil, teria havido um bem-sucedido ajustamento para um profundo desajustamento. Freyre é um autor criativo, sensível ao cheiro, à cor, ao ruído, ao amor e ao ódio, ao riso e ao choro. O passado colonial brasileiro é percebido com o seu cheiro e prazer de viver. Ele penetrou no seu tecido social e expressou o inconsciente da vida coletiva, a sua cotidianidade afetiva. Ele produziu uma radiografia do passado interno brasileiro, afirma Merquior. Contudo, "radiografia", talvez, seja uma metáfora *naturalista* demais. O que ele produziu foi uma revivência, uma recriação do nosso passado em seu espírito e no espírito do leitor. Para Merquior, a sua obra representou um avanço colossal em nosso conhecimento de nós mesmos, brasileiros.

Por ser sobretudo um poeta do Brasil, a discussão metodológica, ligada ao lado de ciência social da sua obra, não é uma discussão simples. Quais são as suas referências teórico-metodológicas? Onde e com quem ele se formou? A sua formação é basicamente norte-americana: no colégio americano batista de Recife, onde se tornou protestante; na Universidade de Baylor, no Texas (1918-20), e na Universidade de Colúmbia, Nova York, orientado por Franz Boas (Chacon, 1993). Costa Lima considera, entretanto, que *Casa-grande*... levou a pesquisa histórica brasileira a uma problemática nova e alemã: a do historicismo de Dilthey, Simmel e Weber, apesar de Freyre pouco citar fontes alemãs. Segundo Barbu, Freyre encontrou grandes afinidades com a sociologia compreensiva de Weber, com a abordagem empática. A este núcleo weberiano foram agregadas noções de variável importância metodológica como as de "personalidade" e "desdobramento consciente da personalidade". Com essas noções ele procurou apreender os estados de espírito ibéricos, as experiências vividas (Barbu, 1981). Entretanto, a sua formação americana é só indiretamente alemã através da presença de Franz Boas. Este dava ênfase ao conceito de cultura, combatendo o evolucionismo biológico, racial. Boas não acreditava que a pobreza estaria reservada aos mestiços ditos "biologicamente inferiores". A raça não seria determinante sobre o meio cultural. Grupos de uma mesma raça respondem diferentemente aos desafios geográficos, econômicos e sociais e políticos, criando culturas distintas. Como os meios antropológicos estavam marcados pelo determinismo geográfico e racial, essa ênfase na "cultura" trará uma mudança significativa na pesquisa social. Os fenômenos culturais são complexos e para eles não há leis. Boas negava o determinismo, o evolucionismo, o cientificismo e se aproximava do historicismo alemão com sua ênfase na cultura e na relatividade dos valores (Lima, 1989).

Freyre seria historicista, portanto, não no sentido de Popper, mas no de Dilthey. Ele propõe uma abordagem empática da realidade social, que lhe permitiu desenvolver uma história sociológica. Seu objetivo é alcançar a subjetividade, é apreender a vida em seu interior. Uma história política, psicológica, vitalista, dionisíaca e não intelectualista. Ele criou tipos reunindo elementos inconciliáveis. A interpenetração de seus tipos inconciliáveis se faz pelo símbolo &: *Casa-grande & senzala*", *Sobrados & mocambos*, *Ordem & progresso*. Ao formular tipos ideais ele se aproxima de Weber; ao interpenetrá-los, aproxima-se de Simmel. Para apreender a interconexão dos tipos, ele estudou o cotidiano, um campo de pesquisa social então original, inovador. Desenvolveu uma sociologia genética ou uma sociologia histórica que mostra as instituições em suas formas de convivência e em seu desenvolvimento no tempo (Bastos, 1986). Sua abordagem é histórica, não evolucionista, não progressista: ele é anti-iluminista como os neokantistas alemães. A história não é linear e não realiza a razão: a história se revela em formas particulares, em mundos históricos específicos.

Alguns analistas de Freyre entusiasmam-se quando fazem o seu elogio: ele é descrito então como um místico sensual, um espírito encarnado (Marias, 1981). Os místicos castos o consideram obsceno, pornográfico, e queimaram a sua obra em praça pública. Em nome da sua castidade! (Chacon, 1993). Para F. H. Cardoso, Freyre é mais do que um cientista ou mesmo um escritor: é um verdadeiro criador. Os resultados que alcançou estão além do instrumental metodológico de que dispunha (Cardoso, 1993). Alguns se referem à ideia de uma radiografia do Brasil, já mencionada acima, que nos parece *naturalista* demais e talvez inadequada. Como historiador, o que Freyre fez foi uma transposição, uma transferência de si mesmo ao passado brasileiro, para revivê-lo empaticamente, em sua intimidade, em seu espírito. Sua história criativa do Brasil despreza tudo da história político-administrativo-militar por uma vida rotineira, onde se sente melhor o caráter de um povo. Sua obra é uma aventura de sensibilidade. O passado é reposto no presente, como uma realidade viva que sustenta e contrasta com o presente (Duvignaud, 1981; Kujawski, 1981).

Ele descobriu, junto com os franceses dos *Annales*, a história do cotidiano, a história das mentalidades coletivas, a renovação das fontes da pesquisa histórica: receitas culinárias, livros de etiquetas, fotografias, festas, expressões religiosas, brinquedos e brincadeiras infantis, cantigas de roda, histórias infantis, relatos de viajantes estrangeiros, autobiografias, confissões individuais, diários íntimos, lendas, folclore, periódicos... E sem negligenciar ou dipensar as fontes instituicionais, oficiais, estatais. Seu uso da documentação era sem preconceito e exclusões (Barbu, 1981; Chacon, 1993; Skidmore, 1994). Nas novas fontes e no novo olhar lançado por Freyre sobre o Brasil colonial, o imaginário se mistura à realidade, e a realidade social ganha toda a sua densidade. Freyre vê a história pelos seus inúmeros lados, e o conhecimento do Brasil se torna quase mediúnico (Motta, 1981). Ele incorpora o passado; o sujeito que conhece coincide com o objeto conhecido. Para Barbu, Freyre possui o dom de ver os dois lados da lua ao mesmo tempo, o *lado aparente e o lado oculto*: percebe o todo em sua complexidade, unifica e harmoniza a divergência e a tensão. Febvre afirma, prefaciando a tradução francesa, que *Casa-grande...* não é um livro simples: é um enorme painel do passado, nascido de uma meditação sobre o futuro. Ele não oferece respostas fortes, mas nos convida a refletir sobre a questão maior do século XX: é possível uma única civilização na qual todos possam encontrar a sua pátria cultural? Para Braudel, prefaciando a tradução italiana, o estilo de Freyre é o de uma "sereia": ele nos dá um prazer concreto, físico, levando-nos a viajar, com a sua linguagem musical irresistível por luxuriantes paisagens tropicais.[4] Enfim, se se leva em conta todas essas avaliações apologéticas feitas por seus ilustres analistas, *Casa-grande & senzala* pode ser considerada a obra de um brasileiro-mestiço genial!

Freyre e Varnhagen

Entretanto, *Casa-grande & senzala* é uma obra neovarnhageniana: é um reelogio da colonização portuguesa, é uma justificação da conquista e ocupação portuguesa do Brasil. O Brasil é visto como uma sociedade original e multirracial nos trópicos, obra do gênio português (Skidmore, 1994). Na sua história patriarcal, cujo palco é a casa-grande, "onde se exprimiu melhor o caráter brasileiro", ele enfatizará também a nossa continuidade da colônia à nação. O livro genial de Freyre renovou a visão do Brasil das elites em crise. Ele revigorou o mundo que as elites luso-brasileiras criaram no passado e confirmou o elogio e a legitimação que lhe havia feito Varnhagen nos anos 1850. É claro, nos anos 1930, Freyre o fará em outro ambiente histórico e intelectual, com outras palavras, com uma nova metodologia, com uma nova estratégia política. Ele confirmava Varnhagen: "Tenhamos a honestidade de reconhecer que só a colonização latifundiária e escravocrata teria sido capaz de resistir aos obstáculos enormes que se levantaram à civilização do Brasil pelo europeu — só a casa-grande e a senzala. O senhor de engenho rico e o

---

[4] Apud Chacon, 1993.

escravo capaz de esforço agrícola e a ele obrigado pelo regime do trabalho escravo" (Freyre, 1933).

Freyre até supera Varnhagen nesse elogio. Seu reelogio do passado é uma exaltação, uma idealização. Para ele, é injusto acusar os portugueses de terem manchado com a escravidão a sua obra grandiosa de colonização tropical. O meio e as circunstâncias exigiram o escravo. A princípio, o índio. Quando este, por incapaz e molengo, não correspondeu mais às exigências da agricultura colonial, veio o negro. Deixemo-nos de lirismo em relação ao índio, ele se exalta, a sua substituição não se deu por razões morais — altivez, espírito livre; o índio falhou(!) no trabalho sedentário. Teria sido mesmo um crime transplantar e escravizar o negro? Para alguns, ele responde, e inclusive Varnhagen, mencionado por ele, foi um erro e enorme. Mas, e Freyre continua em defesa dos colonizadores portugueses, ninguém nos disse até hoje que outro método de suprir as necessidades do trabalho poderia ter adotado o colonizador português no Brasil. Só Varnhagen, ele reconhece, criticando o caráter escravista e latifundiário dessa colonização, lamenta não se ter adotado o sistema de doações de terras a agricultores europeus. Com doações pequenas, o Brasil teria atraído mais gente e constituído uma população mais homogênea. Varnhagen também propôs a servidão *com o negro*, sugerindo ter uma resistência maior à escravidão do que ao próprio negro.

Varnhagen, portanto, mesmo sendo um dos primeiros grandes defensores da colonização portuguesa, lamentava que ela tivesse tido de ser latifundiária e escravista. Mas essa discordância não separa Freyre e Varnhagen. Se este não aceitava a escravidão, era sobretudo porque ela implicava a presença negra no Brasil, em miscigenação, em desprestígio para a raça brasileira, que ele desejava que fosse "branca pura". Para ele, a colonização portuguesa teria sido ainda mais bem-sucedida se não tivesse tido que contar com a presença negra. Varnhagen lamenta o que a escravidão representou em termos raciais: a presença africana no Brasil. O latifúndio e a escravidão seriam mais toleráveis se o escravo fosse o índio, que a pseudofilantropia jesuítica impediu. O que ele não aprecia é a negreria que enche as cidades e engenhos brasileiros. Freyre é mais radical em seu apoio às opções pelo latifúndio e pela escravidão porque ele aceitou e valorizou a presença negra no Brasil. Se o negro só trouxe vantagens, se sua cultura é riquíssima, se sua companhia é alegre e terna, se as negras e mulatas são tão lindas e sensuais, se a miscigenação não é o grande problema do Brasil, o latifúndio e a escravidão não foram erros, obstáculos, problemas: foram opções corretas que tornaram possível o sucesso do português nos trópicos.

Freyre, portanto, vai mais longe e fundo na defesa da colonização portuguesa no Brasil. Mesmo com a presença negra, e muito graças a ela, a colonização portuguesa foi um sucesso total. Ele a aceita integralmente, sem reservas. É como se o seu elogio fosse feito plenamente pela primeira vez. Diferente de Varnhagen, ele não pensava mais o Brasil em *termos raciais*, mas em *termos culturais*. Nessa perspectiva, não há que censurar a presença africana. Pelo contrário, essa presença enriqueceu, fertilizou, abrilhantou a obra portuguesa. A mestiçagem talvez tenha sido o grande feito português e o que tornou possível a colonização europeia nos trópicos. Nos anos 1850, quando Varnhagen fez seu balanço e legitimação da colonização, o Brasil passava de colônia a nação, e ele defendeu a continuidade colonial da nação que se projetava e se queria consolidar. Foi mais brando em seu elogio, se é que se pode considerá-lo brando. Em relação a Freyre, ele pode ser mais crítico, pois o futuro estava aberto a essa continuidade colonial; Freyre, nos anos 1930, faz o seu reelogio na passagem da nação-colonial à nação-moderna, transição que ele recusa. Ele opta pelo passado e não vê, em sua ânsia de descrevê-lo como "o melhor tempo do Brasil", nenhuma contradição, tensão, problemas, obstáculo, dificuldade. Quando Varnhagen fez a sua defesa da colonização portuguesa e da continuidade da sua obra pelo Brasil, ele não tinha opositores concretos, eficazes, poderosos, pois a dinastia que governava o Brasil-colônia era a mesma que governava o Brasil-nação. Ele descreve e defende um Brasil que continuava, que superou rebeliões, separatismos, e que se unificou e se consolidou. A defesa de Freyre foi feita no momento de crise: ele vê aquele "mundo que o português criou" naufragando, contestado por todo lado, e o surgimento de um novo Brasil. Ele, então, vira as costas ao novo e se lembra com deleite, com paixão, sem censuras e reservas, do Brasil das elites patriarcais.

Freyre e Capistrano

Entretanto, alguns analistas o colocam na mesma linha de interpretação do Brasil de Capistrano de Abreu. Para Astrogildo Pereira, líder comunista, Freyre toma por protagonistas da história não os heróis oficiais, mas a massa anônima, na linha de Capistrano de Abreu, um dos autores mais citados por ele.[5] Também em Capistrano o conceito de "cultura" substituiu o de "raça"; seus estudos indígenas renovaram a nossa etnografia. Em seus *Capítulos de história colonial*, ele deu importância à história social e dos costumes e, pela primeira vez, apareceu a casa-grande e a senzala (Rodrigues, 1965). Capistrano teria antecipado alguns temas de Freyre: a escravidão doméstica com a ama de leite e a mucama, o caráter carinhoso, doce e alegre do negro amenizando as relações senhor e escravo.

Capistrano era, entretanto, mais crítico em relação à tese da "democracia racial" de Freyre: o mestiço tinha vida difícil, era visto com aversão e estava impossibilitado de ocupar certos postos. Os mulatos não podiam receber ordens sacras, por exemplo. Ter um padre na família era a prova de um sangue limpo. Mas, retorna à tese de Freyre: com o tempo, os mulatos souberam melhorar a sua condição social. Quando tinham talento e audácia, iam longe... Mas a difícil mobilidade social se restringia aos mulatos. Os negros permaneciam excluídos, o Brasil era o seu inferno. No entanto, com a sua alegria nativa, seu otimismo persistente, sua sensualidade animal!, sofriam bem o cativeiro, afirma Capistrano. Cantavam e dançavam para aliviar o peso do trabalho duro e alegrar o coração. Sobretudo no 11º capítulo de *Capítulos de história colonial*, intitulado "Três séculos depois", *Casa-grande & senzala* é antecipada em sua temática múltipla e original, nada político-administrativa ou biográfica, mas cultural e psicológica, uma abordagem íntima da vida das mulheres, negros, mestiços, paulistas, mineiros, gaúchos... Este capítulo final é um esboço de história cultural, uma espécie talvez de pré-projeto de *Casa-grande & senzala*.

Consideramos sustentável esta leitura que associa Freyre e Capistrano, mas somente em alguns aspectos temáticos e metodológicos. Todos os argumentos precedentes que os colocam em uma mesma linha de interpretação do Brasil parecem-nos corretos. Entretanto, entre os dois vislumbramos um abismo: Freyre prossegue o caminho inaugurado por Varnhagen na defesa do passado colonial brasileiro; sua interpretação do Brasil é continuísta, conservadora, passeísta, lusófila, patriarcalista, escravista, colonizadora. Seu olhar é um olhar "branco", aristocrático, elitista, embora muito sofisticado. Capistrano romperá com a linha varnhageniana de interpretação do Brasil e iniciará uma corrente não aristocráti-

---

[5] Apud Chacon, 1993.

ca, lusófoba, antiescravista, anticolonizadora, antipatriarcal, emancipacionista, mestiça-popular, nacionalista. Freyre liga-se à orientação de Capistrano? Sim, mas não quanto ao essencial. Quanto ao essencial, Freyre é ainda um "descobridor do Brasil". Ele esteve identificado às forças conservadoras da política brasileira. Seus temas prediletos: a nobreza da vida dos senhores de engenho, a alegria dos escravos, a delícia da cozinha tradicional, os males e decadências do progresso do século XX. Ele dispõe de uma teoria inovadora, mas usa-a para conservar a realidade brasileira. Leite o define como um intelectual de direita, aceito pelos grupos do poder que se veem enobrecidos e legitimados pelas suas teses, apresentadas de forma sedutora, envolvente (Leite, 1983).

Freyre e os Marxistas

O pensamento social marxista brasileiro vai se opor vigorosamente a Freyre, por essa razão. F. Fernandes e sua equipe de pesquisadores, que produzirão nos anos 1960-70, pensarão o Brasil com os conceitos de "classe social" e "luta de classes" e vão se opor à visão idílica do Brasil colonial produzida por Freyre. Mota compilou as principais críticas marxistas a ele. Estes o consideram um intelectual orgânico das oligarquias dominantes em crise. Freyre teria elaborado uma visão senhorial do Brasil, relatando a saga da oligarquia rural, desnudando liricamente a sua vida íntima. Em sua visão do Brasil, as elites luso-brasileiras são apresentadas como civilizadoras, produtoras do progresso, detentoras da razão histórica brasileira. Para apresentá-las assim, Freyre apagaria as tensões, as agudas contradições reais, que caracterizaram as relações sociais entre senhores e escravos. O mundo que o português criou é apresentado como harmônico, equilibrado, democrático. Raças e classes diferentes e em luta viviam harmonizadas em uma "cultura genuinamente brasileira". *Casa-grande...* seria uma obra de um filho da República Velha, um esforço de compreensão da realidade brasileira realizado por uma elite que vinha perdendo poder. É uma busca do tempo perdido, uma volta às raízes para reencontrar o poder e a glória perdidos. O tom é de perda, de nostalgia, de saudade. Construindo uma história do Brasil em termos de continuidade, Freyre valoriza a ação dos colonizadores que se prolongou da colônia ao século XX nos seus sucessores, as oligarquias regionais. As relações de dominação no Brasil são ocultadas, quando foram violentas, cruéis. Freyre atingiria o cinismo ao falar de "democracia racial" para se referir à realidade brasileira escravista! (Mota, 1978).

Sua valorização da cultura negra não levou em consideração a condição econômico-social de escravo do negro. Ou pelo menos, não até às últimas consequências. Assim, Freyre se tornou o pensador da crise das oligarquias e o seu escamoteador. Seu perfil é ao mesmo tempo "revolucionário" e "conservador". Como conservador, ignorou os movimentos sociais da Colônia e do Império, esvaziou as contradições sociais ao criar um efeito global neutralizante: uma "verdade poliédrica", que tudo vê, tudo integra e tudo conserva. A história perde dinamismo, pois suas tensões são harmonizadas. Freyre se coloca no lugar do herói-colonizador (Mota, 1978). Conservador, ele é otimista em relação ao passado e pessimista em relação ao futuro.

Varnhagen era otimista em relação ao passado e ao futuro — seu elogio foi enfático, porém mais sereno e crítico, pois feito em uma fase de consolidação do poder oligárquico. Freyre fará o seu reelogio em plena crise: sua opção pelo passado se radicaliza e ele se torna menos crítico. Só é crítico em relação ao futuro que se anuncia e que ele definitivamente recusa. Ao ser menos crítico em relação ao passado, torna-se paradoxalmente revolucionário: ele integra os excluídos do passado em sua visão do Brasil. Os negros, os índios, a miscigenação, os brancos pobres, a cultura popular, que integrar de fato à sociedade brasileira será uma tarefa do futuro, ele os integra idealisticamente no passado. O olhar conservador em crise tem saudade até dos seus males e os vê mais harmoniosamente. A experiência da finitude torna os poderosos de ontem mais brandos, e os seus oprimidos de então, eles os veem, agora, com doçura, com amizade e ternura.

Nessa polêmica Freyre/F. Fernandes-pesquisadores do Cebrap, aparecem duas disputas: uma teórica e outra política. A primeira opõe marxistas e historicistas: o motor da história não são as ideias, não são as mentalidades coletivas, mas a luta de classes, as classes em luta na esfera da produção. A visão culturalista é vista como interclassista, reacionária, pois harmonizadora das contradições reais. É uma teoria social que "leva água ao moinho das elites" (Mota, 1978). Os marxistas querem discutir a ação que constrói o futuro, uma ação que se define na luta das classes na esfera das relações sociais de produção. O que é preciso, então, pesquisar sobre o Brasil é a especificidade do seu modo de produção, a especificidade das suas lutas de classes, a especificidade da sua mudança social. A segunda disputa opõe duas regiões do Brasil: o Nordeste, cujas oligarquias locais perdiam poder desde a abolição do tráfico negreiro e a ascensão do café, paulista, exatamente nos anos 1850 de Varnhagen, e os paulistas, que ganhavam poder na mesma proporção em que os primeiros perdiam o seu.

Nos anos 1930, o Brasil nordestino está chegando definitivamente ao seu fim, e o Brasil industrial, moderno, "paulista", começa a se consolidar. Nesse combate intelectual é toda a história do Brasil que se revela. V. Chacon assume a defesa incondicional de Freyre e do Nordeste contra F. Fernandes/Cebrap e os paulistas. Chacon parece mobilizado por um artigo escrito contra o Nordeste, identificado à província, à aldeia e à sua maior expressão intelectual, Freyre. Trata-se do artigo publicado na revista do Cebrap *Novos Estudos,* n.º 27, de jul. 1990, de Luis A. de Castro Santos, intitulado "O espírito de aldeia: orgulho ferido e vaidade na trajetória intelectual de G. Freyre", que opõe Caio Prado e S. B. de Holanda, paulistas, intelectuais orgulhosos, com uma produção de alta qualidade, homogênea, sem pretensões internacionais, a Freyre, pernambucano, provinciano, intelectual orgulhoso nos anos 1930 e, depois, vaidoso, decadente, instalado na província e repetindo incansavelmente o que já havia realizado nos anos 1930. Freyre, nordestino e provinciano, teria uma tola ambição internacional e uma obra volumosa e heterogênea em sua qualidade. Contra este artigo antifreyriano, Chacon afirmará que muitos marxistas elogiaram *Casa-grande & senzala* — Astrogildo Pereira, Genovese —, e que Freyre nunca teve uma visão emoliente da sociedade brasileira — era contra a escravidão e denunciou o sadismo dos senhores de escravos. Quem falou em "cordialidade brasileira" foi um paulista, e não Freyre. Este era um agitador de ideias, enfrentando preconceitos e a modorra nacional. Tinha repulsa pelo universitarismo. Gostava da polêmica, era controvertido, e pagou caro por isso. Além de enfrentar a inquisição paulista-marxista, teve a sua casa invadida por policiais durante o Estado Novo, por ter defendido os negros e, segundo a ditadura, ter estimulado o ódio racial (Chacon, 1993).

Entretanto, *Casa-grande & senzala* talvez seja mais importante pelo intenso debate que provocou em torno do passado, presente e futuro do Brasil do que pelo que andou afirmando e elogiando. Os que combatem Freyre só fazem revelar todo o vigor da sua análise do Brasil. Nenhum desses seus combatentes, marxistas ou padres, teriam coragem de lançar, hoje, sua obra no fundo de uma gaveta. Sua obra é inesquecível, seminal, paradigmática, apesar de inimitável. É um modelo de eficiência, abrangência e competência na abordagem da sociedade brasileira. A historiografia norte-americana sobre a escravidão parte de Freyre; a historiografia brasileira sobre a escravidão também tem como referência *Casa-grande & senzala* (Queiroz, 1987; Graham, 1979). Nos anos 1960, Roger Bastide, F. Fernandes e sua equipe trataram do tema contra a perspectiva de Freyre, mas tendo-o como referência; nos anos 1980-90, historiadores brasileiros resgataram a sua visão da escravidão — Katia Matoso e historiadores de Campinas recuperaram um "escravo sujeito dentro de uma ordem social escravista consensual". Nos anos 1960-70, argumentou-se contra a tese freyriana da suavidade da escravidão brasileira com relação à americana. Nova tese: o escravo-classe luta contra a sua coisificação social e até subjetiva. Nos anos 1980-90, volta-se a Freyre: a escravidão era consensual, o escravo mantinha a sua subjetividade autônoma e agia estrategicamente acomodando-se ao sistema, procurando obter vantagens individuais. Sua forma de resistir é uma "ação adaptadora". O escravo é aparentemente dócil ou é dócil maliciosamente e resiste encontrando meios de manipular as regras do sistema social a seu favor (Gorender, 1990; Queiroz, 1987).

Enfim, com relação não só ao tema da escravidão mas aos mais importantes temas do Brasil, *Casa-grande & senzala* é comumente considerado um dos três mais importantes livros produzidos na década de 1930 — os outros dois são *Evolução política do Brasil* (1933), de Caio Prado Jr., e *Raízes do Brasil* (1936), de Sérgio Buarque de Holanda (Cândido, 1976). Mota curiosamente o situa entre os "redescobridores do Brasil". Na sua periodização, até faz sentido. Na nossa perspectiva, ele representa, ao contrário, uma continuidade da visão dos "descobridores do Brasil", isto é, ele faz um reelogio da colonização portuguesa. Freyre é neovarnhageniano, neste aspecto. Quanto ao aspecto teórico-metodológico, ele é outra coisa, outra linguagem, outra história. Mas, quanto ao essencial, isto é, ao projeto de história do Brasil que ele revela, à visão do passado brasileiro, seus sujeitos e motivações, à sua percepção e reconstrução do tempo histórico brasileiro, ele é a mesma coisa renovada, revigorada: a legitimação entusiasmada e, agora, acrítica, idealizadora e nostálgica, do mundo que o português criou nos trópicos.

Casa-grande & Senzala: Pressupostos e Teses

Consideramos que *Casa-grande & senzala* poderia ser um livro mais conciso e mais preciso, menos repetitivo. Outros analistas são mais indulgentes e até justificam, e com alguma razão, esta sua característica repetitiva. Para Motta, ele teve uma intuição fundamental do Brasil que não poderia ser descrita de forma clara e distinta, acabada. Ele teve necessidade de retornos, repetições, que não são só repetições, mas ritmos, a retomada de motivos como numa sinfonia. A multiplicidade de ritmos, formas, cores, estilo, manifesta uma mesma intuição central, profunda, unificadora de toda a estrutura. Assim, *Casa-grande...* não é uma obra de ciências sociais, no sentido estrito. É obra política, uma espécie de composição musical, uma partitura com um ritmo contínuo fundamental, mas que inclui ritornelos, estribilhos, coros, solos... Sua interpretação histórica se confunde com seu estilo, ou dele é inseparável. Freyre parece escrever para si mesmo, para dizer-se o que compreendeu. Parece um livro produzido de um só jato, possuindo todas as vantagens da intuição criadora mas sofrendo da falta de uma elaboração mais sóbria e estruturante (Motta, 1981).

Motta tem razão e, portanto, não façamos mais muitas reservas ao estilo e à arte de Freyre. Sua obra tem, na verdade, uma estrutura clara e sólida: o primeiro capítulo, "Características gerais da colonização portuguesa do Brasil: formação de uma sociedade agrária, escravocrata e híbrida" expõe de forma sintética as suas teses sobre o Brasil; os quatro capítulos restantes desenvolverão essas teses quanto ao índio, quanto ao português e quanto ao negro que, aliás, mereceu dois longos capítulos, quando em Varnhagen foi mencionado rapidamente e a contragosto. Freyre refere-se à sua participação na história do Brasil longamente e com muito gosto. Àquela pergunta de Von Martius: a história do Brasil teria sido melhor ou pior com a presença dos negros?, Freyre responde sem hesitar: a presença negra não comprometeu em nada a criação portuguesa; pelo contrário, foi um esteio indispensável. Eles deram uma contribuição excepcional à colonização portuguesa e foram também civilizadores do Brasil.

Procuraremos encontrar em suas centenas de páginas pelo menos *cinco teses* que deem conta de toda a sua ideia-intuição-mensagem-interpretação-compreensão do Brasil. Com essas teses articuladas entre si, todas as outras páginas serão ou repetição ou episódios reveladores/confirmadores das teses. Os episódios sem essas teses têm seu sabor, mas são anedóticos e não encontram o seu sentido. As teses sobrevivem sem os episódios e oferecem a estrutura do pensamento de Freyre sobre o passado colonial brasileiro. Ao destacarmos cinco teses, além do esforço de síntese, faremos também um esforço de análise, pois estaremos destacando e detalhando o que consideramos mais relevante na estrutura da sua obra. Não nos preocuparemos em citar as páginas de *Casa-grande & senzala*, pois aceitamos o risco de combinar dezenas delas em alguns parágrafos.

Antes, porém, de passarmos às teses, convém lembrar três pontos importantes para a sua compreensão. O *primeiro tema* é a visão do Brasil que Freyre teve, revelada no prefácio à 1ª edição, através de marinheiros brasileiros em Nova York, mulatos e cafuzos, que deram a ele a impressão de serem "caricaturas de homens". Foi uma visão do tipo brasileiro depois de três anos fora do Brasil, ou seja, foi uma visão de fora, exterior, não familiar, que lhe revelou pela primeira vez a figura do brasileiro. Nada melhor para se conhecer a identidade brasileira e se reconhecer como brasileiro do que três anos maciços no exterior. A figura que ele viu foi a do homem miscigenado. A imagem causou-lhe desgosto, a figura brasileira pareceu-lhe revelar algo de inferior e doentio. Teria sido a miscigenação o mal que condenaria definitivamente a raça brasileira? Eis a indagação dos intelectuais brasileiros e de Freyre entre os anos 1850-1920. Tinha a miscigenação causado irreparável dano eugênico ao Brasil? O atraso do Brasil não teria sido causado pela influência debilitante do negro? A sexualidade exacerbada, o pecado sem punição não teriam enfraquecido a raça brasileira? Este será o problema-fio condutor da bela demonstração do teorema que é *Casa-grande & senzala*. A hipótese de Freyre para tal questão será um alívio para as elites brasileiras, e a sua demonstração exigirá um mergulho de longo fôlego no passado brasileiro. *Casa-grande & senzala* é a pesquisa que testa algumas hipóteses sobre essas questões.

O *segundo tema* preliminar importante é o ponto de vista teórico-metodológico de Freyre, exposto com lucidez ainda no prefácio à 1ª edição. Ele concorda com o marxismo quanto à importância considerável, embora não preponderante, da técnica da produção econômica sobre a estrutura das sociedades, na definição da sua fisionomia moral. É uma influência poderosa, mas sujeita à reação de outras. As condições econômicas explicam muitos aspectos do desenvolvimento humano. O que Freyre pretende não é se opor a uma abordagem econômico-social do Brasil, nem desvalorizá-la. O que ele pretende, *porque assim escolheu*, é não fazer uma abordagem econômico-social do Brasil. O que ele declara querer fazer não é substituir a abordagem marxista, mas acrescentar-lhe um sentido psicológico ou psicofisiológico na análise do Brasil, aspectos que atuam sobre as sociedades independentemente das pressões econômicas. Forças psicológicas atuam sobre a sociedade, dor, raiva, medo, ao lado das emoções de fome, sede, sexo, forças que têm uma grande intensidade de repercussão. O português representa uma "especialização psicológica" (racismo?); o negro, outra; os índios e mestiços, outras.

O *terceiro tema* preliminar importante é o ponto de vista social de Freyre, também exposto com franqueza e lucidez, revelando uma adesão incondicional ao projeto português para o Brasil. O seu olhar sobre o Brasil é senhorial e, portanto, ele o olha da janela da sala de visitas, do alpendre, da casa-grande. A casa-grande não é só do engenho ou só nordestina, segundo ele, mas expressão da monocultura escravista e latifundiária em geral. O café do sul teve a sua casa-grande, tão brasileira quanto a do açúcar do norte. Apesar das diferenças impostas pelo clima e geografia, o terraço "de onde com a vista o fazendeiro abarcava todo o organismo da vida rural, o terraço hospitaleiro, patriarcal e bom" é o mesmo. Freyre olha o Brasil do terraço da casa-grande, do alto, e viu que o Brasil mudava, que o domínio das elites não era mais incontestável. Então, ele criou um olhar abrangente, mais longínquo temporalmente e, com os olhos da intuição, lembra-se do mundo consolidado, hospitaleiro, patriarcal e bom, cuja visão aquele terraço antes oferecia. O olhar do senhor torna-se histórico, pois o presente é problemático. Ele precisa se representar, se localizar na história, e volta-se para o passado glorioso. Freyre "abre-lhe as cortinas do passado" e mostra-lhe o espetáculo da sua façanha, dos seus feitos heróicos, que só ele tinha condições de realizar, por ter uma "especialização psicológica, histórica e até racial!" favorável àquela realização.

Postos estes três temas preliminares — a motivação, os problemas que produziram a pesquisa que chegou à obra *Casa-grande & senzala*, os pontos de vista teórico-metodológico e social —, passemos às teses de Freyre sobre o passado colonial brasileiro, que são as respostas hipotéticas àquela motivação e problemática dentro de um ponto de vista teórico bem definido e de um lugar social também bem delineado.

A primeira tese responderá à pergunta: *Como se deu o encontro entre as três raças constituidoras do povo brasileiro?*

Para Freyre, foi um encontro fraterno, solidário, generoso, democrático, viabilizado pela miscigenação. Vencedores militar e tecnicamente de indígenas e negros, os portugueses tiveram, no entanto, de transigir com eles quanto à vida familiar e social. A vitória militar foi o fato inicial da relação, foi o que a constituiu. Uma vez estabelecida à força a relação, desenvolveu-se entre conquistadores e conquistados uma confraternização. Esta não aboliu a vitória militar anterior: é uma confraternização tensa, sadomasoquista, que não tornou iguais senhores e escravos. Mas tudo isso não impediu a confraternização sexual e social. As relações entre vencedor e vencido se adoçaram com a necessidade dos colonos de constituir família. Não havia brancas, e a vida sexual e afetiva não podia ser nutrida somente por estupros contínuos. A necessidade de família transcende a necessidade da satisfação sexual. Para os colonos, aliás, a satisfação sexual era fácil. O problema era a solidão, a carência de relações paternais/filiais, a necessidade da companheira no sexo, na vida cotidiana e na dor. Na ausência de brancas, os colonizadores se "enamoraram" de negras e índias. A miscigenação assim entendida corrigiu, portanto, a distância social entre a casa-grande e a senzala. A agricultura escravista aristocratizava, antagonizava senhores e escravos; a miscigenação contrariou este efeito separador ao reunir em famílias as índias e as negras aos brancos. A índia, a negra-mina, a mulata, a cabrocha, tornaram-se concubinas e até esposas legítimas dos brancos, o que agiu no sentido da democratização social no Brasil. Entre os filhos legítimos e ilegítimos subdividiu-se parte considerável das grandes propriedades.

Embora militarmente vencedor, escravista e sádico — Freyre não omite esses dados, mas acrescenta outros e contraditórios que tornam a realidade vivida mais complexa —, o branco tratou o escravo com bondade, suavidade e ternura. Nas relações entre Portugal e África, anteriormente, já tinha havido esta relação contraditória: guerra, escravização e miscigenação étnica e cultural. Para o sexo, o branco passou até a preferir a negra, na verdade, o verdadeiro objeto original do desejo: seio, cuidados, cantigas para fazer dormir, colo e aconchego, enfim, maternidade real. A negra o iniciava na vida sexual quando adolescente. Na hora da vida sexual madura era quase impossível desviar o desejo para uma mulher "socialmente recomendável", a branca. Quanto ao negro, ele o teve como companheiro em brincadeiras infantis. Sobre ele exercerá toda a sua "polimorfa perversidade". E desenvolveu em relação a ele um inconsciente e profundo afeto, pois crianças que brincam juntas criam elos profundos de amizade e ternura. Para que um regime social de *apartheid* seja eficaz, é preciso manter as crianças brancas e negras separadas em colégios, creches, festas e nas brincadeiras. Não foi o caso brasileiro.

Se a vitória militar é afrodisíaca — logo se estupram as mulheres —, se ela perdura em uma relação senhor/escravo, esse desejo exacerbado da conquista violenta poderá evoluir, sem eliminação da violência original, para uma exacerbação da afeição pelo vencido? Freyre acredita nisso. Esse mundo humano violento/afetuoso terá como palco a casa-grande, que é "brasileirinha da silva", isto é, uma arquitetura original, adaptada aos trópicos. Na casa-grande, palco dessas relações complexas de crueldade e desejo-amor, estaria depositada a alma brasileira. O tempo brasileiro é observado e medido na moradia brasileira, na sua vida familiar. Ali se concentravam as principais atividades brasileiras, nos séculos XVI-XVIII. Além de moradia, ela era fortaleza, capela, escola, oficina, santa casa, convento de moças, banco... Ela não era um mundo à parte, aristocrático, distante. Ela integrava todas as atividades e tipos humanos do mundo colonial. O português foi inigualável em sua miscibilidade: onde chegava, misturava-se gostosamente com as nativas. Eram poucos e, por causa desse seu modo democrático de ser, puderam povoar terras vastíssimas.

Em suas guerras com os mouros, eles cultivaram a fantasia erótica da moura encantada, ligada às mulheres mouras que estupraram em suas vitórias. Essa sua fantasia encaixou-se bem na índia e na mulata. As índias, aliás, eram o próprio encantamento, a fantasia encarnada: gordas, nuas, pintadas de vermelho, doidas por um banho de rio, quando penteavam cuidadosamente os cabelos, admirando-se no espelho, presentes do branco, com quem gostavam de fazer sexo. Tinham, aliás, outra escolha? Além da violência, poderiam resistir a tais presentes? A mulher morena, e não a loura ou branca, era a preferida dos portugueses para o amor físico. Suas investidas pela África e Ásia os tornaram especialmente atraídos por mulheres não brancas. Graças à sua miscibilidade, a colonização portuguesa foi a primeira europeia a constituir uma sociedade moderna nos trópicos com características nacionais e permanentes. Os outros europeus amoleciam em contato com os trópicos. E não se misturavam com as mulheres de cor. O português, não: venceu o clima, o solo e miscigenou-se, criando uma população mestiça plenamente adaptada ao clima e à geografia. Aqui, houve o encontro, a intercomunicação e a fusão harmoniosa de tradições diversas de cultura. A cultura europeia se pôs em contato com a indígena, contato amaciado pelo óleo lubrificante da mediação africana. A invasão, escravização e estupro de negras e índias pelos portugueses não foi "seca": foram lubrificados pela doçura africana, pela forte excitação da mulher indígena, pelos presentes e novidades dos brancos, pela adaptabilidade, aclimatabilidade, miscibilidade, plasticidade e falta de orgulho de raça do português.

A segunda tese responderá à questão: *Por que, vitoriosos militarmente, os portugueses não se isolaram orgulhosa e aristocraticamente, apenas extraindo trabalho dos escravos e estuprando negras e índias? Por que foi possível a miscigenação com relação ao português?*

A "democracia racial", descrita acima, foi possível porque, segundo Freyre, a "predisposição psicofisiológica" do português, o seu passado étnico e cultural a favoreciam. Do ponto de vista étnico, o português não era um branco puro, e do ponto de vista cultural, não era um europeu puro. Assim, "impuro" étnica e culturalmente, ele estava predisposto à colonização híbrida e escravocrata dos trópicos. Etnicamente, o português já era um miscigenado. O povo português é ao mesmo tempo europeu e africano. A influência africana ferve sob a europeia na vida sexual, na alimentação, na religião. É uma população branca com sangue negro, mouro e judeu. É uma população já mestiça. Não há um tipo unificado de português. A raça não tem em Portugal um papel profundo. É um povo bicontinental. Culturalmente, o ar da África amolece as instituições europeias, desossando o cristianismo, o feudalismo, o direito, a língua, o caráter do povo. A Europa reina, mas a África governa. A mistura étnica e a indefinição cultural tornam o caráter português um "vago impreciso". O caráter português é bambo, flexível, flutuante, frouxo, plástico, fortemente sexuado, imprevidente, fatalista. Esta imprecisão lhes permitiu reunir em si tantos contrastes. Eles passam de um estado psicológico a outro, rápida e subitamente. Místicos, políticos, aventureiros, vivem em uma indolência oriental. Por ser assim, o português foi o melhor dos colonizadores europeus.

Freyre tem uma grande admiração pelo português colonizador. Segundo ele, essa origem deve encher de orgulho os brasileiros. Eles tinham criado uma civilização original tropical, miscigenada, cujos vícios podem ser atribuídos à monocultura escravista. Foi esta que desvirtuou a miscigenação e não a mistura de raças em si. A relação senhor/escravo é doentia, sadomasoquista, e trouxe más consequências para a miscigenação. Mas esta, em si, é só um bem.

Essa avaliação otimista que Freyre faz da miscigenação representou um alívio para as elites brasileiras. Ele lhes devolveu a autoconfiança que as teorias racistas do final do século XIX lhes tinham tirado. Essa nova representação mudou a atitude do Brasil em relação ao mundo exterior. Desde 1822, as elites brasileiras esforçavam-se por esconder dos estrangeiros e de si mesmas a "impureza" da história nacional. Até 1930, pensou-se que a miscigenação tinha comprometido definitivamente o futuro do Brasil. Freyre trouxe uma nova interpretação da miscigenação que se tornará até uma referência para o mundo pós-1945, que vivera uma guerra com motivações raciais declaradas. Pós-1945, os americanos acabaram com o seu *apartheid* e olharam, junto com os europeus, para o Brasil, mais seriamente, como uma história bem-sucedida de assimilação racial (Skidmore, 1994; Ortiz, 1985). Esta sociedade multirracial foi possível, portanto, pelas predisposições psicológicas, históricas e raciais! do português. Este foi um colonizador ao mesmo tempo europeu, africano e semita, móvel, adaptável, sem orgulho de raça. Sua mobilidade era tão espantosa quanto a sua miscibilidade e plasticidade: uns poucos homens circularam pelos continentes, transplantando populações inteiras e dominando vastos territórios. O seu caráter vago e impreciso foi o segredo da sua vitória. Se não, não se explicaria como um país faminto, doente e sem gente poderia colonizar o Brasil, a África e a Ásia. Foi este seu "caráter democrático" que permitiu a confraternização das três raças constituidoras do Brasil. Eles foram os homens ideais para a colonização tropical. E criaram o homem ideal para viver nos trópicos: o mestiço-brasileiro, um homem branco com sangue negro e índio.

A terceira tese responderá à pergunta: *Qual será o palco, a sede, o lugar central em que se dará este encontro feliz entre as três raças, sob a liderança do português?*

Esta confraternização ocorrerá na casa-grande que não se separa da senzala, mas a inclui. Ela é uma construção tipicamente brasileira, correspondendo ao novo ambiente físico e à nova atividade portuguesa: a monocultura escravista. O português, então, tornou-se luso-brasileiro, o fundador de uma nova ordem econômico-social, o criador de um novo tipo de habitação, que seria o símbolo da nova civilização. A casa-grande, completada pela senzala, representa todo um sistema econômico-social e político: a monocultura escravista, o patriarcalismo católico e polígamo. Foi ali que se estabeleceu o novo dono do Brasil. Apesar de suas predisposições favoráveis, o português sofreu com as dificuldades impostas pelo novo ambiente. No Brasil selvagem, tudo era desequilíbrio, excessos e deficiências. O solo excelente ou péssimo, os rios cheios ou secos. A América tropical não oferece uma vida fácil. Nas sementes, casas, animais, livros, papéis, obras de arte, em tudo se metem larvas, vermes, insetos, roendo, esfuracando, corrompendo... Foi em tais condições tão desfavoráveis que se exerceu o esforço colonizador dos portugueses nos trópicos. Foi uma vitória! Antes dessa vitória, o domínio europeu nos trópicos só se realizava por feitorias e extração da riqueza mineral. O colonizador português foi o primeiro a criar uma civilização baseada na exploração local da riqueza. Criou-se uma "colônia de plantação", caracterizada pela base agrícola e pela permanência do colono na terra. Os portugueses iniciaram uma colonização nova: a exploração da riqueza vegetal pelo capital e esforço do particular e com o aproveitamento dos nativos, sobretudo da mulher, para o trabalho e a formação da família.

A sociedade colonial desenvolveu-se patriarcal e aristocraticamente, à sombra das plantações de cana-de-açúcar, em casas grandes de taipa e cal. Não foram aventureiros. Vieram, venceram, ficaram e colonizaram. Sérgio Buarque de Holanda, logo depois, em 1936, terá uma visão diferente da colonização portuguesa: feita por aventureiros, que vieram, venceram e arruinaram a terra em busca de riqueza fácil e rápida. Não é o ponto de vista de Freyre. A colonização portuguesa não foi obra do Estado, da Coroa, da família real, mas da corajosa família rural particular. Aqui aparece uma distância significativa entre Freyre e Varnhagen: este defendia a colonização promovida pela família real, sua fidelidade era ao rei; Freyre vê como sujeito da história colonial brasileira não a família real, mas a família rural portuguesa, que enfrentou com os seus parcos capitais e vigor físico as dificuldades da terra tropical, virgem e distante. Os portugueses foram os primeiros europeus que se estabeleceram de fato em colônias, vendendo o que possuíam na metrópole e transplantando-se com família e cabedais para os trópicos. Aqui, tinham liberdade de ação. A organização colonial oficial não precedeu, mas sucedeu o desenvolvimento da colonização feita pelo particular.

Foi a iniciativa particular e não a oficial que promoveu a mistura de raças, a agricultura latifundiária, a escravidão, tornando possível sobre tais alicerces a fundação e o desenvolvimento de uma grande e estável colônia agrícola nos trópicos. Além de ter alargado o território para o Oeste, o que seria impossível para a iniciativa oficial. A colonização portuguesa feita caracteriza-se pelo domínio exclusivo da família rural. O sujeito da colonização portuguesa foi o indivíduo e a sua família, em sua unidade produtiva, semeando o solo e desbravando o território. A força social que se desdobrou em política, constituindo-se na aristocracia rural mais poderosa da América. Sobre ela o rei reina sem governar. A casa-grande é o seu palácio rural. Ela venceu a Igreja em seus impulsos de ser dona da terra. Vencido o jesuíta, o senhor de engenho ficou dominando o Brasil quase sozinho. Ele é o verdadeiro dono do Brasil, mais do que os vice-reis e bispos. Era o dono das terras e da população.

A diferença entre Varnhagen e Freyre nesse aspecto talvez se explique pelas datas das suas obras: em 1850, Varnhagen formulava uma visão ainda portuguesa do Brasil, enfatizando a ação da família real; Freyre, em 1930, enfatizando a ação da família rural, formula uma visão luso-brasileira do Brasil, a visão das elites descendentes dos descobridores, que admiram e reverenciam a memória daqueles que criaram este mundo nos trópicos para elas. Há também uma diferença teórico-metodológica essencial: nos anos 1850, predominava uma história político-administrativa e biográfica, valorizando as ações e documentos oficiais;

nos anos 1930, aparece uma "história nova", econômico-social-mental, que valoriza as iniciativas coletivas, anônimas, inconscientes, não oficiais, reveladas por uma documentação maciça, múltipla, interdisciplinar. Freyre é um dos pioneiros dessa nova história (Burke, 1991).

Para Freyre, o estudo da vida doméstica da família rural luso-brasileira como que nos completa, a nós luso-brasileiros: é um meio de procurar o tempo perdido, um meio de nos sentirmos nos outros, nos que vieram antes de nós. O passado familiar do colonizador português é um passado que se estuda tocando em nervos, um passado que emenda com a vida de cada um, uma aventura da sensibilidade, e não somente um esforço de pesquisa em arquivos. Não é fácil penetrar na intimidade do passado, surpreendê-lo em suas tendências, no seu à-vontade caseiro, em sua espontaneidade e expressões mais sinceras. Não há muitas fontes. As melhores, o confessionário as tornou desnecessárias e as engoliu. Freyre não se deixará limitar, no entanto, pela falta de fontes. Ele tomará como fonte tudo o que o homem colonial brasileiro produziu, acreditou, pensou, cantou, rezou, pintou, brincou, falou, construiu, comeu, adoeceu, lutou, defendeu, expulsou, plantou, escravizou... A *Casa-grande & senzala* foi, portanto, o centro da história colonial brasileira, foi um verdadeiro "palácio rural" — ali morou o seu verdadeiro sujeito, o senhor patriarcal, cercado de sua família extensa legítima e ilegítima, seus escravos domésticos, seus agregados, sua capela, sua plantação e escravos, sobre os quais exercia um poder absoluto, sem apelo.

A quarta tese responderá à pergunta: *A miscigenação que está na origem da colonização portuguesa do Brasil, graças às predisposições psicológicas, étnicas e históricas do português, foi um bem ou um mal? A miscigenação degenerou os brasileiros, tornando-os inferiores, inaptos, doentes, ou não? Se ela trouxe a democracia racial, a confraternização entre as raças, ela trouxe também o debilitamento da raça brasileira?*

Para Freyre, os males profundos que têm comprometido a robustez e a eficiência da população brasileira, que são atribuídos à miscigenação, na verdade devem-se à monocultura latifundiária. Faltou o suprimento de víveres frescos, que tornou a população mal nutrida, comendo somente peixe seco e farinha de mandioca. A hiponutrição tem como consequência problemas de decadência ou inferioridade de raças: diminuição da estatura, do peso, do tórax, insuficiências endócrinas. Além da hiponutrição, outro mal que afetou a saúde brasileira foi a sífilis. A colonização patriarcal do Brasil explica-se menos em termos de raça e religião e mais em termos econômicos, culturais e afetivos. A sociologia que fala de manchas da mestiçagem e dos efeitos amolecedores do clima não vê a escassez de alimentos, a pobreza nutritiva da alimentação disponível há cinco séculos, a irregularidade no abastecimento e a falta de higiene na conservação e distribuição. Além da desnutrição, o alcoolismo e a falta de infraestrutura que adoecem. Senhores e escravos ainda comem, embora mal. Mas, matutos, caipiras, caboclos, sertanejos pobres, que são milhões, comerão algo? A dieta precária, pobre, os jejuns religiosos, enfraquecem e adoecem a população. O Brasil dos três séculos coloniais, dominado pela monocultura latifundiária, foi terra de alimentação incerta e vida difícil. O povo brasileiro é um dos povos mais desprestigiados na sua eugenia e mais comprometidos na sua capacidade econômica pela deficiência de alimento. É um povo perturbado em seu vigor físico e na sua higiene por um pernicioso conjunto de influências econômico-sociais.

Quanto à miscigenação que formou o brasileiro, ela foi vantajosa. Criou o tipo ideal do homem moderno para os trópicos, um europeu com sangue de negro ou índio. Mas ela teve um efeito colateral que deteriorou a raça brasileira e que, por estar ligado a ela, é atribuído a ela, esta deterioração. À vantagem da miscigenação associa-se a desvantagem da sifilização. A miscigenação não é culpada pela sifilização. Ela, pelo contrário, produziu belos exemplares humanos. Depois da má nutrição, talvez a sífilis tenha sido a influência social mais deformadora da plástica do mestiço brasileiro. Portanto, se o brasileiro sofre de uma inferioridade física, não se deve atribuí-la à raça ou à mistura de raças, mas à desnutrição e à sífilis, além de outros vícios: alcoolismo, comer terra... São razões históricas, portanto, corrigíveis, e não razões biológicas, irrecorríveis.

Entretanto, apesar de recusar o conceito de "raça" e o "determinismo racial", diferentemente de Boas, para quem o conceito de cultura aboliu o de raça, Freyre continuou usando o conceito de raça, mesmo privilegiando o de cultura. Costa Lima apontou para essa ambiguidade de Freyre, que o torna ainda mais próximo do pensamento brasileiro tradicional de Varnhagen, apesar das suas inovações. Afinal, branco é uma etnia ou uma cultura, ou ambas? Freyre mistura meio, raça e cultura. Seu regime de causalidade é impreciso, afirma

Costa Lima. Ora é o fator étnico, a mestiçagem, ora é a posição geográfica de Portugal, ora é a convivência/guerra entre portugueses e muçulmanos que são apresentados como responsáveis pelo caráter vago-impreciso do português. O sucesso português no Brasil ora se deveu à sua etnia, ora ao clima, ora à tolerância cultural. O português tem sangue mouro, semita... Há até quem encontre em Freyre teses racistas, antissemitas, por exemplo. Enfim, Freyre não descartou o conceito de "raça", embora declare tê-lo feito. Em *Casa-grande & senzala*, as raças apresentam "especializações psicológicas e aptidões distintas". Freyre não absorveu completamente Boas, conclui Costa Lima. Na medida em que ainda raciocina com o conceito de raça, ele se insere de maneira limitada no historicismo alemão e se afasta bastante do historicismo de S. B. de Holanda. Costa Lima diminui, assim, o alcance da renovação e originalidade da interpretação do Brasil de Freyre, que se acreditava inteiramente culturalista e sem nenhuma referência à raça. Costa Lima se espanta, e com razão, com o fato dos seus analistas não terem dado atenção a esse aspecto do pensamento de Freyre, que aparece com muita evidência em seu texto. Ele não estaria tão longe de Varnhagen e O. Vianna, afinal! E, quanto ao essencial, é essa também a nossa visão de Freyre que, sem desvalorizar as suas intuições e inovações geniais, estamos tentando demonstrar.

Entretanto, R. Benzaquen de Araújo procura também valorizar e restaurar a originalidade de Freyre ao afirmar que ele usa o conceito de raça de forma peculiar. Ele trabalharia com um conceito neolamarkiano de raça, que se baseia na aptidão dos seres humanos para se adaptarem às mais diferentes condições ambientais e para incorporarem e transmitirem as características adquiridas na interação com o meio. Nesta perspectiva, o conceito de raça é histórico — uma cultura é um corpo marcado pelo meio geográfico. A raça é mais efeito do que causa. Há uma diversidade cultural e racial marcada pelo meio. Benzaquen de Araújo concorda com Costa Lima quando este afirma que a imprecisão no uso do conceito de raça revela o próprio estilo de Freyre: ele não se submete a conceitos. A denúncia de sua imprecisão deve ser mantida, confirma Benzaquen, mas quanto ao conceito de raça é preciso incluir este seu esforço de precisão (Araújo, 1994).

Apesar disso, Freyre se afasta, e muito, do pensamento tradicional brasileiro racista, de Varnhagen a O. Vianna, quando estes propuseram a superação do problema racial pelo branqueamento da população. Do ponto de vista norte-americano, esta seria uma solução ingênua, pois a raça não é definida pelo fenótipo mas pela ascendência do indivíduo. Os brasileiros poderiam se tornar todos brancos — isto não apagaria a sua ascendência negra e indígena (Skidmore, 1994). Freyre aceita a mestiçagem e a sua consequência fenotípica: a "morenidade". O Brasil é "moreno", mestiço de branco/negro/índio. Este Brasil moreno, longe de estar condenado ao insucesso por ser moreno, tem o seu horizonte de espera aberto por esta sua originalidade.

A quinta tese responderá à pergunta: *Para este povo miscigenado, confraternizado, bem adaptado aos trópicos, qual seria o regime político mais adequado? À democracia racial brasileira poderia corresponder a democracia social e política?*

Freyre oferece uma resposta ambígua a esta questão, como é ambígua ou "anfíbia" toda a sua reflexão sobre o Brasil. Por um lado, a mestiçagem se fez entre senhor e escravo. Se o brasileiro é mestiço, e Freyre não omite esse dado, essa mestiçagem não se realizou amorosamente. O brasileiro mestiço não é fruto de uma relação humana entre etnias-culturas diferentes. Ele é filho de um estupro: o senhor conquistador, colonizador, armado de espada e terço, que invade e domina índios e negros, exterminando e escravizando os homens e violentando as suas mulheres. Freyre acredita que o próprio escravo se satisfaça nesta relação sadomasoquista sexual e pessoal. O escravo preferia o senhor invasor e brutal, isto é, bem no seu papel, pois é masoquista. O senhor, inebriado, transtornado de desejo por todo o poder sobre a natureza e os homens que ele conquistou, o senhor sádico, é a este que prefere o escravo masoquista. Ostentando o seu poder, realizando-o sem restrições, o senhor se torna o seu espelho, a sua imagem invertida, aquilo que ele gostaria de ser. Como ele poderia se identificar com um senhor com características de escravo? O senhor precisa ser um antiescravo, um escravo invertido, para satisfazer ao próprio escravo! E como não há nada mais afrodisíaco do que o lazer e o poder, o português se tornou um femeeiro, possuía uma "genesia violenta", e incluía o escravo como parceiro em suas fantasias. O papel do escravo na relação é passivo; ele deve submeter-se ao desejo sem limites do senhor e nesta submissão encontraria um inconfessado prazer. A relação senhor/escravo é uma relação sadomasoquista, isto é, uma relação de prazer sexual e até afetuosa, com violência.

Nessa relação se desfaz o sonho da democracia política, prometida pela miscigenação. Essa relação teria passado à esfera política. Freyre afirma que o chamado "povo brasileiro", o mestiço filho daquela relação sadomasoquista, aprecia o mandonismo, gosta do dono bravo, do senhor completamente em seu papel. No íntimo, ele afirma, o que o grosso do povo brasileiro ainda goza é a pressão sobre ele de um governo másculo e corajosamente autocrático. Até os mártires revolucionários brasileiros não querem de fato transformar o Brasil, salvar a sua população daquela relação perversa. Eles pertencem àquela relação e o que querem é ter o prazer de sofrer, de ser vítimas, de se sacrificar, como Jesus Cristo, o herói-vítima que todo brasileiro quer imitar. Portanto, o regime político mais adequado a este povo nascido daquela relação é a ditadura vigorosa, máscula e corajosa! O ditador será aclamado, idolatrado, amado, e quanto mais severo mais prazer trará a esta população filha do prazer-com-violência.

Por outro lado, o regime político mais adequado à população brasileira mestiça é o que já predomina desde o início da colonização: a democracia racial e social! A miscigenação se deu entre senhor e escravo, o que ele considera uma demonstração da suavidade do escravismo brasileiro e até do espírito radicalmente democrático do português. A colonização europeia não se deu somente no sentido da europeização. A cultura europeia assimilou a indígena e a africana. O português vencedor deixou-se civilizar pelos vencidos, como os turcos vitoriosos pelos gregos vencidos. Por suas predisposições já mencionadas, o português não se encastelou orgulhosa e aristocraticamente, separando-se das outras raças e culturas. Ele não tinha nenhum orgulho de raça. Os negros reagiram sobre a dominação branca, e a sua cultura foi "civilizadora" do vencedor. Do ponto de vista alimentar, por exemplo, a influência do africano foi a mais positiva. Sua dieta era mais equilibrada — era abundante em milho, toucinho e feijão. Foi o elemento mais bem nutrido em nossa sociedade patriarcal, o escravo negro, e por isso sua descendência é a mais sadia e bela. O negro revelou-se superior ao índio e ao próprio português em vários aspectos da vida material e moral, técnica e artística. O negro é alegre, vivo, loquaz, vigoroso, extrovertido, plástico, adaptável.

Ele foi o maior "colaborador" do branco na colonização. Ele até influiu na europeização do índio, difundindo a religião católica e a língua portuguesa.

Freyre distingue o negro do escravo. O Brasil teve a influência do negro escravo e não a influência do negro puro. O negro escravo não pode exercer toda a influência que o negro livre exerceria, pois sua posição estava moralmente rebaixada. Ele nos aparece deformado pela escravidão. Esta não deixou que ele pudesse se revelar, se expressar plenamente. A sua influência não pode ser considerada deletéria enquanto negro, mas enquanto escravo. Não era o negro depravado, imoral, obsceno — ele é até mais frio do que o branco, precisando de danças eróticas para se excitar. A sífilis, não foi ele quem a trouxe, mas o português. O negro escravo transformou a língua portuguesa, a religião cristã, a dieta portuguesa, o imaginário infantil. A nossa língua nacional sofreu uma dupla influência: a da casa-grande e a da senzala. No brasileiro não subsiste, como nos Estados Unidos, duas metades inimigas, uma branca e outra negra. Somos duas metades confraternizadas, que se enriquecem mutuamente de valores e experiências diversas. O todo brasileiro não se faz com o sacrifício de uma das partes. Nossa personalidade mestiça se desenvolve sem a supressão de uma parte por outra. A presença do negro na vida do branco é muito forte, embora como escravo: ama de leite, moleque-brinquedo, negro velho, macumbeiro, mucama, cozinheira... Freyre não se demora sobre a influência negra no desenvolvimento econômico, fala raramente do escravo do eito, mas afirma em algumas passagens que ela foi imensa, maior do que a do próprio português.

Enfim, na casa-grande, os escravos domésticos foram tratados com doçura — eram como familiares, pessoas da casa, como parentes pobres. Sentavam-se à mesa, passeavam com os senhores como se fossem filhos. As mães pretas tinham lugar de honra na família — os nhonhôs as tratavam como verdadeiras mães. Eles receberam dela uma bondade, uma ternura que os europeus não conheciam. Entre nós, houve uma profunda confraternização de valores e sentimentos. A religião católica foi um ponto de encontro entre as duas culturas e não uma intransponível barreira. Um cristianismo mais ortodoxo seria incompatível com a liberdade religiosa dos negros. Freyre distingue o escravo do eito do escravo doméstico: este teve uma assistência moral e religiosa que faltou àquele. Os da casa eram batizados, alguns se casavam, e mulheres brancas amamentavam filhos de negras mortas no parto. Portanto, a sociedade brasileira, para Freyre, foi desde o início a que mais harmoniosamente se constituiu quanto às relações de raça, dentro de um ambiente de quase reciprocidade cultural, de troca de valores, no máximo de contemporização da cultura adventícia com a nativa, do conquistador com o conquistado.

Quanto aos indígenas, a mulher recém-batizada foi tomada como esposa e mãe de família e trouxe para a vida doméstica tradições, experiências, técnicas e utensílios. O branco preferia sexualmente a índia, e esta ao branco, seja por razões sociais — queriam ter filhos pertencendo à classe superior, já que a ascendência que valorizavam era a paterna —, seja por razões priápicas, pois o índio seria mais frio do que o branco! No primeiro século, por falta de brancas, os portugueses se envolveram com as índias. Freyre sonha: o ambiente em que começou a vida brasileira foi quase de intoxicação sexual! As índias se entregavam facilmente aos seus "deuses" por um espelho ou um pente. Freyre nos convida a imaginar este primeiro Brasil, sem Estado e sem jesuítas, local de encontro de uma "sociedade vestida" com uma "sociedade nua"! A mulher índia foi não só a base física da família brasileira, mas também valioso elemento de cultura material. A influência do homem índio foi também forte: devastação e conquista do sertão, guia, canoeiro, guerreiro, caçador, pescador. Ele só não foi útil na plantação. Mas lutou ao lado do português contra os invasores europeus. O menino índio europeizou os pais e a tribo ensinando o português e o catecismo.

Enfim, conclui Freyre, a formação brasileira tem sido um processo de equilíbrio de antagonismos. A mediação africana aproximou os extremos, brancos e índios, que sem ela dificilmente teriam se entendido tão bem. As culturas europeia e ameríndia eram estranhas e antagônicas. A sociedade brasileira é uma das mais democráticas, flexíveis e plásticas. Ela conseguiu equilibrar harmoniosamente antagonismos dificilmente superáveis: culturas europeia e africana e indígena, economia agrária e pastoril, fazendeiro e jesuíta, bandeirante e senhor de engenho. E equilibrou o antagonismo maior: senhor e escravo. Estes antagonismos foram amortecidos, confraternizados, harmonizados pela miscigenação, pela mobilidade social do ir e vir, pelo cristianismo lírico, pela tolerância moral, pela geografia sem obstáculos. No Brasil, enfim, reina a democracia social. As mulheres estão em pé de igualdade com os homens — são médicas, professoras, escritoras, advogadas. A tendência brasileira é dar oportunidade a todos. No Império, juízes e diplomatas eram morenos. O regime imperial era uma felicíssima combinação de democracia e monarquia (Freyre, 1971).

Afinal, o regime político adequado a tal democracia racial seria a ditadura ou a democracia? Freyre parece crer sinceramente na democracia social brasileira, mesmo se o senhor detém o mando indiscutível e brutal. Entretanto, esse senhor sádico e autoritário, ele o vê como também essencialmente democrático, pois o seu poder é exercido em família. É um poder legitimado por suas relações afetivas. Na família domina essa ambiguidade: o pátrio poder é absoluto, mas os laços afetivos e de fidelidade recíprocas criam uma aliança inabalável verticalmente, em relação ao senhor, e horizontalmente, entre os diversos membros da família. A severidade do pai é apreciada, suas decisões peremptórias temidas e legitimadas. No Brasil colonial não existia o Brasil-nação. Havia uma multiplicidade de repúblicas-familiares com os seus poderes particulares. Freyre se refere ao poder familiar, patriarcal, íntimo, e não ao poder público, ao Estado. Aquele poder privado, no entanto, se confundia com o poder público. A população luso-brasileira era governada como uma família pelo poder absoluto do pai. Darci Ribeiro expressa de forma esclarecedora essa ambiguidade apontada por Freyre no nosso modo doce/violento de ser. Para ele, o mestiço brasileiro é filho daquelas pretas e índias supliciadas e filho da mão possessa que as supliciou. A doçura mais terna e a crueldade mais atroz se reuniram aqui, para fazer de nós uma gente sofrida e ao mesmo tempo insensível e cruel. Somos filhos de escravas e de senhores de escravos. A autoridade brasileira, assim como a colonial, está predisposta a torturar, a machucar o pobre que lhe cai às mãos e que, como o escravo colonial, se sente completamente à mercê dessa força, o senhor rural-pai, sem rei e sem lei, sem limites, que o oprime... e quer bem?! (Ribeiro, 1995:12).

O Tempo Histórico do Brasil em Freyre

Freyre considera o brasileiro dominado por um tempo lento e lúdico, preguiçoso. O ritmo brasileiro de atividade é uma combinação de trabalho e lazer. Os brasileiros não gostam do trabalho intelectual ou manual e não têm preconceito contra o lazer, que não é visto como vício, pecado. Ele gosta mesmo é de tocar violão e cantar, comer seu peixe temperado, fumar o seu cachimbo, beber seu café a pequenos goles (Freyre, 1971). Gosta de mandar fazer e de viver no ócio. Eles apreciam também o luxo, roupas rendadas e bordadas. O seu sucesso, ele o obteve com essa tolerância, transigência, vontade de não transformar e impor-se racionalmente ao mundo e ao outro. A natureza, ele a aceita, e se adapta; o outro, ele domina, e se adapta. Daí a sua relativa democracia étnica, a ampla oportunidade dada a todos os homens, independentemente de raça ou cor. Os brasileiros se amam como irmãos, mesmo se são tão diferentes. Há preconceitos raciais, mas não há *apartheid*. Reina entre os brasileiros um forte espírito de fraternidade. As relações entre negros e brancos sempre foram cordiais, e a solução brasileira para as relações raciais foi a mais inteligente, promissora e humana. Ele acredita que exista uma certa "felicidade brasileira". Nossa situação de confraternização racial é a que mais se aproxima de um paraíso terrestre. Há miséria, doença, tristeza, opressão. Mas não se pode deixar de falar de democracia social.

A interpretação de Freyre se apoia sobre uma concepção conciliadora do tempo histórico brasileiro. Para Bastos, ele propõe uma articulação do velho e do novo, a união da tradição com a modernidade (Bastos, 1986; Barbu, 1981). A história brasileira não é compreendida em termos de ruptura, conflitos, mudanças bruscas. Ela é vista como uma história pacífica, tranquila, integradora das diferenças. A narrativa de Freyre, assim que percebe conflitos, produz a sua dissipação. Os conflitos são percebidos, não são escamoteados, mas administrados. Freyre constata diferenças para englobá-las, uniformizá-las, observa Costa Lima. Sua verdade histórica é ética: o Brasil é um modelo para a humanidade, ele dá ao mundo uma lição de moralidade. Aqui, o senhor é ameno com o escravo, o branco com o negro e o índio. Mas essa amenidade, ao invés de apagar a diferença, intensifica-a. Se o escravo se rebelar, o senhor esquecerá as suas boas maneiras. É uma interpretação do Brasil válida enquanto continuamos uma sociedade conservadora. A plasticidade do senhor não corrige a assimetria do poder, mas legitima a colonização e a escravidão: é um mito, uma máscara ideológica (Lima, 1989). Freyre produz um quadro excessivamente estático: detecta constantes e ignora os ritmos de transformação. Privilegia a continuidade em detrimento da mudança. A obsessão com o progresso e com a chegada acelerada da razão, com a integração do país na marcha da civilização, ele a recusa, substituindo-a pela ênfase na tradição e singularidade brasileiras. O Brasil ganha um passado, se densifica para trás. Freyre não fala quase de futuro; ele fala mais de passado, de identidade brasileira consolidada. Nessa identidade, ele integra índios e negros retrospectivamente — a identidade singular brasileira é a da mistura de raças e culturas sob a liderança portuguesa. O Brasil é complexo em sua temporalidade: tão velho e tão novo, tão conservador e tão liberal, tão ligado ao seu passado e tão pouco resistente a experiências novas. Por um lado, superarcaico, por outro, um dos países mais modernos do mundo (Freyre, 1971).

Freyre representa um momento importantíssimo para a reflexão histórica brasileira — um momento de retorno, de introspecção, de viagem pelo interior. Ele para o tempo da história brasileira e se delicia em sua contemplação. O tempo de Freyre é ibérico: sem pressa, sem relógio, sem preço, sem dinheiro a ganhar (Marias, 1981; Solis, 1981). Em sua ampulheta, o que se tem não é areia ou água, que descem rapidamente, mas um melado/mel que desce em um fio viscoso e lento, marcando a duração doce e gozosa do mundo nordestino (Kujawski, 1981). Seu tempo é senhorial: ocioso, deitado na rede, pés de menino e mãos de moça, o pau viril e a voz imperiosa. Dono de escravos, o trabalho não é problema dele. Seu tempo, ele o tem todo à sua disposição para comer, beber, conversar e copular com negras e índias. A "vida boa" dos aristocratas do açúcar foi lânguida, morosa. Na casa-grande, os dias se sucediam iguais, a mesma modorra, a mesma vida de rede, sensual. Sua visão do Brasil e do mundo é desacelerada: a da lenta mudança dos séculos, sem saltos revolucionários (Marias, 1981; Briggs, 1981).

Freyre prefere a continuidade à mudança, ou a mudança dominada pela continuidade. Seu olhar sobre o futuro do Brasil é pessimista: nos anos 1930, a mudança se acelerava, assustando-o, pois comprometia a continuidade do passado patriarcal. Com sua reflexão, ele quer fazer uma defesa desse passado e impedir ou desacelerar a mudança. Ele espera que as mudanças não se acelerem, pois não há motivo. O passado brasileiro foi bom, as elites brasileiras são competentes e democráticas. Quanto ao futuro, ele é no máximo reformista e gradualista: propõe o fim da monocultura, o que melhoraria a dieta brasileira, fazendo aparecer uma população sadia e uma inteligência mais vigorosa, menos imitativa. A população mestiça brasileira é eugênica, pois os brancos escolheram as melhores negras e índias para amantes. O mulato é um feliz meio-termo, eugênico. O Brasil tem o seu futuro aberto, não há nada que o torne inviável, que o ameace no horizonte — desde que ele seja mais passado do que futuro, mais continuidade do que mudança.

Parte II

O "Redescobrimento do Brasil"

ANOS 1900: CAPISTRANO DE ABREU
O surgimento de um povo novo: o brasileiro

Capistrano de Abreu, "Heródoto do Povo Brasileiro"

João Capistrano de Abreu nasceu em Maranguape, Ceará, em 1853, no sítio de Columinjuba, que seu pai herdara de seu avô, que o havia recebido de presente de um reinol perseguido pelos ódios exacerbados do nativismo local, do qual ele então o protegera. Foi assim que a família saiu da pobreza e se tornou proprietária de um pequeno pedaço de terra. Ali, Capistrano foi criado com rigidez, severidade e austeridade, em um ambiente marcado pelo trabalho pesado e contínuo e pelo dogmatismo católico. Seu pai, depois de herdar a terra, reconstruiu a casa e se tornou um dos "homens bons", "homens de consideração", da região, pois tinha o suficiente para sustentar a família e gozar de algum prestígio social. Ele pertencia à Guarda Nacional e à burocracia provincial — tinha a patente de major. No sítio, ele plantava cana, algodão, mandioca, feijão, milho. O trabalho era feito por escravos, por agregados e pela própria família. Seu avô e pai eram homens do tipo "amansa-negro": homens de mão pesada e de alma dura. Capistrano nasceu, portanto, em uma "casa-grande", modesta, mas abastecida. A casa expressava o espírito místico-escravista dominante: era cheia de imagens de santos, rosários, relíquias, escapulários, terços e orações, e um dos seus cômodos era usado como sala de disciplina, a sala do tronco, com os instrumentos de suplício para os escravos rebeldes e que, provavelmente, o rebelde Capistrano também conheceu, pois os filhos na sua época eram também amansados! Ali reinava o espírito colonizador e inquisidor dos descobridores. O sítio submergia no anonimato da vida sertaneja, isolado, embora Fortaleza não fosse tão longe. Vivia-se ali uma vida rotineira, silenciosa, ritmada pela natureza, pelo trabalho e pelas rezas (Câmara, 1969).

Foi neste ambiente bem pouco aristocrático que Capistrano nasceu e viveu até a juventude. Ele era psíquica e fisicamente um autêntico sertanejo, um caboclo matuto, feio, agreste, desagradável: "Um desconfiado tapuia transplantado para o meio civilizado", alguém disse. Os biógrafos descrevem a sua imagem de maneira bem desfavorável — seboso, malvestido, sem higiene pessoal, uma figura torta, um olho pendido para o lado, uma cor encardida que o banho só piorava! Para logo desanuviarem a má impressão, referindo-se à sua personalidade brilhante e envolvente. Ao chegar, ao ser apresentado a alguém ou ao se apresentar, sua imagem causava desgosto; ao sair, seu espírito deixava encantamento. Foi assim, por exemplo, no primeiro encontro com José de Alencar, seu conterrâneo que tinha obtido grande sucesso nacional e a quem ele recorreu para introduzi-lo na Corte. Capistrano não era vaidoso e silenciava sobre si mesmo. Sabe-se que era próximo e afeiçoado aos escravos e que conhecia muitas canções africanas (Câmara, 1969).

Sua formação intelectual, considerando a sua origem modesta e rude, foi outro milagre. Foi sobretudo um autodidata, um leitor apaixonado e desordenado. Alfabetizado no próprio sítio, depois estudou em um colégio pobre de Fortaleza, o Ateneu Cearense, e no seminário. Como estudante, sempre fracassou nos exames. Talvez tivesse dificuldades psicológicas com a autoridade, associada ao pai. Seu retorno de Recife, onde passou dois anos preparando-se para entrar na Faculdade de Direito, com o apoio financeiro de seu pai, foi mais ou menos trágico: ele fracassara em Recife! Entre os 18 e 20 anos, as perspectivas de Capistrano não eram as melhores. Ele ficou no sítio, escrevendo para jornais de Fortaleza, dando aulas em colégios. Precisava de um emprego e de um salário para viver. Não era rico e não poderia mais depender do pai, sem trabalhar no sítio (Câmara, 1969).

Decidiu, então, ir para a Corte, migrar para o Rio de Janeiro, armado com uma carta de José de Alencar, apresentando-o aos jornais do Rio, e com 700 mil-réis que apurou com a venda de um escravo que herdara do avô. Em 1875, esse "nordestino feioso" desceu para um mundo desconhecido, incerto, "sozinho, sozinho". Chegou ao Rio com 21 anos. Apesar da sua resistência ao bacharelismo, tinha uma boa bagagem intelectual: lia francês e inglês, conhecia filosofia, literatura, história e geografia. Assim dizem seus biógrafos mais exaltados. E exageram: lia até sueco! (Câmara, 1969). Na Corte, precisava de um emprego. Trabalhou na Livraria Garnier, foi professor no Colégio Aquino, "onde tinha casa e comida", publicou vários artigos em jornais, passou em concurso para o preenchimento de uma vaga na Biblioteca Nacional, emprego público, estável e seguro, a âncora de que ele precisava para fixar-se na Corte. Em 1883, fez o famoso concurso para professor de corografia e história do Brasil do Colégio Pedro II. Passou, ocupou a vaga, mas não ficaria muito tempo, saindo em 1899. Sua cátedra — história do Brasil! — foi extinta, incluída na história universal. Enquanto ensinou, sem carisma, teve alunos e nunca discípulos. Ao sair do colégio, sentiu-se aliviado: livrara-se de "alunos ignorantes e desatentos". Contudo, a razão da sua saída do Colégio Pedro II permanece mal explicada. Alguma razão política? Chacon afirma que Capistrano e O. Lima, acusados de germanofilia quando da I Guerra Mundial, teriam sofrido perseguições (Chacon, 1993:92). Mas a sua saída do Pedro II foi em 1899, bem antes. Qual terá sido a verdadeira razão? Somente uma simples reforma do ensino que dissolvia uma cadeira de história do Brasil!? Capistrano morreu em 1927, aos 64 anos (Câmara, 1969).

Sua biografia interessa muito, quando se conhece o lugar inovador que ele teve na historiografia brasileira. A biografia escrita por J. S. Câmara, que utilizamos até aqui, parece-nos recomendável, apesar de um excesso, talvez, de empatia, embora compreensível. Quem é, afinal, o autor de *Capítulos de história colonial*? Num mundo social marcado profundamente pela bipolarização senhor-escravo, ele não fora nem uma coisa e nem outra. Sua família era pequena proprietária de terra e produzia para o próprio sustento. A maneira como conseguiu essa terra também é curiosa, casualmente, um presente de reinol! A produção não se destinava ao mercado internacional, mas era feita também com mão de obra escrava e de agregados, que trabalhavam lado a lado com os membros da família proprietária. Era um mundo social "brasileiro", voltado para dentro, sem vínculos externos diretos. A subsistência era retirada da terra, parca e modesta, à custa de um trabalho contínuo e braçal, quase sem equipamentos. O horizonte pessoal de Capistrano era prosseguir essa vida paterna e familiar, horizonte que ele recusou, contra o qual se rebelou, porém com pouca coisa ou quase nada para substituir. Refugiou-se, então, talvez, na leitura, evadiu-se, o jovem Capistrano. Criou um mundo de palavras, frases, citações confusas e em outras línguas (apelando até para o sueco!), buscando diferenciar-se do seu mundo, do seu passado, buscando o reconhecimento intelectual, o prestígio de homem de letras, devorador de livros, mas pouco disciplinado para enfrentar exames.

No Rio, quando não tinha mais terra e nem era mais proprietário de escravos, passado que rejeitara, ele só possuía a força física e seus olhos leitores como instrumento de trabalho. Ali, precisava sobreviver e mostrar o seu valor. Tendo rompido com aquele passado, rompeu também com o futuro previsível que ele prometia; agora, enfrentava um futuro desconhecido, que teria de produzir com os próprios recursos. Capistrano preferiu a mudança e a sua instabilidade à continuidade familiar e nordestina. Sua história pessoal se parece com a interpretação que construiu do Brasil: rebeldia e recusa do passado, opção por um futuro novo; mas qual?! O *Necrológio de Varnhagen*, escrito em 1778, três anos depois da chegada ao Rio, talvez tenha sido o grande trampolim para o futuro que ele queria realizar: repercutiu tão intensamente, dizem, que até o insuperável Machado de Assis evitou publicar o seu! Capistrano começou então a sentir o gosto da vitória e do sucesso, depois de experimentar fracassos sucessivos no Nordeste. Um horizonte novo se abria para ele e se ensolarava na Corte (Câmara, 1969).

Viverá até 1927 com os seus únicos recursos: postos públicos e a escrita concisa, precisa e inovadora. Entretanto, a sua obra é pequena e constituída de textos curtos. Contará, na verdade, mais com a renda de funcionário público, bibliotecário e professor, do que com seus escritos, que ele próprio parecia não apreciar muito. Quando terminados, dizia sentir por eles alívio e nojo (Câmara, 1969). Talvez seja este também o sentimento de um operário diante da sua obra terminada: alívio, pois deu conta de fazê-la e já podia ir para casa com o salário no bolso; nojo, pois a produzira sob pressão, dominado pela necessidade. Como um operário, um migrante nordestino, Capistrano é um homem humilde, discreto, tímido, avesso a títulos e glórias e indiferente à audácia e perícia do trabalho que realiza.

Varnhagen e Capistrano

Quando Capistrano nasceu, em 1853, Varnhagen começava a publicar a sua *História geral do Brasil*. Capistrano será o seu leitor mais atento e crítico. Será em relação a Varnhagen que ele fará a sua grande inovação na interpretação do Brasil. Essa inovação se explica não só em termos da sua origem social, que é totalmente diversa da de Varnhagen, mas também em razão da nova época intelectual vivida pelo Brasil nos anos posteriores a 1870. O desfecho da guerra franco-prussiana abalara o prestígio da cultura francesa, e os intelectuais brasileiros se abriram às influências inglesa e alemã: Spencer, Darwin, Buckle, Ranke, Ratzel. Os franceses ainda influenciavam: Comte, Taine, Tarde, Renan, G. Le Bon. Pós-1870, o ambiente intelectual brasileiro era mais complexo, refletindo também a maior complexidade da vida brasileira, que se inquietava depois do fim da Guerra do Paraguai. Varnhagen escrevera quando a Monarquia se consolidava nos anos 1850; Capistrano construirá a sua interpretação do Brasil quando a Monarquia estava abalada, em xeque, assim como a escravidão, e se buscavam novas bases econômicas, sociais, políticas e mentais para o Brasil (Wehling, 1994).

Os intelectuais brasileiros do final do século XIX começaram a perceber a distância entre a realidade brasileira e o pensamento que eles próprios produziam. Silvio Romero criticava o ambiente intelectual brasileiro, vazio e banal, e aspirava a ter contato com o verdadeiro Brasil. Havia um esforço de todos para encarar de forma nova o passado brasileiro. Tinham, agora, uma preocupação "cientificista". Comte, Buckle, Darwin, Spencer serão as referências intelectuais predominantes (Ortiz, 1985). A preocupação cientificista de Capistrano era a de toda uma nova geração. No pós-Guerra do Paraguai, essa geração quer reinterpretar a história brasileira, privilegiando não mais o Estado imperial, como Varnhagen, mas o povo e a sua constituição étnica. A formação intelectual de Capistrano se deu nesse ambiente determinista, cientificista, até racista. Discutia-se, então, o positivismo, o determinismo climático, o determinismo biológico, o spencerismo, o comtismo, o darwinismo, as teorias raciais. Pensava-se que a sociedade poderia ser estudada com a mesma objetividade com que se estudava a natureza, pois também se submetia a leis gerais de desenvolvimento. A história seria como o universo: um mecanismo autorregulado, submetido a leis, passível de um conhecimento objetivo. A ciência passava de método a visão de mundo, desvalorizando as verdades trazidas pela tradição, pela religião, pela filosofia. Euclides da Cunha, O. Vianna, Silvio Romero, Tobias Barreto, enfim, a geração de Capistrano de Abreu, discutia darwinismo social, luta pela vida, seleção das espécies e defendia um conhecimento antimetafísico, empírico, histórico (Chacon, 1977; Wehling, 1994).

No entanto, havia posições heterodoxas. Tobias Barreto, por exemplo, opunha-se ao cientificismo predominante opondo-lhe o historicismo neokantista alemão. Quando se trata do homem e da sociedade, sustentava ele, há sempre um "resto" que a mecânica não explica; aliás, esse resto mecanicamente inexplicável é quase tudo quando se trata do homem. O que há, então, é um "todo inexplicável". Naquele ambiente spenceriano, Tobias Barreto já era um culturalista, um pioneiro historicista. Não há leis para a história humana.

O pensamento brasileiro do final do século XIX, portanto, estava dividido. A Escola de Recife mantinha a distinção entre natureza e cultura, resistia ao cientificismo sociológico. Este dominava a Escola Politécnica do Rio de Janeiro, a Escola de Minas de Ouro Preto, o Colégio Pedro II, a Escola Normal, o Colégio e a Escola Militares, a Escola Naval, as Faculdades de Medicina e Direito, que formavam os profissionais liberais, políticos, intelectuais, empresários, impregnados de Comte, Spencer e Darwin (Chacon, 1977; Wehling, 1994).

Capistrano: Positivista ou Rankiano?

O pensamento de Capistrano revela essa divisão e confusão da discussão intelectual no Brasil no final do século XIX. Qual era a sua tendência: mais positivista ou mais historicista? P. M. Campos afirma que Taine, Buckle e Comte foram importantes na sua formação. Chacon o considera um dos numerosos adeptos de Spencer da época (Chacon, 1977). Entretanto, se a Escola de Recife era mais historicista, fica um pouco difícil perceber a sua formação positivista em Recife. Talvez, quando foi para o Rio de Janeiro, ele tenha tido um maior contato com os autores positivistas ingleses e franceses no Colégio Pedro II e ali, também, tenha sofrido a doutrinação dos debates positivistas. Os analistas de Capistrano arrolados a seguir dizem mais ou menos o mesmo (Campos, 1983).

Para Ricardo Benzaquen, ele sempre se interessou teoricamente pelos sociólogos franceses, ingleses e alemães. A perspectiva sociológica influenciou-o, e ele lamenta que Varnhagen não a tivesse empregado ao não procurar leis na história do Brasil. No *Necrológio...*, em 1878, já no

Rio de Janeiro, reafirmou a sua crença na possibilidade de se encontrarem leis para a história do Brasil. Esperava um Spencer ou um Buckle da história do Brasil. A sua obra é um ponto de referência da recepção da concepção moderna de história, com o seu ideal objetivista de verdade, apoiada em documentos inéditos, testemunhas oculares, autores identificados das fontes. Para ele, o distanciamento do historiador deve se dar quando manipula as fontes; em um segundo momento, quando as interpreta, o quadro teórico das ciências sociais orientará a pesquisa com suas leis e teorias (Araújo, 1988).

P. M. Campos afirma que ele se interessou por tudo o que saiu da Europa, em particular pela bibliografia alemã, assim como por economia política, história da América e de Portugal, psicologia, que ele considerava indispensável ao historiador, e geografia. A influência alemã levou-o ao estudo rigoroso dos documentos — Capistrano quer também narrar o que de fato aconteceu. Defendeu o realismo histórico alemão. Entretanto, esteve embebido pelas influências diversas, não somente alemãs. Aquelas características da sua obra — estrita observação das fontes e pesquisa das relações do homem com o meio geográfico —, se partiram da Alemanha, já pertenciam a todo o Ocidente. Sua obra, afirma Campos, não permite uma avaliação do grau de influências recebidas. Foram publicadas como artigos, esparsamente, e seus livros não possuem prefácios. Só em sua correspondência se pode conhecer o que lia. Essa correspondência, aliás, é um valioso material para a história das ideias no Brasil do final do século XIX e início do XX. Nela, Campos não percebeu nem preconceito, nem exclusivismo cultural. Capistrano nunca teria proposto uma explicação unilateral da história, mas sempre percebeu a interdependência das diversas instâncias sociais (Campos, 1983).

Para A. Canabrava, tal como em Varnhagen, a exegese documental, que ocupou muito do seu tempo, parece inspirar-se em Ranke. Os dois se encontram na preocupação fundamental pelo documento, pela busca da autenticidade, pela verdade das fontes, pelo esforço de análise objetiva. Entretanto, diferente de Varnhagen, que não se interessou por teoria, Capistrano, que nunca saiu do Brasil, tinha grande interesse pelas correntes do pensamento europeu no campo das ciências sociais. Canabrava afirma ter encontrado em sua correspondência muitas referências a diversos teóricos europeus: Taine, Buckle, Comte, Ratzel, Spencer, Sombart, Ranke. Capistrano lia estudos empíricos e ensaios teóricos sobre assuntos variados. Interessou-se tanto pela história do clima e da Rússia como pela história do Brasil. Foi um dos pioneiros da geografia humana. Entretanto, conclui Canabrava, era teoricamente confuso: não dominava vários conceitos que ao seu tempo as ciências sociais tinham formulado. Faltou-lhe uma problemática consistente, que desse ao seu pensamento uma diretriz fundamental de interpretação; faltou-lhe, enfim, unidade teórica. Ele apenas aflorou os grandes temas das ciências sociais, sem dominá-los (Canabrava, 1971).

Para Wehling, a influência cientificista é determinante na obra de Capistrano entre 1874 e 1880. A sua biografia intelectual começa no Ceará, no círculo positivista formado por Rocha Lima, Araripe Jr. e Tomás Pompeu Filho, entre outros. O grupo atuava no sentido da educação do proletariado, na linha comtista. Escreviam em francês, faziam conferências na escola popular que fundaram. Capistrano escrevia artigos e pronunciava conferências sobre as influências positivistas de Spencer, Buckle, Comte e Taine. Entre 1874 e 1883, enfim, Capistrano rezava a cartilha cientificista: unidade do real, busca de leis deterministas, evolucionismo, cognoscibilidade e objetividade do conhecimento social, unidade epistemológica das ciências sociais (Wehling, 1994).

Entretanto, Wehling considera que esse interesse pelas ideias positivistas se restringiu a uma fase inicial de sua formação. Depois, com o aprendizado do alemão, ele teria passado do positivismo ao realismo histórico rankiano. Optou pela pesquisa documental e pelo método crítico alemão, que, aliás, ainda hoje é chamado impropriamente de "positivista", por causa da influência da escola dos *Annales* (Reis, 1996). Houve uma reviravolta em seu pensamento, cuja data não é fixável. A influência alemã o retirou do positivismo e o levou à hermenêutica. Mas afirma Wehling, não foram leituras teóricas que o retiraram do cientificismo, como quer J. H. Rodrigues. Para Wehling, foi o estudo de documentos, o primado do objeto, que converteu Capistrano do cientificismo à ciência. A rebeldia das fontes diante dos esquemas interpretativos fez com que ele os restringisse a hipóteses de trabalho. O real era reconstruído a partir de sugestões científicas que conduziam ao levantamento dos fatos. A composição e a interpretação desses fatos obedecem à lógica da situação histórica. Capistrano tinha pouco interesse por problemas teóricos e metodológicos da história. Na sua fase científica, ele utilizou leituras europeias como sugestões temáticas, como hipóteses de trabalho. O seu interesse teórico, na fase cientificista, não teve consequências para a pesquisa que realizou e repercutiu na fase posterior. Portanto, para Wehling, a resposta à questão sobre a orientação teórica de Capistrano é clara: ele passou por duas fases: uma primeira cientificista, franco-inglesa, e outra científica, alemã, rankiana. As suas grandes obras são da segunda fase.

Rodrigues considera que Capistrano fez uma reviravolta na historiografia brasileira por sua posição teórica atualizada, seu conhecimento incomum dos fatos, seu novo ideal de história do Brasil. Os seus artigos de 1879 revelaram a influência positivista, não só na investigação como na interpretação dos fatos da história do Brasil. Ele era amigo de Teixeira Mendes e Miguel Lemos, apóstolos comtistas no Rio de Janeiro. Mas o convívio com autores alemães o faz ir à procura das realidades, segundo ideais não positivistas. Em suas obras mais importantes ele não deduz e generaliza tão facilmente. Rodrigues precede Wehling em sua leitura da reviravolta no pensamento de Capistrano. Sob as influências de Ranke, Niebhur e Humboldt, ele passará a dar ênfase aos documentos, à sua crítica e interpretação, sem buscar leis, mas a compreensão. Entretanto, apesar da influência alemã, sobrevive uma certa influência de Spencer. Mas o positivismo, ele passará a considerá-lo como uma camisa de força, e a influência alemã será cada vez maior: Ranke e Ratzel. Ele recusa os determinismos geográfico, climático e racial, bem como o evolucionismo. Historicista, percebe que a vida em seu mistério pede um tratamento diferenciado da natureza. Seus estudos sobre a história íntima, festejos, família, procurando a diferença, a individualidade, as significações, o afastam do que é típico, regular, constante. A ação humana não se submete a regras e leis gerais (Rodrigues, 1963 e 1965).

Deixando o positivismo, passou a se interessar pelo método crítico que, mais uma vez, desde a Escola dos *Annales*, é visto inadequadamente como a marca da história positivista (Reis, 1996). Mesmo se Spencer é forte, e o será até os anos 1930, até G. Freyre, a influência alemã é que fundamentará as obras mais relevantes de Capistrano. Historicista e não positivista, o segundo Capistrano quer captar a interioridade dos testemunhos. A história não é só fato, é emoção, sentimento e pensamento dos que viveram. Mas, se apreciava a metodologia de Ranke, não seria capaz de se apagar para narrar os fatos tal como se passaram. Rodrigues o considera a mais lúcida consciência da história do Brasil: ele recriou o passado brasileiro, enfrentando os seus males, superando-os, reabrindo o futuro do Brasil (Rodrigues, 1963 e 1965).

Odália o vê como exemplar de uma interpretação do Brasil que, por um lado, privilegia o indígena, por outro, é mais um historiador brasileiro que importa teorias europeias e se dilacera para atender a essas teorias que condenavam o Brasil a um triste destino e para que este destino não se realizasse. Por um ato de vontade e de contorcionismo teórico, nega-se o destino prefixado pelos cientificistas europeus, que afirmam a impossibilidade de uma nação civilizada nos trópicos e ainda por cima miscigenada (Odália, 1976). Capistrano, no entanto, será diferente da sua geração. Ele reabrirá o futuro do Brasil, vencerá o pessimismo existente entre os intelectuais brasileiros, que olhavam o Brasil com as teorias deterministas europeias e nele não viam o que elas valorizavam, embora ele também, em uma primeira fase, tivesse se impregnado de tais teorias e feito também algum contorcionismo teórico. Finalmente, ele optou pela teoria também europeia que valoriza a singularidade, a historicidade de cada povo, e formulou uma nova interpretação do Brasil que enfatizará o tempo histórico especificamente brasileiro.

Há atualmente uma tendência de se rever a sua posição pioneira na historiografia brasileira. Alguns críticos reavaliam sua obra e consideram que teria havido em relação a ela uma sobrevalorização equivocada. Para Laura de Mello e Souza, Capistrano não teria sido tão renovador e fecundo como afirma a crítica historiográfica mais tradicional, representada sobretudo por J. H. Rodrigues. Era sem dúvida um erudito, um desbravador, com alguns momentos iluminados, revelou novas fontes e fez uma leitura inovadora da história brasileira. Mas, "tudo o que ele fez foi de raspão... inacabado... uma promessa não cumprida... Eu ousaria dizer que Capistrano é um dos grandes mitos da historiografia brasileira" (Souza, 1998:11-21). Segundo ela, mais importante para a redescoberta do Brasil teria sido a obra de Alcântara Machado *Vida e morte do bandeirante*, uma obra realmente inovadora, que já trabalhava com inventários e testamentos e que tratou do sertão melhor do que Capistrano. E é uma obra genial, apesar de obscura e injustamente desconhecida. Mas os críticos da posição de Capistrano na historiografia brasileira fazem tais afirmações receosos, conscientes de que estão cometendo algum tipo de heresia. Sempre acrescentam "e que fulano não me ouça afirmar isso!..." Sabem que é uma avaliação polêmica, não consensual. Nossa posição é a da abertura a todas as avaliações e reavaliações. Toda reavaliação crítica é fecunda, pois possibilita o reexame e a rediscussão das obras clássicas. Essa reavaliação da obra de Capistrano não é um despropósito, um equívoco delirante. Ela faz pensar... Teria havido algo de realmente inovador em Capistrano? Qual teria sido a sua verdadeira contribuição à historiografia brasileira? Retomemos a sua obra *Capítulos de história colonial...* Neste capítulo, a nossa intenção é relê-lo, reavaliá-lo e redescobri-lo.

A "Redescoberta do Brasil"

Capistrano será um dos iniciadores da corrente do pensamento histórico brasileiro que "redescobrirá o Brasil", valorizando o seu povo, as suas lutas, os seus costumes, a miscigenação, o clima tropical e a natureza brasileira. Atribuirá a este povo a condição de sujeito da sua própria história, que não deveria vir mais nem de cima e nem de fora, mas dele próprio. O futuro do Brasil torna-se tarefa do povo brasileiro e, para melhor vislumbrá-lo, Capistrano recupera o passado deste povo em suas lutas e vitórias. Capistrano foi pioneiro na procura das identidades do povo brasileiro, contra o português e o Estado imperial e as elites luso-brasileiras.

Seu papel na história do Brasil, a significação da sua obra, os caminhos novos que apontou, os seus ideais e conceitos e sua contribuição à história colonial podem ser avaliados nos *Capítulos de história colonial*. Ele não fez uma história exclusivamente político-administrativa ou biográfica, mas procurou apreender a vida humana na multilateralidade de seus aspectos fundamentais. Sua visão da história não atribui predominância a um fator sobre outros; ele a vê como um conjunto complexo de fenômenos humanos. Para ele, como historicista, o historiador deve recriar a vida integralmente, realizar uma compreensão total e criadora do curso histórico. O conceito de "cultura" substitui o de "raça" e, nesse aspecto, ele é precursor de G. Freyre, assim como de S. B. de Holanda. Ele valoriza a presença indígena e pensa um Brasil mais mameluco do que mulato, mais sertanejo do que litorâneo. Nos *Capítulos de história colonial*, aparecem os caminhos que levam ao sertão e o próprio sertão brasileiro. Adentrando o Brasil, o colonizador se alterou e se tornou uma personalidade distintamente brasileira. Vivendo no interior do

Brasil, ilhado e sem vínculos contínuos com o litoral, convivendo com os indígenas e a natureza brasileira, foi-se constituindo um homem novo, até então inexistente no mundo: a história universal ganhava um novo personagem, o brasileiro. Mas, enfatizando o sertanejo, ele não perde de vista o nacional, a unidade brasileira em suas diferenças regionais. Ele não faz ainda uma história econômico-social, mas já trata do homem comum, sobretudo nos capítulos finais do seu *Capítulos de história colonial*. Seu grande tema foi o da ocupação do território, a sua conquista pelo novo povo brasileiro.

O seu *Capítulos de história colonial*, publicado em 1907, é uma nova história do Brasil, embora muito parecida com Capistrano fisicamente: modesta, magra, quase silenciosa. Porém, ao mesmo tempo, extremamente eloquente. É uma síntese que reúne muitos fatos esparsos, encadeados em uma perspectiva inovadora. Varnhagen escreveu uma obra de síntese também parecida com ele próprio, isto é, em cinco volumes! Mas, como síntese, isto é, como apreensão da totalidade, como integração da multiplicidade, sua obra é menos reveladora do que a de Capistrano. Este escreveu uma obra magra, "a grandes traços e largas malhas", contra os "quadros de ferro" de Varnhagen. Seu interlocutor era Varnhagen, a quem ele admirava e se opunha. Capistrano escreveu o seu livro em um ano. Seus analistas o consideram uma pequena obra-prima da historiografia brasileira, por sua linguagem simples, por sua compreensão intuitiva da história do Brasil em seus fatos e em seu conjunto, pela documentação segura e numerosa, "por seu interesse pelo povo durante séculos capado e recapado, sangrado e ressangrado", como afirma Rodrigues. Ele pretendeu ensinar ao povo brasileiro o seu segredo, ensinar-lhe a sua história pátria, numa época em que a história nacional era desprezada. A sua cadeira de história do Brasil foi até extinta e ele posto em disponibilidade! Enquanto a história de Varnhagen era uma conversa entre eruditos, Capistrano divulgou com simplicidade o conhecimento da história do Brasil, mais econômico-social do que política, liberta de datas, nomes e eventos oficiais.

O *Capítulos...* é uma história da luta dos brasileiros pela independência, contra vice-reis e governadores que os sufocavam. Capistrano foi um homem de síntese, uma síntese precedida de longas investigações. Sua síntese toca em todos os pontos mais relevantes da vida brasileira, é a mais viva e condensada história colonial do Brasil. Tendo como personagem central o povo, nela o indígena ganha um papel importante na formação do Brasil. Para Capistrano, o que houve de diverso entre o brasileiro e o europeu deveu-se ao clima e ao indígena. O brasileiro é o europeu que sofreu um processo de diferenciação graças ao clima e à miscigenação com o índio. Interessa-lhe conhecer o que este povo sente e aspira. Faz uma história social e econômica do povo, sua vida, alimentação, tipos étnicos, condições geográficas, os caminhos, povoamentos, modos de viver, formas psicológicas, profissões, divertimentos, costumes, crenças, diferenças sociais, comércio, vida urbana e rural... Sobretudo, ele identifica este povo, que no período colonial e mesmo imperial não sabe bem o que é, o que faz e deveria fazer. Ele revela o processo de constituição da diferença entre o projeto colonizador e o novo interesse e sentimento que se formaram gradualmente, o interesse e sentimento "brasileiros". Varnhagen fez o elogio da vitória dos portugueses, defendeu os interesses e os sentimentos lusitanos no Brasil e não via com bons olhos a diferença que volta e meia explodia entre esses valores e poder europeus e os autóctones. Capistrano escreverá uma "outra história do Brasil": antiportuguesa, antirreinol, antieuropeia, anti-Estado Imperial, antipolítico-administrativa. Ele ecoará as vozes de Antonil e dos rebeldes de todo o período colonial. Redescobrindo o Brasil, Capistrano fará o elogio da rebelião brasileira.

A Obra: *Capítulos de História Colonial*

Capítulos de história colonial começa com dois capítulos estáticos, ou seja, capítulos que apenas oferecem os dados da história que ele vai narrar e interpretar. No primeiro capítulo, intitulado "Antecedentes indígenas", Capistrano realiza uma descrição geográfica do Brasil, o palco sobre o qual se desenrolará a história que vai narrar a partir do terceiro capítulo. Começa pelos dados iniciais, os mais elementares: é preciso situar o Brasil, onde fica, limites a leste, oeste, norte e sul, as suas dimensões. Faz considerações sobre o relevo, os acidentes e singularidades geográficos, realizando uma espécie de mapeamento do território. Como alguém que olha em volta identificando onde está e o que possui. Em sua "Corografia do Brasil" aparecem as serras, baías, baixadas, rios, climas, florestas, fauna, com uma avaliação sobre cada serra, cada rio, cada floresta, cada animal...

Habitando esse território, há o indígena, também descrito em seus hábitos, comportamentos, atividades, técnicas, guerras, vida sexual, trabalho, educação, religiosidade, artes, lendas, língua. E também com avaliações: o indígena domestica somente animais de estimação e não para o uso na vida cotidiana; possui uma agricultura incipiente; depende do trabalho das mulheres, consideradas inferiores ao homem; é nômade; antropófago; tem os sentidos apurados; cultua os antepassados. Os indígenas têm uma língua comum e vivem, infelizmente, dispersos, porque o meio dispensa e impede a cooperação. A natureza e os índios são, portanto, os temas dos "Antecedentes indígenas", primeiro capítulo da história colonial brasileira. Capistrano faz uma descrição geográfica do Brasil e uma apresentação dos seus primitivos moradores. Esses são os dados iniciais da história do Brasil, que foram encontrados aqui. A esses dois dados, Capistrano acrescentará outros dois que não eram daqui, mas aqui vieram parar: o europeu e o africano. A esses dois ele denominará elementos exóticos, os "alienígenas", que serão os temas do segundo capítulo.

Nesses dois primeiros capítulos, ao apresentar os dados iniciais da história do Brasil — o palco natural e os personagens que atuarão sobre ele, indígenas e alienígenas —, Capistrano se aproxima de Varnhagen na descrição do primeiro Brasil, e Varnhagen é até mais informativo, minucioso. Capistrano diferencia-se de Varnhagen na perspectiva que terá de tais dados. Para Capistrano, alienígenas, exóticos são os europeus e africanos, e não o indígena e a terra do Brasil. Para vê-los assim, ele se coloca no ponto de vista do indígena e da terra do Brasil, que veem chegar novos e desconhecidos elementos. Ele olha da praia para o oceano cheio de caravelas, enquanto Varnhagen olhava da caravela de Cabral para a praia, e via uma terra exótica povoada por alienígenas. No segundo capítulo, portanto, ele faz ainda uma descrição estática, isto é, neles próprios, dos fatores exóticos que desembarcaram no Brasil.

Descreve então a situação de Portugal no século XVI, a sua transição conciliada da Idade Média para Moderna: a Igreja, com poder mais limitado, mas ainda influente; as relações entre o Estado português e Igreja, seus atritos e proteções recíprocas, a sociedade secular emergente que luta para limitar os poderes da sociedade religiosa ainda dominante. Descreve a hierarquia social portuguesa do século XVI: o rei, a quem tudo pertencia e que tudo podia; abaixo dele, a nobreza, com seu poder agora limitado pela centralização do poder real, e o clero; abaixo, o povo, a grande massa, sem direitos pessoais, sem grande importância; abaixo ainda, os servos, escravos, que podiam passar à categoria superior, pois as classes não eram castas. A nobreza, o clero e o povo constituíam as cortes, que o rei absoluto desdenhava e só convocava quando precisava aumentar os impostos. A população portuguesa em 1527 era de mais ou menos 1.122.112 almas. E ele formula a questão que a todos espanta: como esse pessoal exíguo, que nem enchia Portugal direito, pôde povoar o mundo?! Capistrano antecipa-se a G. Freyre e a S. B. de Holanda na descrição do caráter português: fragueiro, abstêmio, imaginação ardente, místico, independente, antidisciplinar, não convencional, de fala livre, sem eufemismos, o coração duro. Matava por quase nada e cuidava pessoalmente da defesa da sua propriedade. Suportava melhor a dor física do que a dor moral; o ser fisicamente forte era valorizado. Capistrano antecipa também aqueles dois autores dos anos 1930 na resposta àquela questão: por ser assim, só esse povo foi capaz de se misturar com outras etnias e culturas. O português é o primeiro elemento exótico, o primeiro imigrante, o invasor conquistador e colonizador.

O segundo elemento exótico é o negro. Ao português estranho ao continente juntou-se o negro, também alienígena. A importação deles começou cedo. Eram robustos, resistentes, e substituíram o índio no trabalho rude. Tinham uma índole carinhosa, sobretudo os domésticos. O negro trouxe alegria, ao lado do português taciturno e sorumbático. Suas danças lascivas, suas feitiçarias e crenças propagaram-se entre os brancos. Mulatas tornaram-se rainhas. Em relação ao negro, Capistrano é menos estático — não se refere a eles somente no século XVI, ao estado em que se encontravam ao chegar. Tampouco se refere aos negros na África, como aos portugueses em Portugal. Já no segundo capítulo, fala deles indo do século XVI até o século XIX — 1850 e a abolição — muito brevemente. Mas o espírito é o mesmo, o de uma apresentação do personagem negro e do papel que ele terá na história do Brasil. Talvez menos estático em sua apresentação do negro porque ao longo da obra será muito reticente, quase silencioso sobre ele. Na apresentação já esgotou tudo o que queria dizer sobre o negro. Este entrará em sua história em rápidos momentos, sem qualquer peso histórico. Vai interessar-se mais pelas relações entre brancos e índios e pelo seu mestiço, o mameluco sertanejo.

Finalmente, no terceiro capítulo, intitulado "Os descobridores", os elementos anteriormente estáticos se animam: o português chega àquela geografia e encontra aquele índio. Por que os portugueses vieram parar no Brasil? Esta é a primeira questão posta por aquele que deseja compreender a história desenrolada no Brasil. Os portugueses vieram porque: a posição geográfica de Portugal destinava-os à vida marítima; queriam encontrar o imperador-sacerdote Preste-João, para tê-lo como aliado na luta contra os infiéis; as especiarias orientais davam altos lucros no mercado europeu. Com essas motivações — geográfica, religiosa, militar e comercial — os portugueses atiraram-se ao oceano ao longo da África procurando um caminho marítimo para as Índias, que os levasse a obter os produtos diretamente, evitando as rotas comerciais controladas pelos inimigos infiéis. As teorias cosmográficas eram limitadas na época. O périplo africano era tido como impossível, e a via ocidental também. Contra as autoridades e evidências, portugueses e espanhóis tentaram a via meridional africana e a via ocidental. Os portugueses chegaram às Índias e ao Brasil, e os espanhóis à América. Os espanhóis, aliás, estiveram no Brasil antes dos portugueses, mas sua presença aqui não teve consequências.

Interessa-nos, portanto, afirma Capistrano, Cabral e os portugueses já que o Brasil se tornou lusitano. A presença espanhola inicial foi irrelevante para a história do Brasil. Descreve então varnhagenianamente a aventura de Cabral: partiu em 1500, com 13 caravelas, chegou no dia 21 de abril. Foram dias e espetáculos extraordinários. Celebraram uma missa, hastearam uma cruz. Caminha escreveu a sua famosa carta. Vieram, depois, novas expedições para explorar a Ilha de Vera Cruz. Os naturais aparecem sob nova luz: selvagens, rancorosos, antropófagos, material mais de escravatura do que de conversão! Capistrano põe-se no lugar do português que chega, procura sentir suas expectativas e medos. Mas não permanece nesse lugar, ele o ocupará às vezes para melhor compreender a sua ação. Com a exploração do pau-brasil, a terra passou a se chamar Brasil. Havia outros nomes concorrentes: Terra dos Papagaios, Ilha de Vera Cruz, Terra de Santa Cruz. O comércio de pau-brasil levou à fundação de feitorias. O Pacífico foi descoberto, ou seja, visto pela primeira vez pelo europeu, em 1520. E Colombo chegou finalmente às Índias. Nesse primeiro Brasil, o que havia era o pau homônimo, papagaios, escravos e mestiçagem. As índias queriam a mestiçagem, pois desejavam filhos da "raça superior". Só o pai conta para a descendência indígena. E os presentes dos brancos, e talvez esta seja a verdadeira razão do interesse das índias pelos brancos, eram irresistíveis: anzóis, pentes, facas, tesouras, espelhos. Quanto aos portugueses, não tinham outra escolha a não ser a índia, pois branca não havia. Os primeiros colonos do Brasil eram degredados, desertores, náufragos. Uns se tornaram índios, outros os combateram, outros se indianizaram sem perder a identidade europeia.

Assim Capistrano descreve a chegada dos portugueses ao Brasil: à Varnhagen, fotografou os fatos mais miúdos, descrevendo-os detalhadamente. Junto com eles, outros personagens exóticos e alienígenas chegaram: franceses, holandeses, ingleses, que ameaçarão a "descoberta portuguesa". Portugal argumentava que a terra era sua por decisão papal. Entretanto, a presença dos outros alienígenas representava uma concorrência séria: eles vendiam os mesmos produtos e mais baratos na Europa e incitavam os índios contra os portugueses. Os tupinambás se aliaram aos franceses. Durante décadas não se soube se o Brasil pertenceria aos portugueses ou aos franceses. As armadas guarda-costas eram caras e ineficientes. Conversas, diálogos, embaixadas e tratados não adiantavam. Só restava uma solução para afastar os outros invasores: ocupar a terra. Em 1531, Martim Afonso de Sousa veio fazer duas coisas: povoar e guardar o litoral. Fundou a primeira cidade, São Vicente, e uma segunda, Piratininga.

Pressionados, os portugueses tiveram de agir rapidamente: criaram um sistema monumental de capitanias hereditárias, estimularam a emigração para o Brasil. A alta nobreza não aceitou o empreendimento, que ficou com a pequena nobreza. O rei cedeu parte do seu poder aos donatários. Estes ficaram fortalecidos para enfrentar o estrangeiro e o sesmeiro. A história do Brasil no século XVI se passou em trechos exíguos de Pernambuco, Bahia, São Paulo, bem próximos do litoral. A energia dos donatários continha a turbulência dos colonos. Surgiram canaviais e engenhos, lavouras de mantimentos, pescava-se fartamente na costa. Entretanto, se o sistema de capitanias hereditárias protegia, ocupava e povoava a costa com a miscigenação, ele levou alguns donatários à falência. Além disso, cada capitania era soberana, estrangeira uma em relação à outra. Não havia uma ação coletiva, mas concorrência. Os crimes cometidos em uma capitania não eram punidos em outra. Havia uma anarquia intercapitanial, além da anarquia intracapitanial. O rei decidiu criar uma capitania real e enviou um representante seu. Estabeleceu-se em 1549 um governo central para o Brasil, forte o bastante para garantir a ordem interna. Vieram os primeiros jesuítas, que depois dariam tanto trabalho. A preocupação, já no século XVI, era com a unidade da colônia, que o sistema de capitanias ameaçava. O regime de Capitanias e Governo Geral significou o início da vitória portuguesa. O Brasil seria português, tudo indicava. Entre 1580 e 1640, o trono português esteve sob o domínio espanhol, por razões dinásticas. Mas o domínio espanhol não comprometeu a vitória portuguesa no Brasil. Pelo contrário, favoreceu-a. Com o apoio espanhol, os portugueses ocuparam a Amazônia e expulsaram franceses e holandeses do Norte e Nordeste do Brasil.

Capistrano faz então um primeiro balanço dessa história, chegando ao final do século XVI. Nessa época, o povo era constituído por três raças vindas de continentes diferentes e seus respectivos mestiços. Eram desafetos. Tanto entre elas quanto entre os mestiços entre si. O negro ladino e crioulo desprezava o boçal; o índio catequizado, o nu; o reinol, o mazombo. Forças dissolventes, centrífugas, dominavam a sociedade colonial do século XVI. Só havia a percepção da diferença e não a da unidade. Esta era garantida à força pelos portugueses que ocupavam, povoavam, miscigenavam e expulsavam. Os índios os temiam, ao mesmo tempo que eram fascinados pelos portugueses, seus equipamentos de caça, pesca, guerra, vestuário e objetos coloridos e brilhantes. Mas faziam-lhes guerra. Os negros, dominados, oprimidos, escravizados e estrangeiros, viviam sob a hostilidade constante do português. Hostilidade, talvez, atenuada pela solidão do branco, que o forçava a aproximar-se das negras, assim como das índias. Os índios fugiam para a floresta, os negros chegavam algemados e humilhados. Os brancos, armados de espadas e terços, humilhavam, ofendiam, estupravam, escravizavam e exterminavam índios, negros e mestiços de uns e outros, além de expulsar brancos de outras nacionalidades e religiões. Poderia sair uma nação daí? Haveria alguma possibilidade de unificação de interesses e sentimentos tão diferentes, de mentalidades separadas por um abismo, abismo aprofundado progressivamente pela escravidão e pela guerra? Capistrano oferece uma resposta otimista: devagar, ele afirma, ao longo do século XVII, essa dispersão geral foi cedendo lugar a uma possível união brasileira.

Para a constituição da unidade do povo brasileiro, as guerras holandesas, entre 1624 e 1654, foram decisivas. Depois delas, a história universal possuía um novo personagem, um povo novo. Os holandeses foram obrigados a invadir o Brasil porque, antes da anexação do trono português ao espanhol, em 1580, eram eles distribuidores dos produtos exóticos portugueses na Europa. Mas, inimigos da Espanha, após 1580 eles foram impedidos de realizar esse comércio. Decidiram, então, vir buscar os produtos diretamente no Brasil. Quem sabe, poderiam encontrar um jeito de chegar por via terrestre até o Peru, isto é, às riquezas espanholas. Os holandeses atuavam através de duas companhias de comércio: a das Índias Orientais, que explorava o Oriente em detrimento dos interesses luso-espanhóis, e a das Índias Ocidentais fundada em 1621, nessa circunstância da União Ibérica, para explorar a África, os Estados Unidos, as Antilhas e o Brasil. Para obter diretamente os produtos brasileiros, essa companhia "invadiu" o território colonial ibérico. Capistrano descreve os avanços e recuos da guerra contra os holandeses à Varnhagen: detalhadamente, com o ritmo de um contemporâneo, de uma testemunha ocular. Entretanto, após 1640, com a separação dos tronos português e espanhol, os holandeses, já instalados em Pernambuco, permaneceram. Começou, então, o irredentismo brasileiro, que exigiu a unificação das forças até então divergentes. Um forte elemento de união foi a fé católica contra o herege. O catolicismo nativo se exacerbou. O ataque aos holandeses se fez em nome de Cristo. Índios, negros e mestiços diversos participaram vivamente da luta. As vitórias luso-brasileiras se sucederam. Os portugueses, que havia muito estavam tendo prejuízo no Oriente, finalmente "optaram pelo Brasil" e enviaram reforços. Os *patriotas*, expressão de Capistrano, *aceitaram os reforços portugueses* (p. 118).

Para ele, a vitória contra os holandeses só foi portuguesa sob alguns aspectos. Na verdade, entre 1621 e 1654, quando Portugal optava pelo Brasil e o defendia mais vigorosamente dos ataques estrangeiros, começava a perder o controle sobre o Brasil. Um século e meio depois do seu descobrimento, o Brasil era "redescoberto" por sua nova população. Surgia o "brasileiro", depois de 1654. Essa guerra e esta vitória serviram para revelá-lo a si mesmo. Havia um sentimento patriótico não português, original, novo, brasileiro. Vencia o espírito nacional. Reinóis, mazombos, índios, negros, mamelucos, mulatos, curibocas, mestiços de todos os matizes combateram pela divina liberdade. Sob a pressão externa e apoiada na fé católica, operou-se uma solda superficial, imperfeita, mas um princípio de solda entre os diversos elementos étnicos vencedores dos flamengos. Os combatentes de Pernambuco sentiam-se um povo, e um povo vencedor, que já possuía os seus próprios heróis (p. 119). Passado o primeiro momento, os reinóis tentarão reassumir a sua atitude de superioridade e proteção. Entretanto, data de meados do século XVII a irreparável e irreprimível separação entre pernambucanos (brasileiros) e portugueses.

Portanto, se o século XVI terminara com uma tendência à dispersão e à fragmentação, o século XVII terminou com uma tendência da população nativa não só à integração como à formação de uma nação independente. A vitória contra os holandeses foi para os portugueses uma vitória de Pirro: ganharam, mas começaram a perder tudo. Se os portugueses tinham conquistado o litoral, os novos brasileiros conquistarão o sertão. Os portugueses continuaram a viver no litoral e a controlar a vida ali; os brasileiros adentraram o território conquistando-o, ocupando-o, povoando-o. *Capítulos de história colonial* pode ser dividido em duas partes: até as guerras flamengas, oitavo capítulo, Capistrano faz uma história do descobrimento do Brasil de tipo varnhageniano; depois, passa a fazer um novo tipo de história do Brasil. Não só mudou o sujeito da história do Brasil. Com a mudança do sujeito, mudaram os temas, alterou-se o objeto e até mesmo a forma da história. Até ali estávamos ainda na velha história político-administrativa metropolitana do descobrimento do Brasil. Aqueles dados apresentados daquela forma já estavam em Varnhagen. A primeira parte dos *Capítulos de história colonial* é quase uma síntese de Varnhagen, embora o olhar não fosse mais da caravela sobre o litoral, mas da praia em direção à frota. Essa diferença na direção e posição do olhar, presente na primeira parte, liga esta à segunda, impedindo que entre ambas haja uma ruptura. O que não estava em Varnhagen e marca a originalidade de Capistrano é a percepção do surgimento do novo povo e a adesão ao seu sentimento e interesse, ao seu projeto político. Tal percepção foi possível porque, desde as primeiras páginas do livro, seu olhar já estava em outra posição e tinha outra direção. As elites saem da história, entra o povo brasileiro, conquistando o sertão, vivendo longe do rei. O sertanejo é aquele que vive distante do rei: autônomo, soberano, orgulhoso.

No nono capítulo, intitulado "O sertão", Capistrano passa a analisar mais do que a descrever, passa a fazer um esboço de história econômico-social-geográfica-cultural da conquista do Brasil, do seu interior, pelos brasileiros. A ocupação do interior não se deu somente após a vitória contra os holandeses. Ela já vinha ocorrendo desde 1530, com a fundação de Piratininga e as entradas pelo Tietê em direção ao Prata. A vitória contra os holandeses só revelou nitidamente essa nova identidade nacional. Capistrano irá procurar perceber a sua formação longínqua, muito anterior a esse episódio histórico litorâneo, porém decisivo. Aquela vitória foi como uma ponta de *iceberg*, sinalizou a existência de um mundo histórico invisível, mas que durava desde o século XVI. Capistrano mergulhou perto dessa ponta de *iceberg* e desceu às bases dessa massa de gelo para descobrir-lhe o início, a profundidade, a espessura, a densidade. De 1654, a ponta, ele descerá até 1530, a base, quando os paulistas começaram a entrar pelo interior do Brasil (Bosi, 1992).

São Vicente e Piratininga foram um dos polos de onde partiram os brasileiros para a conquista do sertão. Os bandeirantes iam caçar e escravizar índios. Os paulistas são sobretudo mamelucos, e Capistrano vê o povo brasileiro mais como um mestiço de índio e branco. O mestiço de negro e branco é litorâneo e pertence ao mundo português. Capistrano descreve os ataques bandeirantes aos indígenas e jesuítas e a resistência de uns e outros. Os bandeirantes foram terríveis em suas caçadas. A ação bandeirante já é uma ação da gente brasileira, não é mais uma história portuguesa. As primeiras ações brasileiras se destacaram pela violência e brutalidade contra os indígenas. O brasileiro continuou a ação colonizadora e cristianizadora do português, e usando os mesmos métodos.

Darci Ribeiro escreveu recentemente que os bandeirantes ou mamelucos paulistas foram vítimas de duas rejeições básicas. A dos pais, brancos, com os quais queriam identificar-se, mas que os viam como impuros filhos da terra, dos quais somente aproveitavam o trabalho; e a do gentio materno, que não valorizava a descendência da mãe. Não podendo identificar-se nem com brancos e nem com índios, não tendo ancestrais, portanto, o mameluco cairá na terra de ninguém, a partir da qual constrói a sua identidade brasileira. Filho de índia, ele se torna um caçador e escravizador de índios, de sua gente. "Mameluco", esclarece Ribeiro, era o nome dado ao escravo árabe treinado para exercer o mando islâmico sobre a gente da qual tinha sido tirado (Ribeiro, 1995). Filhos de índias, os paulistas agirão contra seus parentes com rara violência, serão capitães do mato, feitores de índios. Invadirão as missões para prender os seus índios. Capistrano não aprecia a história que conta, analisa e se pergunta: compensará tais horrores a consideração de que, graças aos bandeirantes, pertencem agora ao Brasil as terras por eles devastadas? Eles voltavam a Piratininga com índios prisioneiros amarrados por coleiras uns aos outros. Estes eram vendidos como escravos. As mulheres índias eram estupradas, conforme o costume. Os jesuítas tentaram de tudo para que os índios fossem poupados. Em vão. Os jesuítas é que foram expulsos. Os bandeirantes eram vistos como amansadores, pacificadores de índios. Circulavam por todo o Brasil levando a guerra ao povo de suas mães. Entretanto, alguns se fixaram e passaram de devastadores a colonizadores do interior do Brasil, vivendo com o que o sertão lhes oferecia.

Outro polo foi o Maranhão, de onde os brasileiros entraram pela Amazônia, fazendo a mesma devastação do indígena. Fundaram-se engenhos, plantaram-se algodão e fumo. Na Amazônia, os brasileiros combateram holandeses, ingleses e franceses. A penetração da Amazônia foi lenta. Era uma região com forte presença de jesuítas, carmelitas e franciscanos. Fundou-se Belém, do Pará. Eram coletados os produtos florestais: cravo, canela, cacau, salsa. A Amazônia teve uma prosperidade relativa com a cultura do arroz e do algodão e a introdução de escravos negros. A população crescia lentamente. O Maranhão estava, no entanto, muito longe do Sul do Brasil, e foi preciso criar o estado do Maranhão, em 1621. A comunicação com o Brasil-sul era feita pelo Parnaíba, mas foi preciso também construir estradas. Portanto, a partir de Piratininga, os brasileiros desceram até o Prata e subiram até a Bahia, passando por Minas Gerais, foram ao Mato Grosso e Amazônia; a partir do Maranhão, os brasileiros entraram pela Amazônia e desceram pelo sertão nordestino. A conquista do território se fez à custa da expulsão, do extermínio e da escravização do indígena. Os engenhos de açúcar, o fumo e as roças de mantimentos só vingaram próximo de rios navegáveis.

Capistrano não aprecia esse início da história brasileira, que lhe parece tão violento quanto a história que os portugueses faziam. Em 1680, ele afirma, a lei portuguesa proibia que os índios fossem escravizados, única solução lógica e justa, se houvesse gente bastante honesta e enérgica para fazê-la respeitada (p. 141). Diferentemente de Varnhagen e G. Freyre, que viam os jesuítas como pseudofilantrópicos, Capistrano se posiciona francamente ao lado deles na proteção ao indígena contra a guerra, contra o seu extermínio e escravidão.

Um terceiro polo de ocupação do território brasileiro foi a agropecuária. A criação de gado começou em torno de Salvador e ao longo do rio São Francisco. Aos poucos foi se afastando das margens do rio e se adentrando pelos mais profundos sertões da Bahia, Pernambuco, Minas Gerais. Há os "sertões de dentro", baianos, e os "sertões de fora", pernambucanos. Nas vastas regiões interiores dominadas pelo gado, foi também o mameluco que predominou. São regiões impróprias para o cultivo. O gado prosperou ali, exigindo pouco capital, pouco pessoal, fornecendo alimentos para as regiões exportadoras. O conflito com os índios foi menor, pois o fazendeiro não é nômade nem caçador de índios. Desde que estes cedessem suas terras e não comessem do gado, as relações entre eles e os brancos se estabilizavam. Com o gado, caminhos novos foram abertos levando ao mais fundo Brasil. Os brasileiros da pecuária viviam com recursos escassos. Só comiam carne, leite, frutas e mel. Faziam tudo de couro: portas, camas, cordas, alforjes, mochilas, roupas, malas... O vaqueiro recebia uma cria de cada quatro crias, depois de quatro a cinco anos de serviço. Podia, com o tempo, fundar a sua própria fazenda. "Vaqueiro", "homem de fazenda", "criador" são títulos honoríficos entre eles. A fazenda tornou-se aos poucos um centro familiar, com grandes e confortáveis casas. Nos caminhos do gado para a cidade onde ele era vendido, populações se estabeleceram, povoados surgiram. Essa população distante era também muito católica e, de vez em quando, recebia padres. Entretanto, vivia entregue a si. O Estado demorou a se instalar com juízes, milícia e administração. O mundo da pecuária era também um mundo de violências, com bandoleiros, onde era comum a vingança. Era um mundo de liberdade, sem escravos, semipovoado, vasto, abundante, familiar e violento.

Além dos polos de São Vicente, Piratininga e de São Luís do Maranhão para ocupar o interior da Bahia, Minas, Goiás e o Nordeste com o gado, *outro polo de ocupação e povoamento do território brasileiro foram as minas*. Foi graças à pecuária, por um lado, e à caça do indígena, por outro, que as minas foram descobertas. Não se pretendia achar ouro e pedras preciosas, mas prata, já que esta fora encontrada em Potosi. E no Brasil deveria até ser mais abundante a prata, se o "Oriente for mais nobre do que o Ocidente", como se acreditava que fosse. O ouro foi encontrado sem ser muito procurado. Os paulistas acabaram por encontrá-lo no final do século XVIII nas regiões de Minas Gerais e Mato Grosso: Ouro Preto, Mariana, Rio das Mortes, Rio das Velhas, Paracatu e Cuiabá. Os bandeirantes tornaram-se, então, mineiros. Pouco a pouco, tudo era enviado para as minas, vindo de todas as partes do Brasil e da Europa. Houve uma corrida.

Com o crescimento das minas, uma parte do sertão do Brasil tornou-se português. O rei voltou a controlar o Brasil. Os tributos aumentaram, a circulação da população foi controlada, a exploração do ouro foi disciplinada em favor da Coroa. Na Bahia, por estar mais próxima do litoral, a exploração do ouro foi proibida. As minas se tornaram um sertão não brasileiro, não mameluco, mas português, dominado pelo branco e pelo negro e o seu mestiço. Nesse sertão mineiro, o domínio português tornou-se tão severo que os sentimentos patrióticos brasileiros se tornaram mais agudos. Os brasileiros, na expansão por seu território, já estavam acostumados a ficar distantes do rei e tinham gostado. A sua reaproximação foi tão opressiva que desencadeou os movimentos pela independência.

No final do século XVIII, a solda que unia os diversos grupos da "nação brasileira" se consolidou. A consciência patriótica brasileira se aprofundou. O rei e sua lei opressora e repressiva foram contestados em diversos pontos do país, exatamente naqueles pontos em que já existia uma população brasileira assentada, com interesses e sentimentos próprios, antilusitanos: Maranhão, Pernambuco, Bahia, Minas Gerais, São Paulo. Os triunfos contra os estrangeiros, as proezas dos bandeirantes, a abundância de gado animando os sertões, as minas de ouro e diamantes e outras pedras preciosas, as riquezas remetidas à metrópole, o crescimento da população, afirma Capistrano, influíram sobre a psicologia dos colonos. As descobertas auríferas foram a gota d'água, vieram completar a obra. Os brasileiros não se sentiam mais inferiores aos nascidos na metrópole, não eram mais os humildes mazombos do século XVI. Tal mudança, os filhos da metrópole não reconheciam. O reinol é visto, então, como um miserável que vinha enriquecer aqui. Começaram os conflitos entre brasileiros e portugueses. A consciência brasileira formou-se lentamente durante três séculos. No final do terceiro, já era sólida o bastante para ser formulada e expressa e dar legitimidade à ação emancipacionista. Os brasileiros se sentiam sustentadores da Coroa e espoliados por sua opressão.

Em Minas, houve o conflito dos Emboabas (1707-09); em Pernambuco, o conflito dos Mascates (1709/10). Capistrano descreve esses conflitos como se fosse uma testemunha ocular. O século XVIII é o século do conflito aberto entre brasileiros e portugueses. Entre as agitações sociais, apareceu um livro que agitaria os brasileiros ainda mais, ao oferecer-lhes argumentos e força para continuar em sua luta independentista. Trata-se do livro *Cultura e opulência no Brasil por suas drogas e minas*, do jesuíta André João Antonil, que o próprio Capistrano descobriu tratar-se do anagrama de João Antôni/o André/oni L (luquense), estabelecendo a sua autoria. O livro fala dos engenhos de açúcar, da produção de fumo, das minas e do gado. Ele oferecia os primeiros números sobre o Brasil. Logo foi confiscado pela metrópole, pois estaria divulgando para os estrangeiros os segredos do Brasil. Mas, contesta Capistrano, a verdade é outra: o *livro ensinava o segredo do Brasil aos brasileiros,* mostrando toda a sua pujança, justificando as suas pretensões. Confiscado, proibido, o segredo do Brasil chegou aos brasileiros por outras vias: apareceram exaltações às riquezas do país, exaltações à nobreza brasileira, às suas elites, exaltações do índio como superior aos portugueses e negros, exaltações da natureza, da fauna e flora do Brasil. Por toda parte o segredo do Brasil era revelado. A diferenciação em relação ao reinol, antes gradual, inconsciente e tímida, acelerava-se, tornava-se mais consciente, resoluta e irresistível. A vitória brasileira seria uma questão de tempo.

No décimo capítulo, Capistrano trata dos limites do território brasileiro. Um povo novo precisa de um território bem delimitado. Serão ainda os portugueses que discutirão com os espanhóis e franceses e assinarão tratados instáveis, que serão sempre rediscutidos. Na região do Prata, espanhóis e portugueses trocaram e destrocaram territórios segundo vários tratados. A negociação do território, dos seus limites, foi feita ainda pelos portugueses. Mas, para defenderem tais territórios, os portugueses tinham um argumento quase sempre irretorquível: já tem gente brasileira instalada na Amazônia, no Sul e Centro-Oeste, isto é, o território já foi de fato conquistado, ocupado e povoado por gente brasileira. Os limites já estavam definidos concretamente, e os tratados só reconhecerão o povoamento já realizado. Será dentro desses limites, agora legitimados pelo direito, que se instalará o povo brasileiro.

No capítulo 11, Capistrano faz um balanço final e tenta uma definição geral do povo brasileiro, do seu estado ao término do século XVIII. Aqui, "Três séculos depois" é o título do capítulo, Capistrano fará um levantamento e a radiografia da população brasileira: número, tipos, repartição, caminhos, atividades, alimentações, festas, feiras, roupas, personalidades, costumes, infraestrutura urbana, relações sociedade/Estado, nível da consciência política. Quanto ao número, a população brasileira já era contada em milhões. Ela se concentrava no litoral e nas margens dos rios que entravam pelo interior. A maioria é mestiça, variando a mestiçagem de região para região. No interior, predominava o mameluco; no litoral e minas, o mulato. Os negros eram maioria no litoral e, apesar das fugas e quilombos, eram em menor número no sertão. No Sul, os brancos eram mais numerosos. Capistrano refere-se às diferentes atividades regionais, às diferentes dietas. Na Amazônia, extraíam-se produtos florestais, comia-se peixe e se superexplorava a tartaruga, a "vaca amazônica", o "gado do rio". Na zona pastoril, muita carne e escassez de água, que é salobra, ótima para o gado. Bebia-se garapa, comia-se milho verde. Havia festas sertanejas. Capistrano descreve o vestuário doméstico e domingueiro, a vida das mulheres solteiras e casadas. Nas Minas havia abundância de padres, irmandades; havia o gosto pela música nas cidades. As festas religiosas eram numerosas e teatrais, luxuosas.

Capistrano compara o caráter dos brasileiros regionais. O mineiro, ele o descreve assim: esbelto, magro, peito estreito, pescoço comprido, rosto alongado, olhos negros e vivos, orgulhoso e afável, brando e cavalheiro; não se apegam ao seu país, são inteligentes, sobrevivem em qualquer ambiente. O paulista, assim: de pequena estatura, cabelo louro, face pálida, olhos indígenas; corajoso, ágil, incansável, vingativo, franco, colérico, amante do perigo. Sua cor de pele varia, dependendo do grau de mestiçagem indígena/branco. Ele descreve ainda o baiano, o goiano, o mato-grossense, o gaúcho. Quanto às cidades coloniais, ele se refere às portuárias, as mais importantes: São Luís, Recife, Salvador, Rio de Janeiro. Nessas cidades litorâneas, o mulato predominou. Os negros eram numerosos, com sua alegria nativa, seu otimismo persistente, sua sensualidade animal, suportando bem o cativeiro. Os negros, ele afirma, nunca ameaçaram a ordem de modo sério. Trabalhavam cantando, para aliviar o peso do trabalho, e bandos de carregadores negros davam animação às ruas. Os mulatos são mais rebeldes, dentre eles saíam os capangas e assassinos. Crescendo em número, "descoloriram", extinguindo-se as distinções de raça. Os brancos eram oprimidos pelo convencionalismo; as crianças, cedo, perdiam toda vivacidade e espontaneidade. Os reinóis tratavam com desdém a terra e os seus moradores; eram grosseiros, desonestos, prepostos dos ingleses.

O capítulo 11, portanto, é um balanço quase completo do Brasil no final do século XVIII. Capistrano fala ainda da arquitetura urbana, dos modos à mesa, do comportamento das mulheres, da vida social (o ritual da "visita"), das ruas e do inexistente saneamento básico ("cuidavam da limpeza urbana o sol, as chuvas e os urubus"!), da indústria cerceada pela metrópole etc. O Brasil não é ainda independente, mas se inquieta e aspira a sê-lo. Ele está prestes a tornar-se independente. Entretanto, Capistrano surpreende o leitor no final da sua exaltação da vitória brasileira. Depois de se mostrar entusiasmado com as expressões do sentimento patriótico entre os brasileiros, termina a sua síntese cético em relação ao futuro deste novo povo. Para ele, a vida social não existia, pois não havia sociedade. As questões públicas não interessavam. No máximo se sabia se havia guerra ou paz. É duvidoso que tivessem uma consciência nacional e até mesmo capitanial. Algum leitor de livros estrangeiros poderia falar de independência porque soubera do caso norte-americano e conhecia a pobreza e fraqueza lastimáveis de Portugal. Não se procurava, porém, o meio de conseguir tal independência vagamente conhecida, tão avessa era a índole do povo a questões práticas e concretas. Divagava-se sobre o que se faria depois de conquistá-la por um modo qualquer, acontecimentos imprevistos, o que afinal ocorreu. Como em todas as revoltas anteriores, não se sabia o que se faria com o poder na mão. Enfim, conclui ele, no início do século XIX a população brasileira era constituída por cinco grupos étnicos, ligados pela comunidade ativa da língua e passiva da religião, moldados pelas condições geográficas de cinco regiões diferentes e tendo pelas riquezas materiais grande entusiasmo — eis a que se reduzira a obra de três séculos.

Final paradoxal! Ao longo do texto tem-se o elogio da expansão e conquista do território brasileiro pelos brasileiros. Apesar de ser difícil distinguir os interesses e sentimentos dos brasileiros e dos portugueses no período colonial, Capistrano esforça-se por definir uma "brasilidade", apesar da dominação portuguesa e contra ela. *Brasilidade* que começa com a fundação de São Vicente e Piratininga, que cresceu com as bandeiras, com a ocupação da Amazônia, com o gado e as minas. *Brasilidade* que se exaltou durante o século XVIII e se expressou através de rebeliões diversas, sangrentas. *Brasilidade* de uma população numerosa, mestiça, com os seus modos próprios de viver e pensar, com as suas atividades econômicas específicas, adaptadas a regiões diversas. Apareceu até um livro que formulava precocemente esta *brasilidade* e que foi apreendido por esta razão. E, no final, um ar de decepção, de malogro: patriotas incapazes de produzir a sua própria independência! É como se a conclusão que ele apresentara para o século XVI — um Brasil dominado por forças centrífugas, divergentes — valesse também para o final do XVIII. Capistrano talvez esperasse mais desse povo que soube acompanhar ao longo de três séculos; que ele fosse sujeito de fato da sua autonomia, que ele fosse um sujeito historicamente eficaz. O final revela uma expectativa não realizada, um esforço frustrado. A "revolução brasileira" não passou de um espírito e não se encarnou, não deu nascimento a um novo mundo histórico. Capistrano passa do elogio à vitória brasileira a um tom crítico em relação ao novo povo brasileiro que se constituía — ele esperava mais ação, mais vontade e determinação, mais eficácia histórica.

Capistrano expressará melhor este seu ponto de vista em outro texto, *Os caminhos antigos e o povoamento do Brasil*. Nele, ele constata e pergunta: no princípio do século XIX, o Brasil já estava ligado por meio de vias terrestres e fluviais — chegou-se a formar um conjunto, uma nacionalidade? Para ele, o sistema colonial produzia a divergência interna, o particularismo. O centro ficava além-mar. Somente depois da independência é que começou o processo de unificação, a convergência das partes. Apesar das mudanças realizadas, este processo se deu naturalmente, em uma evolução gradual, lentamente. Após a independência, a nação ficou tão cimentada em sua união que desafiou as crises da regência e se consolidou ainda mais no Segundo Reinado. A ideia de uma nação brasileira realizou-se, finalmente, mas ela esteve perto de esvair-se como em um sonho!

Seu final paradoxal é, no entanto, lúcido: os brasileiros, e pelas razões por ele apontadas, não se sentiam em condições de assumir o país plenamente, isto é, revolucionariamente. Eles viveram os três séculos coloniais na dispersão, em muitos engenhos, minas, fazendas, cada um desses núcleos econômico-sociais-culturais com sua própria lei e seu próprio senhor. Entretanto, essa ideia da "revolução brasileira", que Capistrano concebeu e descreveu no período colonial, quando nascia, será tematizada por todos os historiadores posteriores a Capistrano, que se inserem na linha aberta por ele da "redescoberta do Brasil". Poderia ter sido acelerado o tempo histórico do Brasil, pelos brasileiros, no final do século XVIII, produzindo uma verdadeira independência econômico-social-mental, além de política? Seu ceticismo revela a compreensão dessa impossibilidade histórica. É um sentimento posterior à exaltação que se frustrou: uma recusa apaixonada, decepcionada, do sonho. E depois, uma constatação do que de fato ocorreu, a vinda da Corte para dentro e a consolidação da unidade brasileira em termos luso-brasileiros, aceitando-a e legitimando-a. Era essa a única revolução independentista possível? Pelo menos essa, felizmente, se realizou, e a nação brasileira se concretizou antes de esvair-se em um sonho. Seu sentimento parece ter passado por três fases: primeira, o elogio da rebelião, da luta e da vitória brasileira durante três séculos; segunda, decepção e frustração com a não concretização do que parecia maduro, a independência feita pelos patriotas brasileiros; terceira, a aceitação e legitimação da "independência possível", liderada pelo Estado português, pela família real portuguesa, pois assim, pelo menos, a unidade territorial e nacional foi preservada.

Capistrano é, enfim, um antivarnhageniano. Nos anos 1900, a história que se faz no Brasil começa a diferenciar-se dos "quadros de ferro" do IHGB e de Varnhagen. Capistrano ainda não faz uma história plenamente econômico-social-mental, mas também não faz mais somente uma história político-administrativa e biográfica. Para A. Canabrava, ele se coloca entre duas concepções de história: a história como narrativa do empírico, que tem em Varnhagen seu representante maior, e a história no quadro das ciências sociais, que se fará no Brasil pós-1930. Capistrano representaria um elo entre a geração do século XIX/IHGB e a geração do século XX/universidades (Canabrava, 1971).

Capistrano se aproxima de Varnhagen também nos seguintes pontos: faz ainda uma história factual, relatando os feitos dos portugueses em sua conquista, uma história cheia de nomes e datas, de eventos contados em um ritmo quase diário. Isso vale sobretudo para os primeiros capítulos de *Capítulos de história colonial*. Ele dá ênfase à documentação escrita e bem criticada e seu estilo é ainda descritivo e narrativo.

Mas diferencia-se enormemente de Varnhagen: não faz mais uma história oficial, ligada ao Estado; sua história não é só político-administrativa, mas também social e cultural. E a diferença maior: não faz um elogio da conquista e colonização portuguesa, mas da conquista e colonização do Brasil pelo brasileiro mestiço; não relata a conquista do litoral, mas a ocupação do interior; o sujeito da história do Brasil não é mais o europeu branco, cristão e súdito do rei, mas o brasileiro mestiço, ainda cristão, mas sem uma expressão política clara; não faz uma história da constituição da identidade brasileira em moldes europeus, mas busca as identidades brasileiras no interior, no sertão e nas rebeliões. Finalmente, o abismo que os separa está na concepção do tempo histórico do Brasil. Varnhagen não distinguiu bem os períodos da história brasileira e se perdeu em inúmeros fatos dominados pelo sentido maior do elogio da colonização portuguesa. Esse sentido maior nunca foi seriamente contestado, e Varnhagen não percebeu as mudanças na história do Brasil. Capistrano elaborou a seguinte periodização da história do Brasil:

1500-1614   ocupação do litoral, guerra contra os franceses, escravização do indígena;

1614-1700   povoado o litoral, início da internalização pelos rios;

1700-1750   domínio das minas;

1750-1808   consolidação do sistema colonial: municipalidades anuladas, indústria proibida, jesuítas expulsos, tensão entre colonos e reinóis;

1808-1850   decomposição do sistema colonial;

1850   período centralizador, imperialista ou industrial: época do vapor, agonia da escravidão, jornalismo vivo (Abreu, 1975).

Diferente de Varnhagen, Capistrano duvida da tradição, faz uma crítica radical da memória. A verdade que procura não consiste na repetição do passado: a verdade não é o que o passado ensina e impõe (Araújo, 1988). Seu ponto de vista inovador ao mesmo tempo constrói um novo passado e desconfia do passado estabelecido, oficial. O método crítico quer corrigir o passado, rever verdades consolidadas. E abrir um novo futuro, sustentado por um novo passado: o Brasil nação não será oficial, o sujeito da história do Brasil não é o Estado imperial, mas o povo brasileiro, em sua diversidade e unidade. No passado, Capistrano põe ênfase na vida desse povo, por um lado, ativo na ocupação do território, por outro, passivo e ineficaz na produção da verdadeira independência. No futuro, ele espera a verdadeira independência... Capistrano é um historiador da mudança, da descontinuidade entre o passado e o futuro do Brasil: o futuro será a realização da independência a que o Brasil aspirou no passado mas não realizou. O futuro do Brasil será brasileiro, descontinuando o passado português. A verdade histórica se oporá a esse passado tradicional português e servirá à construção do futuro novo, brasileiro, à ideia da revolução brasileira.

ANOS 1930: SÉRGIO BUARQUE DE HOLANDA
A superação das raízes ibéricas

S. B. de Holanda: um "Intelectual Feliz"

Sérgio Buarque de Holanda nasceu em 1902, em São Paulo, quando Euclides da Cunha publicava *Os sertões*, e faleceu em 1982. Era filho de um migrante pernambucano com formação na área de saúde. Seu pai era funcionário do estado de São Paulo, professor de botânica na Escola de Farmácia e Odontologia, e trabalhou também no serviço sanitário do Estado. Ele criou a família com o seu ordenado. S. B. de Holanda teve provavelmente uma vida modesta, talvez o essencial, sem passar falta. Assim como Capistrano, sofreu o autoritarismo paterno, e ambos talvez tenham se tornado o que foram "reagindo contra a lembrança desse autoritarismo".[6] S. B. de Holanda pelo menos explicitou este sentimento; Capistrano amargou-o em silêncio. Diferentemente de Capistrano, S. B. de Holanda levou uma vida sobretudo urbana, sem as desvantagens do isolamento rural. Teve uma formação escolar formal e regular. Desde a infância, ele afirma, apreciava a leitura e a escrita. Tinha gênio artístico: escrevia prosa e verso, tocava piano, compunha valsas, gostava de dançar. Sua formação superior foi em direito, embora não tenha depois exercido a profissão. Boêmio, vivia em rodas de amigos intelectuais pelos bares. Começou a sua carreira como crítico literário e jornalista. Nessas atividades, viajou pela Europa inúmeras vezes e permaneceu um ano na Alemanha e outros anos na Itália. Quando esteve na Alemanha, em 1929, como jornalista, entrevistou intelectuais, seguiu cursos de Meinecke, leu Sombart e Weber, conheceu a literatura alemã (*Semana...*, 1992; Iglésias, 1992; Dias, 1986).

---

[6] Depoimento de Sérgio Buarque de Holanda, ver *Semana...*, 1992:19.

S. B. de Holanda é um outro "milagre de formação". Segundo os seus biógrafos e analistas, possuía enorme erudição em ciências sociais, literatura e artes, apesar de indisciplinado e boêmio. Ainda na Alemanha, pensou em escrever um livro sobre o Brasil e escreveu mesmo um volumoso texto, ao qual deu o título de Teoria da América, mas não publicou tal como escreveu. Esse texto volumoso deu origem a um dos textos mais curtos, sintéticos, da historiografia brasileira: *Raízes do Brasil*, que antes teria o título de *Corpo e alma do Brasil; ensaio de psicologia social*. *Raízes do Brasil* foi publicado em 1936, um bom tempo depois do seu retorno da Alemanha. Aqui, ele divulgará o historicismo alemão em suas pesquisas históricas, particularmente em *Raízes...*, onde ele se mostra em grande parte weberiano, e em um consistente ensaio sobre Ranke (Iglésias, 1992; Dias, 1986).

Filho de funcionário público, S. B. de Holanda tornou-se também funcionário público: professor da Escola de Sociologia e Política, de 1947 a 1955, e da Universidade de São Paulo, de 1958 a 1969. Além de se dedicar ao ensino, escreveu vários outros livros importantes: *Caminhos e fronteiras* (1957) e *Visão do paraíso* (1959), dirigiu e escreveu para os primeiros volumes da coleção *História geral da civilização brasileira* (1960-72), além de publicar inúmeros artigos em jornais e revistas especializadas. Ofereceu cursos e palestras nas principais universidades dos Estados Unidos, Itália, Chile e outros países. Pesquisou nos arquivos de Portugal, do Vaticano, Nova York, Paris e outros. Sua vida intelectual foi muito intensa. Era muito requisitado pelas universidades nacionais e estrangeiras, museus nacionais, bibliotecas, editoras, organismos nacionais e internacionais. Além disso, gozava de enorme prestígio intelectual no Brasil, jamais sofreu perseguições graves, exclusões, nem nos anos 1960; pelo contrário, sempre foi protegido e exaltado pelos seus pares da USP (Iglésias, 1992; Dias, 1986). Afora o seu estilo digressivo e a sua dicção difícil, que provavelmente tornava suas palestras e cursos menos atraentes, S. B. de Holanda parece ter sido um "intelectual feliz" — pôde fazer tudo o que pretendeu, obteve sempre os recursos necessários, publicou obras muito importantes, que não criaram polêmicas e tensões graves, e é sempre lembrado como o modelo de historiador brasileiro.

S. B. de Holanda e os Anos 1930

Em 1922, a Semana de Arte Moderna, da qual S. B. de Holanda não participou direta mas indiretamente, divulgando as suas propostas nas revistas *Klaxon* e *Estética*, havia aprofundado o esforço de "redescoberta do Brasil" que Capistrano de Abreu e a sua geração, dos anos 1900, haviam iniciado (A. Filho, 1987). A década de 1920 pode ser caracterizada pela erupção constante de críticas e oposições à sociedade oligárquica. Os anos 1930 foram de intenso debate político, época de radicalização ideológica e política. Percebe-se então, mais nitidamente, a distância entre a sociedade civil e o Estado, entre o Brasil real e o Brasil legal, entre a realidade brasileira e as ideias importadas para que ela "não fosse conhecida". Nos anos 1930, a realidade brasileira nua e crua tornou-se a questão-chave de um pensamento brasileiro que se quer puro e duro. Todos os intelectuais querem decifrar o enigma do Brasil e interferir na produção do seu futuro. Discute-se, então, a identidade nacional brasileira, os obstáculos ao seu desenvolvimento e progresso, as formas de vencer o atraso horroroso (A. Filho, 1987).

O Estado saído da Revolução de 1930 passou a investir em educação superior para a formação de quadros e para o debate mais aprofundado dos problemas do Brasil. O ensino secundário e superior dominado pela Igreja foi cedendo lugar ao ensino leigo. As classes médias são incorporadas às faculdades recém-fundadas de filosofia, letras e ciências humanas, como as da USP. No ensino e pesquisa de história, o IHGB perdeu sua influência, que agora passa para a universidade de forma quase absoluta (Iglésias, 1992; Mota, 1978). Sob a influência da universidade, a história se aproximou das ciências sociais, querendo pesquisar a "realidade brasileira" em seu aspecto econômico-social-mental e não mais só político. Essas mudanças no conhecimento histórico e social refletem as mudanças significativas que ocorrem na sociedade, que é mais complexa e possui novos e atuantes sujeitos sociais. A urbanização, palco das ações desses atores, se acelera. O Brasil fazia a transição de uma sociedade baseada na economia agropecuária para uma sociedade dominada pelo capitalismo industrial, com os seus sujeitos característicos: a burguesia, o proletariado e as classes médias. Nos anos 1930, portanto, há uma crise aguda da ordem oligárquica. A Revolução de 30 não foi longe o bastante para romper com a organização social vigente, mas a abalou e pôs em xeque a validade das interpretações do Brasil produzidas quando ela ainda era incontestável (Ianni, 1989 e 1994; Mota, 1978). Tais interpretações já estavam sendo invalidadas pela corrente dos "redescobridores do Brasil" anteriores a 1930: Capistrano e sua geração, a Semana de Arte Moderna, o Partido Comunista do Brasil e alguns movimentos militares. Pós-1930, a história não poderia mais ser aquela do IHGB, que tratava do Estado e dos grandes feitos dos grandes vultos brancos das elites.

Houve, então, uma espécie de precipitação das crises do passado. As correntes de pensamento tornaram-se mais claras, explícitas, pois mais radicais. Foi uma época fecunda para o pensamento social brasileiro. Vários clássicos da historiografia brasileira foram publicados, então, usando ainda teorias importadas, americanas e europeias (Simmel, Weber, Franz Boas, Marx). O pensamento brasileiro parece mais adequado à realidade brasileira, é mais contemporâneo do tempo histórico brasileiro. As principais interpretações do Brasil moderno construídas nos anos 1930 tinham uma compreensão mais exata do país: analisam a vocação agrária e as possibilidades da industrialização, as relações entre a burguesia brasileira e o capitalismo associado, o civilismo e o militarismo, a democracia e o autoritarismo, as regiões e a nação, a formação do povo e a multiplicidade racial, a modernidade e a tradição. Os anos 1930 realizavam o que em 1922, data das comemorações do centenário da independência, se intuiu: a necessidade de se abordar o Brasil sem complexos, sem ceticismo, com confiança. O Brasil precisava ser conhecido em suas peculiaridades: desigualdades regionais, heterogeneidade étnica, heranças do escravismo, imigração, peso das oligarquias, predomínio do privatismo sobre a vida pública, personalismo nos partidos políticos, conquista da cidadania (Ianni, 1989 e 1994).

Se, durante o século XIX, a realidade social excluía e o pensamento a legitimava, agora a realidade continuava excluindo, mas sem a legitimação cúmplice do pensamento brasileiro. Este passou a defender a inclusão de negros, índios, mulheres, pobres de todo tipo, enfim, de todos os marginalizados da sociedade oligárquica, do passado, os quais deverão ser integrados à sociedade brasileira no futuro. O Brasil não teria futuro excluindo a sua própria população do gozo dos direitos da cidadania. Os intelectuais brasileiros em suas várias tendências só se dividiam quanto às estratégias para a realização desse projeto, comum à maioria deles. *O Brasil precisava mudar e não poderia continuar mais na mão dos seus conquistadores.* Se os conquistadores do Brasil e seus descendentes dominaram sem contestação no passado, nos anos 1930 a contestação se radicaliza — o Brasil precisa ser "redescoberto" e reconstruído pela sua própria população. O futuro deverá ser radicalmente diferente do passado. O grande tema dos "redescobridores do Brasil" será o da "revolução brasileira": sujeitos, alianças, época, processos, resultados, reveses, possibilidades... (Ianni, 1989 e 1994). S. B. de Holanda será um dos pensadores da revolução brasileira, seguindo a trilha de Capistrano de Abreu.

S. B. de Holanda, Dilthey e Weber

A interpretação do Brasil de S. B. de Holanda tem raízes no pensamento alemão moderno, que ressalta o particular, o único, a especificidade temporal de cada realidade histórica. Estava interessado em conhecer o Brasil em sua singularidade. Embora usasse uma teoria importada, ele a usava de forma original e criativa. Aliás, a própria teoria proíbe a aplicação de conceitos e análises feitas para outros lugares históricos em lugares históricos diferentes. Ele procurará destacar, através da comparação, da criação de tipos ideais, os traços peculiares do Brasil, reconstruirá aspectos do processo de formação da sociedade e da mentalidade dos brasileiros em suas mudanças, em seu devir, libertando-se de esquemas teóricos e preconceitos (Dias, 1986).

Seu estilo elegante e refinado é às vezes mais eficaz do que conceitos muito precisos e rígidos na apreensão dos ritmos da vida brasileira. Sua narração é capaz de reconstituir o espírito de uma época. Ele usa e recria a linguagem das fontes. A sua obra é ao mesmo tempo racional, conceitual, documentada, interpretativa, erudita, objetiva e intuitiva, literária, artística. Diltheyano e weberiano, S. B. de Holanda distingue entre o conhecimento da natureza e o conhecimento da sociedade e realiza a compreensão empática adequada ao conhecimento do mundo social. Sua história inclui-se na sociologia compreensiva de Weber: interpreta sinais, articula os meios e fins de uma ação, recria a situação em que as escolhas foram feitas, procura pôr-se no lugar dos seus personagens. A história não precisa recorrer a leis para compreender e fazer compreender seus objetos de investigação. Ela compreende singularidades. Sua lógica é teleológica, isto é, a história estuda os homens em sua ação e esta ação não se submete a leis gerais, mas a fins, e precisa ser compreendida em sua individualidade. O historicismo compreende o mundo humano por uma abordagem individualizante e não generalizante (Reis, 1996; Iglésias, 1992; Dias, 1986).

Há uma polêmica sobre qual teria sido o primeiro intelectual brasileiro a ter-se utilizado de Weber em sua análise do Brasil. Corrêa Dias afirma ter sido Emílio Willems em seu artigo "Patrimonialismo e administração", publicado em 1945 na *Revista de Administração Pública* (Dias, 1974). V. Chacon considera Otto Maria Carpeaux o primeiro weberiano brasileiro, ao publicar em 1942 longo ensaio sobre Weber e a sua *Ética protestante e o espírito do capitalismo* (Chacon, 1977). Entretanto, se se admite a orientação historicista, em geral, e weberiana, em particular, de S. B. de Holanda em *Raízes do Brasil*, parece-nos que ele, se não foi o primeiro a se utilizar de Weber, recebeu bem antes e mais profundamente a sua influência do que Willems e Carpeaux. Chacon se refere também ao uso de Weber por G. Freyre, em 1933, em *Casa-grande & senzala*, quando discutiu as relações entre o calvinismo, o judaísmo e o catolicismo. Freyre também é considerado historicista, com influências de Dilthey, Simmel, Weber e Franz Boas (Chacon, 1986).

Entretanto, S. B. de Holanda parece ter conhecido Weber antes mesmo de G. Freyre, em 1929, quando esteve na Alemanha. Ou pelo menos o conheceu mais diretamente e não através de uma formação nos EUA. *Raízes do Brasil* tem páginas inteiras inspiradas em Weber. A sua discussão do Estado brasileiro, das relações entre o público e o privado, a sua proposta de uma separação radical entre estas esferas e da modernização do Estado, que se tornaria mais racional e burocrático, mais eficaz na administração pública, são visivelmente weberianas. Há ainda os tipos ideais do trabalhador e do aventureiro, do ladrilhador e do semeador, do homem cordial e do homem polido, a análise comparativa da mentalidade ibérica e da europeia, das mentalidades portuguesa e espanhola na América, os conceitos de dominação patrimonial e burocrático/legal. *Raízes do Brasil* é quase integralmente weberiano. Até o sentido da revolução brasileira seria weberiano: uma racionalização progressiva da sociedade tradicional, dominada por valores afetivos, familiares; uma modernização baseada na separação entre o afetivo/privado e o racional/público. A modernização representaria uma mudança de mentalidade e um estabelecimento de regras universais que atingissem a todos, independentemente da sua origem familiar e de suas relações pessoais e políticas. Uma sociedade moderna não possui privilegiados, pessoas mais queridas ou mais detestadas do que outras, não prefere e não persegue: ela está racionalmente submetida a regras e organizada no sentido da eficácia administrativa e produtiva.[7]

Toda a sua visão do Brasil se assenta na teoria social weberiana e, talvez, de forma mais rigorosa e consequente, pela primeira vez no Brasil. Seu historicismo aparece em seus temas principais: a cultura europeia, a cultura ibérica, o caráter português, espanhol, brasileiro, a alma comum brasileira/ibérica, as determinações psicológicas da experiência colonial, a mentalidade patriarcal e cordial, o espírito da dominação portuguesa, a mentalidade urbana e moderna, o comportamento familiar e público, os tipos e conceitos e não leis históricas. Sua abordagem da história é psicológica; ele quer apreender a vida humana brasileira e ibérica pelo seu interior, quer recriá-la e revivê-la (Dias, 1986).

Nos anos 1930, a radicalização política levou vários intelectuais brasileiros ao fascismo e ao comunismo, ao catolicismo exaltado, ao estatismo positivista, autoritário. S. B. de Holanda manteve-se em uma posição sempre mais branda, evitando exaltar-se à esquerda. Uma posição branda, mas nítida. Ele era crítico em relação às noções de legados, tradições, nação, raça. Embora historicista, embora valorizando as tradições e a cultura brasileira que se constituiu no passado, em relação ao passado e a essa tradição e cultura, ele queria conhecê-los para esquecê-los, superá-los dialeticamente, para impedi-los de agir sobre o inconsciente brasileiro. Ele também era brando teoricamente: evitava determinismos cientificistas, materialistas, climáticos ou biológicos. Na história, não há leis, causalidades mecânicas, etapas de desenvolvimento da humanidade universal. O que há no passado é o devir das formações peculiares e específicas de cada povo (Iglésias, 1992; Cândido, 1976).

Nos anos 1930, o Brasil vivia impasses graves, e as teorias e ideias políticas se "engrossavam". Sua intervenção no grande debate da época será feita através de *Raízes do Brasil*, que é uma obra eminentemente política. O povo brasileiro, como em Capistrano, é o personagem central. Sua visão da história do Brasil não é aristocratizante, senhorial, elitista. Ele parece não apreciar chefes carismáticos. O caudilhismo, ele o vê como um empecilho à modernização do Brasil.

---

[7] Cf. Weber, 1992.

O protagonista da sua história é o povo anônimo em seu cotidiano, em sua vida repetida, sem grandes eventos (Iglésias, 1992). Seu olhar sobre o passado é contrário ao de G. Freyre: ele não o idealiza, não lamenta a perda da glória das oligarquias. Prefere o Brasil que se constituía, contra aquele passado, nas cidades, com os seus novos sujeitos e sua nova mentalidade. O olhar de S. B. de Holanda sobre o passado brasileiro é o do homem urbano, recentemente emergente. É o do homem médio das cidades, que teme a violência conservadora dos senhores rurais e a violência revolucionária do escravo ressentido. Seu desejo é o de uma organização racional da sociedade, onde todos possam encontrar o seu lugar e se exprimir em sua originalidade segundo regras universais e consensuais. Um mundo sem senhores e sem escravos, habitado por cidadãos.

Raízes do Brasil é uma síntese interpretativa da trajetória brasileira que discute o seu presente e futuro, acertando as contas com o passado. S. B. de Holanda desvenda no presente as sobrevivências arcaicas, ainda ibéricas, que precisariam ser superadas. Ele quer identificar os obstáculos que entravam a modernização política e econômico-social-mental do país. Esses obstáculos estão ligados às nossas raízes ibéricas, que devem ser recusadas e cortadas. O "mundo que o português criou" não interessa ao Brasil, que deve criar o seu próprio mundo e que, para fazê-lo, terá de romper com o seu passado português. A crise brasileira dos anos 1930, aliás, a eterna crise brasileira, foi criada já em Portugal no século XVI. Não é a miscigenação o nosso mal; o nosso mal é a nossa herança portuguesa. Infelizmente, segundo ele, a miscigenação não nos diferenciou tanto assim do português. É por isso que ele se refere tão pouco a índios e negros: estes não foram tão eficazes sobre a história do Brasil ou pelo menos o suficiente para contrabalançar a eficácia portuguesa. Esta foi quase absoluta, infelizmente, para os brasileiros. O Brasil é mais português do que gostaríamos que fosse. Somos sobretudo *neoportugueses* e devemos nos tornar pós-portugueses, isto é, brasileiros.

A Obra: *Raízes do Brasil*

S. B. de Holanda começa *Raízes do Brasil* constatando o grande obstáculo para a construção de uma identidade e projeto brasileiros:

nossa representação do que somos não se refere à realidade do que somos. Para ele, a implantação de uma cultura europeia nos trópicos, em um ambiente estranho à sua tradição, é o fato mais importante na origem do Brasil. Desde então, nossa cultura — instituições, ideias, formas de convívio — veio de outro lugar e não se adaptou aos trópicos. Vivemos nos trópicos sem uma cultura adequada, própria, tropical. Participamos do desenvolvimento da cultura de um outro lugar. Nossas representações da nossa história são diferenciadas, até o ridículo, do nosso tempo social específico e concreto. Entre o conhecimento do Brasil e a realidade brasileira há uma defasagem abissal: pensamos com ideias inadequadas à nossa realidade social, ideias que, ao invés de facilitarem nossa relação com a realidade, a impedem.

Se é assim, como podemos fazer projetos para o futuro? Se não estamos sintonizados com o nosso tempo histórico específico, com o nosso passado e presente, como planejar, agir e construir o futuro? Para inventar um futuro é preciso saber quem somos e gostar do que somos e, para isso, será preciso reconhecer nossas raízes ibéricas. A construção de uma sociedade nova exige a adequação do pensamento à realidade; esta adequação pressupõe um reencontro com a nossa história. É o que ele fará: para pensar o que o Brasil deveria ser, ele discutirá o que somos, de onde viemos, de que espírito fomos feitos. E quando o pensamento encontra a realidade, o diagnóstico é simples e duro: somos *neoportugueses*! O que isto significa?

Os portugueses da época do descobrimento não eram europeus plenos, argumenta S. B. de Holanda. Isto é: o tipo de sociedade de onde vinham não era nem europeu, nem africano ou árabe, mas um tipo original. Viviam em um território fronteiriço entre a Europa e a África, sendo meio europeus, meio africanos/árabes. A sociedade portuguesa integrou-se tardiamente à Europa. É uma sociedade que se desenvolveu à margem da Europa. Por essa razão, a mentalidade portuguesa é original — seu caráter é indeciso, impreciso. Se se comparam ibéricos e europeus — e aqui S. B. de Holanda não distingue ainda portugueses e espanhóis —, percebem-se diferenças profundas. O caráter ibérico desenvolveu o culto da personalidade. Cada indivíduo vale por seu mérito próprio e não pelo nome herdado. São reconhecidos os indivíduos independentes, corajosos, autossuficientes, fortes fisicamente, sobranceiros, heróicos. Os valores desses indivíduos são a honra, a fidelidade, o livre-arbítrio, a fidalguia. O resultado trágico dessas disposições ibéricas: a frouxidão da estrutura social, das associações que impliquem solidariedade e ordem. Os ibéricos recusam toda hierarquia, a coesão social, e tendem ao individualismo anárquico. Rejeitam o trabalho manual, pois este exige a dedicação a algo exterior. Especulativos, apreciam o ócio e se sentem nobres por isso. O indivíduo não quer alterar o mundo social, que nem mesmo reconhece e identifica. Ele não aceita ser dominado por um objeto exterior. Só são solidários entre si por motivos afetivos e só se submetem pela obediência. Em uma "terra de barões" não são possíveis acordos duráveis, a não ser por uma força exterior querida e temida. Há necessidade do líder carismático, que reine mítica e despoticamente. Eles o aceitam para pôr ordem em seu natural anárquico e o respeitam e aclamam apaixonadamente. Cada indivíduo se identifica com ele, pois realiza o sonho de cada um: ser individualmente de forma caprichosa e absoluta.

E por que tais características predominaram entre os ibéricos? Não foi por fatalidade biológica ou determinismo climático. Talvez porque foram os primeiros a se constituírem como nação, na Europa. Talvez, considera S. B. de Holanda, tenha sido seu êxito precoce uma das razões da persistência entre eles de hábitos da vida tradicional. A ascensão burguesa em Portugal não encontrou obstáculos intransponíveis. A burguesia não representou uma nova mentalidade, uma nova escala de valores. Ela se associou à nobreza e assimilou o seu modo de viver, seus valores. Cada burguês se sente nobre e exibe a sua fidalguia em seu vestuário, em sua recusa do trabalho manual, em seu ócio, em seus títulos comprados ao Estado. A hierarquia feudal, rígida na França, em Portugal não existiu. As classes sociais não eram bem fixadas: todos eram fidalgos. A burguesia não implantou valores modernos — diligência, pontualidade, pertinácia, parcimônia, exatidão, solidariedade social. O sangue familiar, o nome, a herança não distinguiam os indivíduos tanto quanto o seu próprio mérito e riqueza. Enfim: culto da personalidade, valores individualistas, ausência de uma moral do trabalho, resistência à regra social, à lei, têm como consequência uma sociedade dificilmente governável, pelo menos de forma democrática. Tal autarquia dos indivíduos, tal anarquia, só uma força externa pode organizar e dirigir. À liberdade excessiva substitui-se com facilidade a obediência cega.

Eis aí o que significa, para começar, ser *neoportuguês*. Esta é a nossa raiz ibérica, que nos impede de nos tornarmos uma nação moderna, racional na administração e na produção econômica e nas relações sociais. S. B. de Holanda rejeita vivamente tal origem: queiramos ou não, afirma ele, estamos associados a Portugal e temos uma alma comum. De lá nos veio a forma atual de nossa cultura. Nem o contato e a mistura de raças fizeram-nos diferentes dos ibéricos como gostaríamos de sê-lo. S. B. de Holanda tem desse espírito português uma avaliação diferente da avaliação de G. Freyre. Este considera que o tempo ibérico sem pressa, sem regras, sem relógio, caprichoso, ocioso, que passa lentamente, expressa um grande gosto de viver, um prazer que não cede a imposições externas e que nem se preocupa em formular a resistência: simplesmente não se deixa enquadrar, ignorando prescrições, mandamentos, regras, imposições. E no brasileiro esse espírito português se acentuou com a liberdade do indígena e a alegria do negro. Freyre tem saudade do espírito português. Quanto a S. B. de Holanda, ele quer extingui-lo do coração brasileiro! O Brasil precisa e quer mudar.

Foi, portanto, essa cultura ibérica, com tais disposições psicológicas, que conquistou os trópicos. Dadas essas características culturais, a exploração dos trópicos não seria feita por um empreendimento metódico e racional. Foi feita com abandono e desleixo. Fez-se apesar dos seus autores. Para melhor conhecer e analisar a colonização tropical ibérica, S. B. de Holanda constrói dois tipos: o do aventureiro e o do trabalhador. Segundo ele, são duas orientações gerais que se combatem na atividade dos homens. O tipo do aventureiro: o objetivo final é mais importante do que os meios; seu ideal é colher o fruto sem plantar a árvore. Ele ignora fronteiras, é espaçoso, invasor, ladrão, aceita riscos, ignora obstáculos e, quando os encontra, transforma-os em trampolins. É audaz, imprevidente, criativo, ocioso e vê longe. Quer a recompensa sem esforço. Não visa à estabilidade, à paz, à segurança pessoal. O trabalhador lhe parece estúpido e mesquinho. Esse tipo aventureiro encarna-se em ladrões, traficantes, empresários desonestos, estelionatários, gente que manda fazer e explora o esforço do trabalhador. Entretanto, o tipo aventureiro não precisa se encarnar necessariamente nesses personagens que agem contra a sociedade. A audácia pode servir à sociedade, e as que mais se destacaram foram as que souberam aliar de forma criadora aventura e trabalho.

O tipo do trabalhador: vê primeiro a dificuldade a vencer; está dominado pelos meios, é econômico, metódico, lento. Seu horizonte é mais curto, restrito. Realista, ele vê mais a parte do que o todo. Não tolera a ética aventureira, que é desestabilizadora e contrária à segurança e à paz. Esses tipos ideais, uma estratégia de conhecimento tipicamente weberiana, S. B. de Holanda os construiu para responder à desconcertante questão: como esse povo ibérico, com aquele caráter, mentalidade e espírito, pôde colonizar?! Se mal podiam se administrar, poucos e em pequeno território, como puderam colonizar espaços enormes com populações nativas inteiras? O uso daqueles tipos permitirá a compreensão da atuação dos ibéricos. Em sua expansão colonizadora, eles foram mais aventureiros ou mais trabalhadores? Tais tipos, por serem ideais, não existem concretamente tal como pensados. O aventureiro puro só existe enquanto tipo. Na prática, ele estaria misturado em algum grau ao tipo do trabalhador. Na conquista portuguesa, respondendo àquela questão anterior com o uso dos tipos, o papel do trabalhador foi residual. Os portugueses puderam colonizar como aventureiros — só colheram os frutos da árvore encontrada. Vieram procurar prosperidade sem custo. Sem esse espírito de aventura, a colonização não teria ocorrido. Graças a ele, os obstáculos encontrados tornaram-se trampolins.

Os portugueses foram de uma capacidade de adaptação excepcional, S. B. de Holanda retoma a tese de Freyre. A exploração agrária colonial não foi planejada, foi feita ao sabor das conveniências. Os aventureiros portugueses não fundaram uma sociedade agrícola: depredaram a terra. Fizeram uma exploração agrícola de baixa qualidade técnica, visando a extrair riquezas do solo sem sacrifícios e com poucos investimentos. Adaptaram-se à terra e não pretenderam submetê-la a normas fixas. Misturaram-se à terra, ao indígena, ao negro. Foi um domínio mole e brando. Os indivíduos agiam isoladamente. Quando se uniam, era por razões afetivas e religiosas, não por interesse racional. A sua fraqueza foi a sua força, eles venceram porque não tentaram impor seu modo de ser. Aliás, o seu modo de ser era a plasticidade. Os negros vieram acentuar essa tendência à não cooperação e à não imposição. Os negros são motivados também por afeições, são suaves, dengosos, açucarados, sensuais, sedutores, sentimentais, pouco violentos. São também antissociais. Os holandeses fracassaram na colonização dos trópicos por não serem tão plásticos. Os europeus do norte são incompatíveis com os trópicos — são racistas, metódicos e trabalhadores. Eles não suportaram psicologicamente a tarefa da colonização.

Eis o que significa ainda ser *neoportuguês*: os brasileiros agem de forma mais aventureira do que como trabalhadores. A agricultura não é planejada, aparelhada, metódica e racional, é uma depredação da natureza, um esforço para colher sem plantar. Tudo se faz com desleixo e abandono, sem projeto e sem método. Os brasileiros não se associam por interesses racionais, mas pela festa, na bebida e na comida, na religiosidade. E os negros só fizeram acentuar essa disposição portuguesa nos brasileiros, em vez de marcarem uma diferença que alterasse o perfil do brasileiro em relação ao do português. Essa plasticidade aventureira tem suas vantagens, mas certamente não conduz à construção de uma sociedade marcada pela organização, pela associação, pelo planejamento, pelo método. Essa plasticidade foi essencial aos portugueses para o seu sucesso colonizador. O sucesso dos brasileiros poderá ser feito com essa mesma plasticidade, com essa disposição de se abandonar ao que vier, de não se impor ao exterior, transformando-o, construindo-o? A forma portuguesa de "criar um mundo nos trópicos" é recomendável aos brasileiros que querem criar um "novo mundo nos trópicos"? Mais uma vez, S. B. de Holanda se opõe à continuidade do Brasil-português. Só está tratando desse passado para que os brasileiros compreendam como eles não deverão construir a sua nova sociedade.

Portanto, com aquelas disposições psicológicas mencionadas e com um espírito aventureiro, os portugueses desembarcaram na América. Colonizadores aventureiros, como esse povo meio europeu, meio africano, se estabeleceu em suas colônias? Aqui, no capítulo 3, intitulado "Herança rural", S. B. de Holanda começa a distinguir os portugueses dos espanhóis. Se na península eles podiam ser descritos de forma comum, na América, em razão do que encontraram e das condições geográficas e climáticas de seus territórios coloniais, eles se distinguirão. Os portugueses estabeleceram uma colonização de raízes rurais. A vida colonial portuguesa se concentrará no campo. Só após 1888 as cidades predominarão. De 1850 a 1888, deu-se a passagem à urbanização, à cultura das cidades. O Brasil viveu uma febre de reformas nesse período. Após o fim do tráfico negreiro houve uma efervescência especulativa. S. B. de Holanda salta para o século XIX, quando as cidades abriram um novo mundo, sem entretanto romper com a tradição. A mudança na vida brasileira ocorrerá após 1850; ali estão as raízes da revolução brasileira.

Mas S. B. de Holanda, no capítulo 3, estava falando ainda da tradição, ainda falaria do colonizador português instalado no campo... e saltou para o século XIX, tal o seu desejo de romper com a tradição. Para ele, enquanto perdurassem os padrões econômico-sociais-culturais coloniais, as transformações mais ousadas teriam de ser superficiais e artificiais. Na vida colonial, cada "casa-grande" era uma república. Não havia vida comum, mas particular, no melhor estilo ibérico. No mundo rural brasileiro, onde o colonizador aventureiro português se instalou, vivia uma família dilatada com o poder do *pater famílias* também dilatado. A família era fechada, imune às mudanças que vinham de fora. O pátrio poder era ilimitado e inabalável. Tirânico, sem freios. O quadro familiar era tão forte que perseguia os indivíduos fora de casa, na cidade. Nossa vida pública, social e política era marcada pela família rural colonial. Esta oferecia a ideia mais moral de poder, responsabilidade, obediência, coesão. Predominavam, então, em toda a sociedade sentimentos próprios da comunidade doméstica, particularista e antipolítica. Havia uma invasão do público pelo privado, do Estado pela família.

Após 1850, com o crescimento das cidades, o fim do tráfico negreiro, as atividades financeiras, essa vida rural tradicional sofrerá a pressão da mudança. Os fazendeiros temerão o predomínio das cidades e das instituições de crédito. O Brasil se dividiu em dois mundos que se hostilizavam cada vez mais, duas mentalidades que se opunham, como ao racional, o tradicional, como ao abstrato e cosmopolita citadino, o regional e paroquial. Mas o Brasil escravista estava despreparado para mudanças radicais. Os setores retrógrados resistiram e buscaram o equilíbrio com o novo emergente. S. B. de Holanda se impacienta! Ele gostaria de falar de mudanças profundas, porém o patriarcalismo e personalismo vigentes as abortavam. Os partidos políticos eram vistos como "famílias políticas", onde vínculos afetivos e pessoais uniam chefes e demais membros. Mesmo as novas cidades se contaminaram com a vida tradicional. Ali também o talento, a inteligência eram mais valorizados do que o trabalho técnico e manual. A inteligência era sinônimo de discurso fácil, com palavras "difíceis" (raras), citações em latim, francês. A inteligência era ornamento, prenda, e não esforço de conhecimento e ação.

A burguesia urbana adotou atitudes peculiares do patriarca rural. As cidades ainda dependiam do campo, sofriam a sua ditadura. Na colônia, as poucas cidades eram administradas e dominadas pelos senhores de terras. No século XIX, as cidades ameaçaram romper com a ordem tradicional, mas sem muito sucesso: estão contaminadas pela mentalidade rural. O predomínio do ruralismo foi mais uma influência negativa da colonização portuguesa. Em todo lugar é o contrário que ocorre: o campo é que depende das cidades. Aqui, os portugueses criaram um mundo invertido, onde as cidades eram dominadas pelo campo. E não foi uma imposição do meio, que não agiu como força centrífuga. Foi a maneira e o estilo portugueses de colonizar — sem normas imperativas, cedendo às conveniências, sem planejar e construir. Além disso, eles não encontraram metais preciosos, cujo movimento os obrigasse a criar uma administração mais rígida e próxima.

Ser *neoportuguês* significa também isso: ser rural, ser familiar, desinteressar-se pela vida pública e viver na autarquia da "casa-grande", com uma identidade afetiva, privada, longe da cidade, isolado de todos. A justiça é familiar, o poder é o do Pai/Senhor, ilimitado. Os partidos políticos são cópias da vida familiar — um chefe e seus agregados e escravos, que devem ao primeiro incondicional lealdade. Essa sociedade familiar resiste à mudança que vem de fora, vive em um tempo com um ritmo eterno.

A colonização portuguesa não foi urbana porque edificar cidades é uma manifestação do espírito e da vontade, coisa que os portugueses não conheciam. Para os colonizadores, em geral, a constituição de cidades é um decisivo instrumento de dominação. O poder se organiza burocraticamente nas cidades. Quanto mais livres das cidades, mais autárquicos são os domínios rurais. Os espanhóis, que inicialmente também possuíam o espírito ibérico comum, tal como S. B. de Holanda o descreveu, agora possuem um espírito voluntarioso e racional e realizaram uma colonização urbana, diferentemente dos portugueses. A metrópole espanhola impôs-se à colônia com a criação de núcleos urbanos cuidadosamente planejados e construídos. O Estado interveio com mão forte — não se confundiu com a paisagem natural, como os portugueses. As cidades espanholas têm traços retos, voluntariosos, e são instaladas no interior. Universidades foram fundadas. Aqui, os espanhóis reproduziram o seu método de ocupação das terras ibéricas reconquistadas aos infiéis. Nas cidades espanholas, exprime-se a ideia de que o homem pode intervir no curso das coisas, e de que a história pode ser dirigida e produzida. Os espanhóis queriam fazer do país ocupado uma extensão do seu.

Quanto às cidades portuguesas, confundiam-se com o relevo e a paisagem. O empreendimento português parece tímido e condenado ao fracasso, comparado com o espanhol. A colonização portuguesa é simples local de passagem — as cidades são litorâneas. Os portugueses evitam adentrar o sertão e até proibiam tal entrada. Primeiro, era preciso ocupar e defender o litoral. Os bandeirantes desafiaram tal orientação e representaram uma primeira expressão de autonomia. Só depois do descobrimento das minas é que Portugal decidiu intervir em sua colônia, de forma repressiva, policial, menos para estabelecer algo duradouro do que para extrair o máximo de riqueza. Os espanhóis vinham para ficar; os portugueses, para enriquecer e voltar. Os espanhóis são mais repressores; os portugueses, mais liberais. Os portugueses são frouxos, indisciplinados. As casas de suas cidades são dispostas segundo o capricho dos seus moradores. Tudo é irregular. Não há uma vontade criadora, construtora. A colonização portuguesa foi orientada pela rotina, com desleixo, com abandono — "deixe estar", "não vale a pena"! Não transformaram a realidade. Aceitavam a vida tal como ela vinha, sem impaciências e ilusões. A expansão portuguesa foi comedida, prudente: uma navegação de cabotagem na costa da África. A expansão espanhola foi ousada — a ação de Colombo foi de um atrevimento inigualável. A ordem do português é a do "semeador": sem trabalho, sem plano, sem método. Eles não querem dominar o curso dos eventos, modificar a ordem natural. A ordem do espanhol é a do "ladrilhador": o oposto.

S. B. de Holanda surpreende nessa altura da sua argumentação. Ele falara, no início, de uma identidade ibérica, uniforme e homogênea. Agora, comparando as colonizações portuguesa e espanhola, ele distingue o que antes apresentara unido. Entretanto, por outro lado, não haveria razão para surpresa, pois o seu método é o de identificar as diferenças, as singularidades. Primeiro, ele diferenciou a península Ibérica no contexto europeu; agora, ele a diferencia internamente, comparando as culturas portuguesa e espanhola. A "expressão" que cada uma deu à sua colonização revelou muito do seu caráter particular. O tipo de colonização que empreenderam serviu para a melhor diferenciação e definição dos espíritos português e espanhol. Segundo ele, o caráter espanhol é dominado por uma fúria centralizadora, codificadora, regulamentar. Por que a diferença do espírito ibérico ficou mais visível na América? Embora apenas de forma alusiva, S. B. de Holanda sugere algumas razões. Diferentemente de Portugal, a unidade espanhola foi tardia e difícil, e ainda hoje não se completou. A Espanha é ainda um país desunido e sob constante ameaça de desagregação. Expandindo-se, os espanhóis querem tudo controlar e regular. Essa talvez seja uma das razões da fragmentação da identidade ibérica nas colônias americanas. Outra razão seria o clima: escaparam do clima tropical, nos Andes, e quiseram construir aqui uma extensão da metrópole. Há outras razões também fundamentais para essa fragmentação do espírito ibérico colonial: os espanhóis encontraram imediatamente muita prata e as cidades foram construídas para o controle mais rigoroso da sua extração, circulação e tributação; os espanhóis encontraram sociedades mais bem estruturadas, o que exigiu maior controle; o catolicismo espanhol era inquisitorial e intolerante, levando a uma ética mais rígida e a uma cultura menos plástica. S. B. de Holanda realiza uma análise comparativa das colonizações espanhola e portuguesa, que revela uma descontinuidade da alma ibérica (Peixoto, 1992:54-73).

Quanto aos portugueses, a sua unidade política foi precoce, eles conseguiram uma certa homogeneidade étnica com a expulsão dos mouros. O realismo e o naturalismo de Portugal vêm dessa unificação concreta e precoce. Ela explica também o seu natural conservadorismo, o desleixo, o deixe estar. Eles não arquitetam o futuro, não sujeitam a história a leis rígidas, pois já domesticaram a sua história. Os portugueses, S. B. de Holanda afirma em *Visão do paraíso*, não descrevem a sua descoberta em um tom maravilhoso e misterioso. Pareciam indiferentes ao exótico, ao espetacular. Sua esperança de grandes riquezas é mais comedida, com uma noção mais nítida das limitações terrestres e humanas. Os portugueses preferem mais as tradições e o crível do que a imaginação. Aderem ao real e ao imediato, são observadores minuciosos, pragmáticos, realistas, desencantados, por isso menos audaciosos. Aceitam o mundo tal como os sentidos o apresentam. Os outros povos colonizadores são mais fantasiosos. Colombo era um sonhador. O espanhol criou muitos mitos sobre o novo mundo: uma geografia fantástica, que incluía o Paraíso Terreal, com vegetação sempre verde, primavera constante, aves coloridas e variadas, povoado por gente simples, inocente e boa. As visões do paraíso dos espanhóis eram delirantes, fabulosas.

Nosso mundo *neoportuguês*, rural, também é pouco voluntarioso, determinado, audacioso. As elites brasileiras tratam o Brasil como os conquistadores portugueses: conquistam a sua população e depredam a natureza. Até parece que não vivem aqui, que estão de passagem, que querem ir para outro lugar e que acreditam que irão, depois de ficarem ricas aqui. Não há planejamento da ação, não há uma elaboração antecipada do futuro que se quer construir. Tem-se uma sociedade que se ergue naturalmente, sem vigas e esteios, sem regras gerais, com desleixo e deixe estar. Na história não se intervém. Ela não pode ser transformada, produzida. As coisas são como são, e não vale a pena impor-lhes uma vontade transformadora. Se no início S. B. de Holanda tratou com um certo desprezo o espírito ibérico em geral, agora o desprezo é concentrado no caráter português, na sua estratégia de colonização. Os espanhóis, S. B. de Holanda os olha agora com admiração — são audaciosos e racionais, construtores de um mundo centrado em cidades, com universidades, controlado do interior e não do litoral.

A cada passo do seu pensamento sobre o passado brasileiro, uma ideia se impõe progressivamente: o mundo que o português criou não pode mais influenciar o presente e o futuro do Brasil. Os brasileiros precisam esquecer as suas raízes ibéricas e o melhor modo de esquecê-las é conhecê-las em toda a sua precariedade como projeto social. Os que imaginam que uma volta à tradição ibérica seja a única defesa possível contra a nossa desordem erram redondamente. Nossa anarquia vem de lá, nossa desordem é tradicional. Será legítimo retornar ao passado para melhor organizar a sociedade brasileira? Não nos interessa mais ser organizados por caudilhos e ditadores. O modelo do poder patriarcal, no qual predomina a autoridade indisputada dos senhores/pais sobre uma sociabilidade familiar/afetiva, não devemos ter saudade dele. A família rural colonial não deve continuar sendo nosso modelo moral de poder. Precisamos romper com nossas raízes ibéricas. Aqui, aparece claramente a diferença de S. B. de Holanda com relação a Varnhagen e G. Freyre e a sua aproximação de Capistrano de Abreu.

Freyre tem nostalgia da família rural, do Estado patrimonial, do mundo português.

A vida política do Brasil independente foi dominada pelo mundo familiar rural. Entretanto — e aqui aparecem as suas leituras de Weber sobre o Estado, a administração pública, os tipos de dominação, o conceito de patrimonialismo e de racionalidade, a fragmentação da sociedade em esferas diferenciadas e tensas, cada uma com a sua lógica específica —, a lógica da esfera familiar não é a mesma da esfera política. O Estado não é um prolongamento da família, mas descontinuidade e até oposição. São esferas sociais essencialmente diferentes. No Estado mora o cidadão, indivíduo público, com deveres e direitos, submetido a leis abstratas, impessoais, racionais, gerais. Na família mora o indivíduo privado, corpóreo, afetivo, concreto, pessoal. O Estado é a vitória do universal e abstrato sobre o particular e concreto. A ordem familiar é abolida em uma transcendência. Mas no Brasil *neoportuguês* não é assim. A família é mais forte do que o Estado e o controla. A família forte é um obstáculo à constituição do Estado moderno. Aqui, não há separação entre a esfera pública e a privada. No Estado patrimonial *neoportuguês* a gestão pública é assunto de interesse privado das famílias. Os funcionários desse Estado exercem as suas funções pessoalmente: perseguem, promovem, premiam, bloqueiam. O recrutamento dos servidores depende da confiança pessoal ou sabe-se lá de que outro elemento afetivo, e não da competência e eficiência.

Falta ao Estado brasileiro *neoportuguês* a organização impessoal e burocrática. A burocracia estatal não é organizada racionalmente, para se obter maior agilidade e eficiência, mas com uma lógica familiar, para acolher e proteger familiares, amigos e clientes. Ao invés de servir à agilidade e à eficiência, a burocracia, por seu gigantismo e despreparo técnico, serve à lentidão, à inoperatividade administrativa. A administração pública não se interessa por questões objetivas, pois está dominada por questões privadas, afetivas, pessoais. A vida familiar é um empecilho à vida social fundada em princípios abstratos. A educação familiar cria inadaptados em uma sociedade moderna. Os filhos são mais aptos para ela quanto mais distantes da família, quanto mais desprotegidos por ela. Portanto, incapazes de distinguir o público do privado, os brasileiros *neoportugueses* transformam o Estado e os partidos políticos em assuntos de chefes familiares.

No mundo social, nas relações exteriores à família, circula um homem cordial: hospitaleiro ou agressivo, amigável ou hostil, generoso ou mesquinho, amigo eterno ou inimigo terrível, dependendo de pequenos detalhes da relação pessoal. Esse tipo cordial, bem adaptado ao brasileiro *neoportuguês*, trata desconhecidos como se fossem irmãos, primos, agregados e até escravos... Seu comportamento social, objetivo, é afetivamente transbordante, subjetivo. A ele opõe-se o tipo cortês, ao qual os japoneses se adaptam melhor: ritualístico, polido, reverente, distante. O brasileiro é um antijaponês. O homem cordial quer ser íntimo, quer ser amigo, não quer ficar sozinho. Tem horror às distâncias e, se elas existem concretamente, ele simplesmente as abole. Por exemplo: na expressão religiosa, torna-se íntimo de Cristo e dos santos; na relação com os superiores, torna-se logo discípulo, seguidor, fiel... Ele reivindica um superior "bacana", "gente fina e boa", simples e humilde, isto é, próximo e pessoal. Esse homem cordial está longe de aceitar uma ordem coletiva impessoal, legal. Ele é individualista, indisciplinado. Quando é intelectual, nutre-se de ideias contraditórias, acredita em todas e defende todas. Ele prefere as teorias mais sistemáticas, dogmáticas, que oferecem um ilusório repouso espiritual. A personalidade cordial está pronta para obedecer cegamente ao líder carismático, à ideia sistemática. Não importa se fala da realidade! Aliás, é até melhor que não fale! Ele está pronto a assimilar qualquer ideia, desde que exposta em uma relação cordial, isto é, de coração a coração, afetuosa ou agressivamente.

Leite contesta S. B. de Holanda quanto à tese da cordialidade brasileira, afirmando que esta talvez possa existir entre os membros das elites como uma expressão de igualdade entre eles. Entre diferentes, senhores e escravos, brancos e negros, haveria paternalismo e não cordialidade (Leite, 1983). Entretanto, S. B. de Holanda poderia argumentar que o paternalismo seria a expressão da cordialidade entre diferentes. A diferença é então vivida afetivamente: senhores e escravos, brancos e negros, apesar da enorme distância social entre eles, se relacionam cordialmente — amam-se e odeiam-se. A cordialidade não se restringiria, portanto, às relações pessoais no interior das elites, mas seria uma característica da sociedade brasileira em geral. A cordialidade não se confundiria também com bondade, generosidade, afabilidade, como a entendeu Cassiano Ricardo. Ser "cordial", segundo S. B. de

Holanda, é agir e reagir em sociedade segundo os ritmos do coração, da afetividade, sem se deixar dominar por regras sociais, impolidamente.

Para sustentar esta tese, além de se referir à alma ibérica, S. B. de Holanda enfatiza o peso das relações familiares no Brasil colonial, do isolamento rural, da ausência de espaço público, cosmopolita, como nas cidades. A vida social colonial esteve reduzida à vida familiar, que é regida pelo coração. Essa condição cordial não seria um modo eterno e a-histórico do ser brasileiro. Pelo contrário, ela seria definida pelas condições históricas da vida brasileira rural e colonial, que estariam sendo gradualmente superadas.

O Sentido e os Ritmos da Revolução Brasileira

Até aqui, e estamos no quinto capítulo, intitulado "O homem cordial", S. B. de Holanda descreveu as origens brasileiras, o Brasil português. A partir de agora, ele se dedicará à descontinuidade, à ruptura com esse mundo tradicional. Ele falará dos novos tempos do Brasil e da nossa revolução. Esse tempo novo, revolucionário, ele constata que o Brasil já o vive. S. B. de Holanda não está propondo uma revolução a ser feita no futuro. É claro que ele espera uma aceleração do processo que já ocorre. De qualquer maneira, não está falando da revolução brasileira completamente incrustado no mundo tradicional, cercado pela tradição portuguesa. Ele se refere a ela de dentro dela, em plena transição revolucionária. Está cercado pelo passado/velho e pelo futuro/novo. Ao escrever *Raízes do Brasil*, S. B. de Holanda pretendeu oferecer aos brasileiros a consciência da revolução que o Brasil vivia, revelando-lhes de que mundo eles vinham e a que mundo tendiam, esperando com isso levá-los à ação, à produção mais vertiginosa da mudança.

Segundo ele, o Brasil vive uma lenta revolução: transita de uma sociedade rural, regida por privilégios, familiar, natural, para uma sociedade urbana, mais abstrata e regrada, artificial. Aparece gradualmente a possibilidade de rompimento com o estatuto colonial e seu modelo agroexportador e a realização do desenvolvimento independente apoiado na cidade e na indústria, que incorporaria novos contingentes da população à cidadania. Essa transição leva o homem cordial a uma crise — ele a teme e evade-se. A nossa revolução liquida o passado, adota o ritmo urbano e propicia a emergência de camadas oprimidas da população, únicas capazes de revitalizar a sociedade e dar-lhe um novo sentido político. Ela significará a ruptura com as oligarquias rurais e o advento de novos sujeitos urbanos. Esse processo revolucionário é lento e longo: começou há muito e está longe de terminar. Suas principais datas: 1808, 1822, 1850, 1870, 1888, 1889, 1930... A continuidade dos padrões coloniais viu-se ameaçada pela primeira vez quando da vinda da família real. Alguns centros urbanos cresceram, mas sem ameaçar ainda o poder dos senhores rurais. Neles abria-se um novo horizonte para o Brasil.

As mudanças começaram, então. Acabaram-se o ufanismo, os elogios e reelogios ao Brasil *neoportuguês*. A realidade começou a ser a "dura e triste realidade", que precisava ser alterada e não enaltecida. A abolição do tráfico, a imigração, o fim da Guerra do Paraguai, a abolição da escravidão e a República acentuarão essa revolução lenta, sem episódios notáveis. O centro da mudança são as cidades. O sentido dessa revolução: do aniquilamento das raízes ibéricas de nossa cultura, da recusa da herança portuguesa, para a inauguração de um estilo novo de vida social, talvez, "americano" — S. B. de Holanda estaria propondo os Estados Unidos como modelo da sociedade urbana a ser construída no Brasil? Ou se refere a um estilo de vida especificamente brasileiro, americano, sem contaminações ibéricas? O sentido preciso dessa passagem da obra nos escapa. O que fica claro é que americano quer dizer sociedade urbana, anti-ibérica e não rural. Ou sociedade capitalista, urbana, do tipo norte-americana. Iberismo e agrarismo se confundem. Quando o mundo rural começou a desagregar-se, decaiu a influência portuguesa. Americanismo e urbanismo se confundem. Quando o mundo das cidades começou a ascender, ascendeu a influência americana. Nesse mundo americano-urbano-capitalista atuam personagens racionais, modernos, produtivos, cosmopolitas, extrafamiliares. É um mundo de direitos e não de privilégios, de regras universais e não de exceções afetivas. Na transição brasileira, o palco da história é invertido: no passado, as cidades se subordinavam ao campo; no presente-futuro, o campo será mero abastecedor das cidades.

Entre 1850 e 1888, esse processo se acentuou em São Paulo com o surgimento de um novo cafeicultor: morador da cidade, considerando a sua fazenda uma empresa agrícola, seu meio de vida, e não uma forma de vida, uma baronia. O surgimento desse novo sujeito com seu empreendimento agrícola industrial, que começou a substituir a mão de obra escrava pelo imigrante livre, acelerou um pouco a mudança. Durante a República, a urbanização progressiva, contínua, avassaladora fortaleceu novos sujeitos sociais e silenciou os homens do Império. Mas o Estado republicano ainda tem mais ou menos a mesma estrutura do imperial, apesar de já não possuir a mesma base social. O Estado brasileiro é uma estrutura distante da sociedade, e nele as mudanças sociais repercutem com algum atraso. Além disso, ele reprime toda expressão espontânea. A vida política se separa da vida social, ou melhor, impõe-se sem admitir contestação à vida social. A lei é uma abstração — belos princípios importados que cabem mal na realidade brasileira. A vida política oscila entre um liberalismo autoritário e o caudilhismo — S. B. de Holanda quer acelerar a revolução brasileira e se impacienta com essa distância entre Estado e sociedade e com as opções limitadas de mudança.

Para ele, não haveria revolução social plena no Brasil enquanto não se liquidassem os fundamentos personalistas e aristocráticos, ibéricos e rurais, em que se assenta a nossa vida social. O processo revolucionário consiste na lenta dissolução das sobrevivências arcaicas da velha ordem colonial e patriarcal. O Brasil vive entre dois mundos: um que ainda não morreu e outro que luta para vir à luz. Aqui, S. B. de Holanda se define politicamente com nitidez: ao invés de lutarmos por um personalismo contra outro, propõe ele, lutemos por princípios liberais e democráticos. O Brasil precisa de uma boa revolução vertical, que traga à tona elementos mais vigorosos, substituindo os velhos e incapazes. De que maneira? A revolução, que deve ser vertical, no entanto, deve incluir alguns indivíduos das classes superiores, que ainda têm homens de bem, apesar das suas faltas e defeitos. A sociedade foi malformada nesta terra, desde as suas raízes. As classes cultas estão isoladas do resto da nação não por culpa sua, mas por desventura sua (p. 135). Os operários são sujos e ignorantes, mas são fisicamente superiores às elites e poderiam sê-lo mentalmente também se tivessem acesso aos meios.

Os portadores do passado ibérico certamente reagirão a esta revolução vertical que os expurga. Ela é necessária, no entanto, pois com a cordialidade não se funda um mundo democrático. Entretanto, um mundo democrático não exclui totalmente valores cordiais. No Brasil, são inconsistentes os preconceitos de raça e cor, recusamos toda hierarquia muito rígida, somos cada vez mais urbanos e rejeitamos a violência. Estes valores cordiais são também democráticos. Poderia haver uma articulação entre os sentimentos do homem cordial e as ideias da democracia liberal. Não podemos trocar simplesmente o nosso ser cordial por esquematismos rígidos e impessoais. Não podemos ignorar o nosso ritmo espontâneo próprio. O que não podemos fazer é nos abandonar a ele. O espírito só é força normativa quando serve à vida social e lhe é adequado. A organização da sociedade deve ser um contorno feito à sua feição. Não se fará uma sociedade democrática com uma engenharia social, de fora para dentro, reprimindo a nossa espontaneidade cordial (A. Filho, 1987). Nossa realidade contraditória precisa ser incluída de alguma forma na construção de nossa sociedade democrática.

S. B. de Holanda parece se definir, nos anos 1930, como um democrata liberal — ele defende a "felicidade para o maior número" e até cita o utilitarista Bentham (p. 139). Para ele, nosso mundo cordial, que prefere, exclui, cria exceções, fere o princípio jurídico da neutralidade democrática. O ideal humanitário é impessoal: amor para o maior número. Ele se revela, portanto, liberal-democrata, inspirando-se nas burguesias revolucionárias francesa e americana. Acredita nos valores da cidadania e do individualismo norte-americano-capitalista, quer para o Brasil uma constituição que dê estabilidade às relações sociais, que as discipline e organize de forma universal, abstrata, racional, neutra, impessoal.

Entretanto, teses como felicidade para o maior número, amor para o maior número, direitos civis para o maior número, estrutura social que integra e não exclui, mundo social submetido a regras impessoais e universais são também teses socialistas, de um socialismo democrático, pioneiro em um mundo dominado pelo modelo soviético superautoritário. Em suas intervenções políticas concretas, em suas raras intervenções na vida pública — não gostava de interferir de um modo geral —, ele assumiu posições socialistas: candidato a vereador pelo Partido Socialista, simpatizante do Partido dos Trabalhadores. Esta sua vontade de não interferir pode parecer escapismo, omissão em relações às lutas públicas, expressão de um certo conservadorismo. Por um lado, deve ser isso mesmo: ele talvez tivesse um temperamento mais recolhido e frágil, contemplativo; por outro, revela um espírito basicamente não autoritário. A história pode ser produzida, mas deve ser sobretudo acompanhada. É preciso dar tempo, esperar que os processos efetivos encontrem suas próprias soluções e não precipitar-se, isto é, impor autoritariamente soluções. Um socialismo democrático possui seus princípios, seus sentimentos, suas aspirações, mas possui também um certo respeito pelos processos efetivos, pelos fatos, pelas soluções encontradas pelos próprios sujeitos do processo histórico. A intervenção na história se faz sob a forma do diálogo — há uma escuta atenta, um acompanhamento respeitoso dos homens que buscam soluções concretas para os seus conflitos, a apresentação de sugestões, de interlocução, de orientações, que podem ou não ser absorvidas pelo processo efetivo.

Esta sua característica revela ainda a sua formação weberiana: ele distingue a atividade do cientista das paixões do cidadão e não permite que estas se imponham ao pensamento, levando-o à precipitação, ao esquematismo autoritário, a juízos de valor, quando se trata de conhecer a realidade que se apresenta. Ela revelaria também, ironicamente, e certamente contra a sua vontade, aquilo que ele mais critica, contesta e quer superar: a raiz ibérica do "deixe estar", "não vale a pena", a "história, não se faz"!... E deve ser por todas estas razões e outras ainda, considerando-se que um indivíduo são vários. Escolher uma delas seria simplificá-lo, reduzi-lo a um aspecto exclusivo da sua complexa e sofisticada personalidade.

O aspecto que nos interessa, aqui, no entanto, é o do "redescobridor do Brasil", o S. B. de Holanda que reinterpreta o passado e vislumbra um novo futuro para o Brasil. Para ele, uma intervenção democrática na história pressupõe o respeito pelos seus ritmos específicos, exige uma reflexão sobre o tempo que a constitui e a cadencia. S. B. de Holanda tem uma concepção historicista do tempo histórico. Seu tema é a singularidade brasileira, que ele considera ainda desconhecida nos anos 1930, pois pensada até então com ideias importadas e inadequadas. Os brasileiros vivem no Brasil mas não se localizam bem, pois, quando pensam, reproduzem abstrações, repetem ideias adequadas a outro lugar e não as usam para se conhecer. A ideia tem de ser a expressão de um lugar histórico, de um mundo social singular vivendo as suas continuidades e mudanças. Ele procurará adequar seu pensamento ao tempo histórico brasileiro. Sua reflexão pretende se referir ao Brasil, ao seu passado e futuro, à sua realidade vivida, às suas mudanças e perspectivas. Em *Raízes do Brasil*, seu tema é o futuro democrático do Brasil, que será uma novidade, uma mudança substancial em relação ao seu passado. No tempo brasileiro ele enfatiza a mudança e não a continuidade. A sociedade não está dominada pelo passado, pela tradição, não está submetida a determinismos de nenhuma espécie e não está, portanto, condenada a repeti-lo, a continuá-lo.

Mas o passado não se abole com um golpe de ficção. Não se muda só porque se quer mudar. A mudança é um esforço, um trabalho penoso, uma construção difícil, tensa. A tradição resiste ao novo — há uma luta de vida ou morte entre os homens do passado e os homens do futuro. A configuração destas lutas sociais é singular, cada sociedade articula velho/novo de uma maneira particular. Cada sociedade possui seu próprio ritmo de mudança, e é tarefa do historiador compreender estes mundos vividos concretos, específicos, únicos. Só a história permite compreender singularidades.

O ritmo da mudança brasileira é lento, secular — desde as rebeliões do final do século XVIII, desde 1808-22 até hoje, e ainda não se completou. Sem eventos espetaculares, isto é, sem acelerações bruscas. S. B. de Holanda ora se impacienta ora aceita esse ritmo; ora se exalta com as forças retrógradas, ora se inclina à lógica do tempo brasileiro. Embora fale de revolução brasileira, seu estilo é ameno, brando. Não se percebe ódio contra a classe dominante, que, apesar de seus defeitos e erros, "ainda possui homens de bem" (p. 135). As elites estão isoladas da população não por inteira culpa sua, mas por "desventura sua" (p. 135). A sociedade brasileira formou-se mal, pois a colonização portuguesa foi desastrosa. Ele só é mais severo em relação aos colonizadores portugueses e ao mundo familiar luso-brasileiro colonial. Porém sem ódios e ressentimentos, a revolução não deverá ser feita contra as classes superiores, mas deverá incluí-las. Seu estilo não é conciliador, entretanto, pois ele quer de fato a mudança. Contudo, se possível sem violência, sem crimes políticos, sem cair no irracionalismo. As soluções que entrevê são racionais — sua intenção é aproximar mais a população das elites, as ideias do lugar brasileiro, o Estado da sociedade civil. Esta aproximação, que igualaria mais, que tornaria a sociedade brasileira mais homogênea, mais justa, mais integrada, será a grande mudança revolucionária.

Poderá ela ser feita racionalmente, pelo diálogo, em plena ordem democrática, sem violência? Aqui aparece uma certa fluidez em sua reflexão sobre o Brasil. Quem seria o sujeito desta mudança? As cidades, o homem urbano, a mentalidade urbana são ideias muito vagas. A urbanização em si, as atividades desenvolvidas na cidade, o padrão urbano de vida, em geral, os tipos humanos da cidade imporiam a mudança apenas com o seu desenvolvimento e predomínio? Para Ianni, S. B. de Holanda pensa a história do Brasil na perspectiva do Rio de Janeiro, da capital do país, do Estado nacional, do todo visto a partir do centro político e cultural (Ianni, 1989 e 1994). Na nossa perspectiva, S. B. de Holanda parece falar do Brasil do ponto de vista do homem médio urbano, comerciante, funcionário público, profissional liberal, empresários, operários, enfim, do homem livre da dominação do senhor rural. Este homem não precisa do senhor rural para viver, ele encontrou outras atividades e relações nas cidades. Seu objetivo é libertar todos os brasileiros daquela dominação rural. Mas, quanto à estratégia, aos meios, ao "quem fará isso?" concretamente, S. B. de Holanda não oferece precisões. Apenas constata que há uma revolução ocorrendo no Brasil, e que seu palco são as cidades.

Raízes do Brasil é otimista, renova a esperança no Brasil. A libertação da dominação tradicional, a reaproximação do Estado da sociedade, a criação de novas formas de convívio, com novos valores, que é possível, realizável e não uma utopia inalcançável, abrem o horizonte do Brasil à democracia. Para ele, o historiador deve ter a sensibilidade das inquietações presentes, buscar conhecer as suas raízes, para libertar o presente do passado que o inquieta e bloqueia. O historiador oferecerá o conhecimento dos obstáculos que impedem a renovação. Para isso, ele deverá descer ao real, ao vivido, à sua historicidade singular, às suas mudanças singulares, para compreendê-las em uma relação de conhecimento estreita, íntima. A história não é permanente, pois não submetida a leis. Ela é um conjunto de durações diferenciadas: o historiador realiza a descrição da mudança das sociedades humanas, pronuncia o humano no tempo, o que foi e não é mais. A identidade histórica não é constituída pelo congelamento do passado, por uma homogeneidade artificial. A identidade histórica é constituída em cada presente, em uma relação de recepção e recusa do passado e de abertura e fechamento ao futuro.

Se se olha o Brasil com este olhar, as cores voltam ao seu rosto, o seu horizonte se colore em múltiplas tonalidades. A realidade brasileira foi e é horrorosa, mas o Brasil não está condenado a ser sempre como foi. Aliás, ele constata, a mudança já está ocorrendo e há muito. Se for mais bem conhecida, poderá ser mais bem produzida e acelerada. Capistrano tinha razão quando via esta mudança se realizando já a partir do século XVII, mas não tinha razão de terminar o século XVIII pessimista quanto às suas possibilidades. Digamos que Capistrano tematizou a mudança no período colonial, do XVI ao XVIII; S. B. de Holanda retomou o mesmo tema a partir de 1808 e o trouxe até os anos 1930. Se em Capistrano o espírito brasileiro, portador da mudança, se exprimiu no sertão, contra o litoral português, em S. B. de Holanda este espírito vai ser continuado nas cidades, contra o mundo rural português e também contra o sertão de Capistrano, ainda muito ibérico, familiar e católico. A mudança em S. B. de Holanda se radicaliza e se amplia, o horizonte brasileiro se abre, e o seu espírito se enche de otimismo.

Raízes do Brasil é um clássico que repercutiu pouco, afirma Carlos Guilherme Mota. Talvez pelo seu estilo mais erudito e refinado, que fala da revolução brasileira sem esquematismos, palavras de ordem e ressentimento. Talvez também por não identificar com mais precisão o sujeito desta revolução e não estimular nenhum setor da sociedade em particular para a sua realização. Talvez também por sua tendência a não interferir de forma mais peremptória na realidade social. Talvez ainda por ser mais uma interpretação do Brasil do que uma proposta de transformação do Brasil, "quando cumpre transformá-lo". Talvez, finalmente, por escrever sobre o Brasil para as suas elites iletradas e "exiladas em sua própria terra", que desprezam e não leem livros escritos em língua portuguesa nem os autores brasileiros, e para uma população dominada pelo analfabetismo e pela herança do "deixe estar" portuguesa. *Raízes do Brasil*, talvez, e ainda, tenha repercutido pouco por suas virtudes — um texto sofisticado, erudito, pouco acessível, embora pareça fácil. Apesar de suas virtudes, o livro manteve a distância, que criticava, entre a ideia e o seu lugar, embora apresentasse uma das ideias do Brasil mais adequadas à sua realidade. F. H. Cardoso o considera uma miniatura de pintor, que revela mais pelas minúcias do que pela obra como um todo. É um livro moderno, democrático, otimista, crítico e sensível (Cardoso, 1993).

S. B. de Holanda não tem razão quando afirma que considerava o seu próprio livro "superado e plenamente datado", ensaístico, meramente interpretativo e não uma pesquisa rigorosa e exaustiva (*Semana...*, 1992:21). Primeiro porque superados e datados são todos os clássicos da historiografia brasileira e nem por isso deixam de ser "clássicos". Datados, são superados-conservados, dialeticamente, perduram, atravessam as épocas; segundo, porque ensaios e interpretações históricas são importantíssimos para a pesquisa rigorosa e exaustiva posterior: são seminais, oferecem ideias e sugestões de pesquisa monográfica, oferecem uma síntese, uma visão global que têm valor inestimável, mesmo que instáveis, lacônicas e precárias. Aliás, uma síntese não é feita para fechar ou encerrar um debate — ela o abre e orienta, ela é uma referência, um interlocutor, um quadro teórico. *Raízes do Brasil* abriu e orientou um debate fecundo sobre o passado e o futuro do Brasil; tornou-se uma referência, uma interlocução, um quadro teórico indispensável.

ANOS 1950: NELSON WERNECK SODRÉ
O sonho da emancipação e da autonomia nacionais

N. W. Sodré, um Marxista Pioneiro e Controvertido

Nelson Werneck Sodré, militar, professor da Escola de Comando e Estado-Maior do Exército de 1948 a 1950, diretor do Departamento de História do Instituto Superior de Estudos Brasileiros (Iseb) desde a fundação até sua extinção pelo Golpe de 1964, é autor de vasta e variada obra, produzida entre 1938 e 1980. Escreveu sobre a história da literatura brasileira, sobre a história da imprensa brasileira, sobre a história militar do Brasil e, sobretudo, escreveu várias obras importantes sobre a história brasileira, entre as quais se destacam *Introdução à revolução brasileira* (1958), *Formação histórica do Brasil* (1962), *As raízes da Independência* (1965) e *História da burguesia brasileira* (1964). Nossa análise da sua interpretação do Brasil tomará como base a sua *História da burguesia brasileira* e o texto "Modos de produção no Brasil", que apareceu no livro *Modos de produção e realidade brasileira*, organizado por R. A. Lapa (1980), no qual ele retoma as suas teses sobre o Brasil, formuladas nos anos 1950-60, treplicando aos seus críticos (Konder, 1991).

Sodré nasceu em 1911 numa família de escritores, viveu num ambiente culto e desde cedo dedicou-se à literatura. Cursou o Colégio Militar. Sua autobiografia, ele a fez em *Memórias de um soldado* (1967) e em *Memórias de um escritor* (1970). Sodré era militar e comunista, o que não é nada incompatível, embora, depois de 1964, os militares brasileiros se tenham tornado a expressão mais feroz do anticomunismo. Sodré é um militar pré-1964 e pertencia ao grupo, mais numeroso do que se imagina, dos militares ligados ao PCB. Nos anos 1930-40, sua perspectiva teórica sofreu influências de autores materialistas vulgares como Haeckel e Buchner. Segundo Konder, ele próprio reconhecia que naquela época possuía um conhecimento precário do materialismo histórico. Só nos anos 1950-60 ele aprofundou os seus estudos do marxismo e reformulou algumas de suas posições como, por exemplo, a sua história da literatura, de 1938, em que conectava de forma determinista os fenômenos culturais ao processo de produção. Entre os anos 1950-60 ele foi especialmente ativo: publicou vários livros, ofereceu vários cursos, criou uma história nova do Brasil, para atingir a escola básica e média. Em 1964, ele e seus colaboradores também sofreram o golpe: Sodré passou uma temporada na prisão militar, e sua história nova foi proibida. O que não o impediu de continuar a sua obra, incansavelmente (Konder, 1991).

Após a derrota de 1964, apesar de ele também ter sido perseguido pelos golpistas, as esquerdas, obrigadas e se rever e a se recompor, o tomaram como o símbolo do pensamento do PCB que as conduzira à derrota. Sua interpretação do Brasil, sua teoria da revolução brasileira, tinha-as levado à derrota. Foi duramente atacado por seus companheiros, com uma espantosa veemência: *"marxismo cristalizado, esquemático e apressado, dogmático, vulgar, etapista, evolutivo, linear, imitativo, soviético, com parâmetros pedestres, teoria-ficção arbitrária, contraditória, que não se refere aos processos objetivos..."* Sodré enfrentou terríveis desafios teóricos e políticos: endureceu a pele e anestesiou a sensibilidade, estrategicamente. Corajoso, teimoso, sempre sustentou com vigor e clareza o seu ponto de vista — jamais fugiu ao combate, chegando até a usar também palavras duras, bélicas, perdendo um pouco a serenidade (Sodré, 1986). O debate deixou de ter a sobriedade da discussão teórica, conceitual, para ganhar a turbulência da discussão política e até pessoal! (Konder, 1991; Mota, 1978).

Aliás, se se pode censurar o marxismo como teoria social, seria pela tendência que predomina entre os seus debatedores teóricos de nunca terminarem sobriamente, isto é, teórica e conceitualmente, o seu debate. Este geralmente termina em luta de classes, em tomadas de posição, impedindo o avanço da discussão, que necessariamente exige a abertura ao diálogo e a revisão de posições que parecem autoevidentes. A discussão marxista da "revolução brasileira" mistura teoria e prática, enquanto o conceito de "práxis" as articula dialeticamente. A dificuldade encontrada pelos teóricos da "revolução brasileira" sempre foi a de realizar esta articulação dialética, foi a de compreender o pensamento dialético, sempre entendido como uma mistura, uma confusão, uma não separação, uma desarticulação, uma submissão de um polo ao outro. Em geral, a ação dominou a teoria, o imediato a mediação, tornando-a radical, perigosa, sistemática, fechada, ineficaz, enfim, cega, surda, verborreica e muito autoritária, apesar de corajosa. A práxis não dialética esvazia a subjetividade e torna a ação uma intervenção técnica, imposta de cima e do exterior, como uma manipulação pragmática da sociedade reificada. O lado "teórico" dessa práxis submete a história a leis de evolução buscando uma verdade absoluta, determinista, não criticável. Quando, na verdade, o conceito dialético de práxis inclui a subjetividade, escolhas. A sociedade não é transformada, mas autotransforma-se através de um debate crítico-prático que constrói uma verdade histórica e relativa, e por isso mesmo objetiva, pois aberta ao novo, ao tempo. O pensamento dialético é criativo, interrogativo, reformulador, autocrítico, inquieto, pois reconhece a dimensão subjetiva e temporal da realidade social e não procura apagar a diferença temporal em um sistema que criaria uma falsa estabilidade (Konder, 1988).

N. W. Sodré, o PCB e a História do Marxismo no Brasil

N. W. Sodré é o teórico marxista mais importante dos anos 1950, embora não fosse o único historiador marxista importante. Ele será tomado aqui como teórico do PCB, do seu projeto de "revolução brasileira" e, portanto, ligado à tradição do redescobrimento do Brasil. Aquele povo quase sem consciência capitanial, que levara Capistrano ao ceticismo; aquele povo miscigenado, que levara as elites luso-brasileiras a excluí-lo da vida social e política e ao ceticismo quanto ao futuro do Brasil; aquele povo conquistado, colonizado, escravizado, estuprado, violentado, castigado, capado e recapado, sangrado e ressangrado, oprimido e excluído, aquele povo de filhos de escravas e índias e de brancos pobres, agora, em 1950, cultiva o sonho de redescobrir o seu país, impondo-se às elites brancas, suas descobridoras e conquistadoras, e rompendo com a dominação imperialista. Aqueles mestiços sonham com a liderança, com o poder interno, acompanhado da emancipação externa, da autonomia nacional e do socialismo, que as elites brancas não puderam, não souberam ou não quiseram realizar.

Em 1922, a Semana de Arte Moderna já valorizara o tupi, e o PCB valorizara o negro-escravo e o branco-operário da nossa identidade. Há uma aceleração otimista da história brasileira a partir dos anos 1920 — a "revolução brasileira" é pensável e possível, isto é, a ruptura com o passado brasileiro horroroso estava ao alcance dos brasileiros que o haviam sofrido. Este povo se agita no sertão, nas cidades e no litoral e quer produzir a mudança, acelerá-la. Desde os anos 1920, a sociedade brasileira se tornou mais complexa: emergiram as classes médias e a pequena burguesia, a população urbana cresceu, alterando a vida cultural, a industrialização avançou criando novos sujeitos sociais, consolidando as relações de produção capitalistas e o desenvolvimento das forças produtivas (Ianni, 1989 e 1994).

Entre 1922 e 1964, o marxismo foi a teoria social que deu uma voz vigorosa, através do PCB, ao chamado povo brasileiro. Uma voz, entretanto, mais vigorosa do que rigorosa. O marxismo que desembarcou no Brasil, em 1922, não foi o original alemão e marxiano, mas o "marxismo-leninismo" soviético. Os revolucionários brasileiros de então eram mais corajosos, vigorosos e contundentes do que lúcidos teoricamente. Estavam mais possuídos pela teoria, dominados por uma lógica incontrolável, absoluta, do que seus utilizadores, seus possuidores e controladores. A recepção de Marx foi problemática. O marxismo que chegava já era uma doutrina sistemática e dogmatizada, e o ambiente que o acolheu, dominado pelo positivismo e pelo catolicismo exacerbados, também era sistemático e dogmático. Aqui, o marxismo-leninismo se supercristalizou, e os seus portadores se sentiam super--homens, demiurgos da história a partir de um zero temporal, ignorando as resistências do passado (Konder, 1988).

Entretanto, afirma Quartim de Moraes, a característica mais notável do pioneirismo intelectual comunista no Brasil é o seu estilo contraditório: uma teoria dogmática levou a algumas observações pertinentes sobre a dinâmica objetiva do processo histórico brasileiro. Apesar do seu dogmatismo, os intelectuais brasileiros analisaram o Brasil com mais lucidez do que os intelectuais das classes dominantes, liberais e culturalistas. O dogmatismo era necessário: a teoria tornava-se arma de combate, tornava-se a alma-arma da ação de homens frágeis. Ela dissipava dúvidas e dores e reanimava a combatividade. Moraes defende, com alguma razão, os pioneiros comunistas, especialmente Octávio Brandão, que foi considerado um teórico esquemático, simplificador, autoritário, obreirista, por Konder: deles não se poderia cobrar, não seria justo, sofisticação e refinamento teórico. Eles tentaram conciliar Comte, Spencer e Marx, é verdade, mas isso não impediu a originalidade de seu pensamento e a agudeza de suas análises da sociedade brasileira (Moraes, 1991). Entretanto, quando Konder e outros críticos os censuram, nós consideramos que eles só estão sendo exigentes com a análise teórica, que orienta a ação eficiente, exigência que é indispensável. A crítica teórico-prática não pode ser indulgente e protetora, por maior que seja a simpatia e a admiração pelos pioneiros.

Moraes divide a história da consciência marxista no Brasil em três fases: primeira, etapa dogmática, pré-crítica, marxista-leninista, quando predominou uma consciência opaca, feita de certezas cegas (1920-40); segunda, fase de autonomização teórica (1940-60); terceira, etapa de revisão crítica generalizada, um retorno às fontes do pensamento revolucionário, época da luta armada (pós-1960). Essas etapas da consciência marxista brasileira não são etapas necessárias e lineares, ele esclarece, e nem se deduzem uma da outra. Os nexos entre elas são histórico-concretos. Não foi uma evolução teleológica, não representou um progresso — são transformações que se deram concretamente, historicamente, sem a ideia de síntese ou salto qualitativo. Cada etapa tem a sua lógica interna particular e deve ser considerada em sua época, em sua situação, em suas condições e circunstâncias. Os pioneiros devem ser vistos em seu contexto e em suas possibilidades — exigir deles mais do que poderiam oferecer é não ser "sofisticado e refinado teoricamente" e, além disso, é ser injusto —, eles são julgados e condenados em um processo mal instruído (Moraes, 1991). Moraes continua com razão, parcialmente: este respeito e admiração pelos pioneiros não pode levar ao silêncio reverente, ao fim do debate crítico severo.

G. Mantega também é brando com os pioneiros. Ele considera que, apesar do dogmatismo inicial, os pensadores econômicos marxistas exerceram uma influência decisiva na constituição do pensamento econômico brasileiro. Somente após 1950 a teoria terá um tratamento apropriado, quando despontaram os grandes expoentes do pensamento econômico brasileiro. Mantega também oferece uma periodização do pensamento marxista brasileiro: primeira etapa — materialismo primitivo: penetração do marxismo na economia brasileira, época marcada pelo PCB e por Caio Prado Jr. (1920-40); segunda — materialismo funcionalista: consolidação das ideias marxistas — Caio Prado maduro, Celso Furtado, F. Rangel, N. W. Sodré (1940-60); terceira — materialismo dialético: maturidade do pensamento econômico marxista — P. Singer, M. C. Tavares, F. Oliveira, F. H. Cardoso e outros do chamado "grupo d'*O capital*" (pós-1960) (Mantega, 1991). Essas duas periodizações do pensamento marxista brasileiro são convergentes e parecem corretas. Ambas revelam o mesmo sentido: o do distanciamento do marxismo-leninismo soviético, da ação sem teoria adequada à singularidade da realidade brasileira e da busca de uma teoria marxista mais racional, conceitual, sóbria e serena, mais crítica, pois apropriada à realidade brasileira. E mais eficaz historicamente, pois a ação será mais bem conhecida e orientada.

Entretanto, ambos, Moraes e Mantega, apesar de perceberem um sentido, caracterizado por um controle progressivo da teoria, uma adequação superior de cada uma das três fases à realidade brasileira, não desvalorizam a primeira fase; pelo contrário, percebem as suas limitações como historicamente condicionadas e admiram a sua capacidade de irem até além dos recursos que possuíam.

Interessa-nos, no entanto, localizar N. W. Sodré nesta história do pensamento marxista brasileiro, e essas duas periodizações foram mencionadas para nos apoiar nesta tarefa. Consideramos que ambas misturam, por exemplo, os lugares ocupados por Sodré e pelo outro autor que analisaremos a seguir, Caio Prado Jr.; não distinguem bem as posições e épocas de um e de outro. Eles são postos juntos, na segunda fase, nos anos 1950, na "etapa de autonomização teórica" (Moraes) e na do "materialismo funcionalista" (Mantega). Na nossa análise, percebemos que N. W. Sodré está mais para a primeira fase e Caio Prado mais para a terceira fase. Sodré é mais pioneiro do que teoricamente autônomo, e Caio Prado tende a ser materialista dialético, revisor crítico, embora seja mais materialista funcionalista. Ou melhor: Caio Prado pertenceria à segunda fase, seja ela denominada "autonomia crítica" ou "materialismo funcionalista", mas tendendo para a terceira fase. N. W. Sodré pertenceria à primeira fase, embora estivesse em seu apogeu nos anos 1950. Ele é o que há de melhor da primeira fase, de mais elaborado e argumentado, mais lúcido, e não caberia na segunda nem na terceira fases. Não se trata, aqui, de prestigiar um e desprestigiar o outro, mas de situá-los.

Consideramos também, com Moraes, que cada etapa tem a sua lógica interna particular e deve ser avaliada, para ser apreendida e conhecida, em sua historicidade. Caio Prado esteve presente nas três fases, mas tende para a segunda e terceira fases, pois foi sempre um inadaptado ao PCB. Ele foi um dos primeiros a analisar o Brasil com um marxismo já pós-pioneiro, em 1933; N. W. Sodré pertence à primeira fase, embora tenha produzido intensamente ao longo da segunda e terceira fases, sem perder a sua condição de pioneiro. Sodré e Prado são interlocutores agressivos, que confrontam análises e projetos distintos sobre e para o Brasil. Apesar de ter escrito a sua *História da burguesia brasileira* em 1964, Sodré é um intelectual típico dos anos 1920-50, quando o PCB procurava agitar as massas e se articular com os seus líderes burgueses populistas. Apesar de se ter consolidado somente nos anos 1950, com Sodré e Passos Guimarães, *o modelo da análise e revolução democrático-burguesa* foi elaborado nos anos 1920. Portanto, a análise e o projeto de Sodré correspondem aos anos 1922-64; a análise de Caio Prado corresponde à fase posterior a 1964, mesmo quando ela é anterior a 1964 — 1933-42-45 (Mantega, 1984).

O movimento comunista internacional esteve dividido entre as influências de Lênin/Stalin e Trotski — revolução nacional democrático-burguesa *versus* revolução permanente internacional. Sodré alinhou-se mais à análise de Lênin/Stalin dos países subdesenvolvidos e coloniais e Caio Prado talvez, e mais indiretamente, à análise trotskista. De um lado, a revolução nacional democrático-burguesa, antifeudal e anti-imperialista (Lênin, Stalin, PCB e Sodré); de outro, a luta do proletariado pela independência nacional e, a longo termo, pelo socialismo (Trotski, Caio Prado). Sodré alinha-se às teses da III Internacional; Caio Prado talvez às teses da IV Internacional. As relações entre Sodré e as teses da III Internacional são explícitas e diretas; as relações de Caio Prado com as teses da IV Internacional são implícitas, indiretas e hipotéticas. A partir dessas duas orientações, os marxistas brasileiros chegaram a pelo menos duas interpretações dos modos de produção no Brasil. Os herdeiros de Lênin e da III Internacional, o PCB e suas dissidências e, particularmente, N. W. Sodré identificaram relações de produção semifeudais ou pré-capitalistas na estrutura econômico-social brasileira. Os que estavam sob a influência de Trotski e da IV Internacional desconsideravam a existência de relações de produção pré-capitalistas, subordinando-as às relações capitalistas subdesenvolvidas. Os primeiros, feita essa análise, orientaram-se para uma revolução democrático-burguesa, antifeudal e anti-imperialista. Os segundos, feita a sua análise, propunham uma revolução permanente, que desembocaria no socialismo sem a etapa intermediária da revolução democrático-burguesa. Embora Caio Prado não se enquadre explícita e conscientemente nesta segunda influência, pode-se perceber no seu pensamento uma convergência com essa matriz internacional (Mantega, 1984).

N. W. Sodré, portanto, desenvolve uma análise do Brasil estreitamente ligada à análise do PCB, que estava ligado à III Internacional, ao comunismo soviético, ao marxismo stalinista. Nos anos 1950, ele elaborou de forma teórica as intuições e repetições dogmáticas do marxismo-leninismo dos militantes do PCB. Lênin, em sua análise da Rússia czarista, sustentava, já em 1905, a iminência de uma revolução democrático-burguesa, que deveria implementar transformações econômico-políticas de caráter antifeudal, preparando o terreno para o socialismo. O PCB aplicava a mesma análise à realidade brasileira. A ação a ser desenvolvida era a da revolução democrático-burguesa, pois as condições econômicas e políticas do Brasil indicavam que o socialismo só seria atingido após um período de transformações burguesas, que eliminaria os entraves feudais e quando se removeriam os obstáculos ao desenvolvimento das forças produtivas (Mantega, 1984).

Feita a revolução democrático-burguesa pela burguesia nacional associada ao proletariado e ao campesinato, o capitalismo brasileiro se desenvolveria, rompendo com a dominação feudal e abrindo às massas a participação política democrática. As condições democráticas burguesas seriam favoráveis à luta socialista. As transformações democráticas enfraqueceriam as classes dominantes feudais diante da burguesia e fortaleceriam o proletariado. A III Internacional esteve dominada pelas questões nacional e colonial. A luta era contra o imperialismo e pela integração capitalista nacional, que abriria o horizonte socialista. Apesar do risco que o proletariado correria ao apoiar a burguesia em sua revolução democrático-burguesa, risco apontado por Roy, Lênin defendia a necessidade desse apoio e colaboração. O proletariado dos países coloniais e atrasados é frágil, assim como a sua burguesia nacional.

Frágeis, unidos se fortaleceriam em bloco contra as forças feudais aliadas ao imperialismo. Não se pode queimar etapas: lutar pelo socialismo, naquele momento, era lutar pela industrialização capitalista, que representaria a autodeterminação nacional, o desenvolvimento das forças produtivas, a democracia burguesa e a melhoria das condições de vida dos trabalhadores.

Foram essas as orientações internacionais que conduziram o pensamento marxista brasileiro entre 1922-64. Segundo essa análise aplicada ao Brasil, cujo principal formulador será N. W. Sodré, a sociedade brasileira do início do século XX seria semicolonial e semifeudal, sob o domínio do latifúndio e do imperialismo, resistindo ao avanço das forças produtivas e da nação reivindicado pela burguesia brasileira e pelo povo. O caminho para o socialismo no Brasil exigiria passar primeiro pela etapa da revolução nacional e democrática, que eliminaria os restos feudais, libertaria o povo da opressão do latifúndio, expulsaria o imperialismo e fundaria uma sociedade democrática. Essas eram as bandeiras do PCB desde 1922. O Brasil estaria em transição do feudalismo ao capitalismo, dominado pelos interesses dos grandes latifundiários aliados aos imperialistas, contra os quais as forças progressistas deviam lutar. O caráter nacionalista da revolução brasileira reuniria o proletariado, os camponeses e a burguesia nacional (Mantega, 1984).

Essa interpretação do Brasil, que predominou entre 1920-64, Bresser-Pereira a denominou "nacional-burguesa". Ela veio se opor à interpretação da "vocação agrária", que dominara sem contestação até os anos 1920 e era a interpretação dos descendentes dos "descobridores do Brasil": o Brasil é essencialmente um país agrícola, cheio de riquezas naturais e cordialidade, mas tropical e mestiço, portanto, inferior. Bresser-Pereira considera perigoso reduzir essa interpretação tradicional a algumas teses, pois vários dos seus defensores foram autores inovadores e mais críticos. Mas, fundamentalmente, os "descobridores" se ufanam da sua "descoberta": o Brasil não é um país subdesenvolvido, mas rico e cheio de futuro, com uma vocação agrícola definitiva (Pereira, 1979).

Os intérpretes nacional-burgueses são radicalmente críticos e "redescobrem" o Brasil, percebendo-o agora como uma cultura dominada, heterônoma, amorfa, inautêntica, ornamental, com um complexo de inferioridade colonial. E isso porque a sociedade brasileira é dominada pelo bloco oligárquico-agrário mercantil aliado ao imperialismo, que se opõe à industrialização brasileira, buscando manter o *status quo* semicolonial, semifeudal e primário-exportador. Estes se ufanam porque querem garantir a continuidade do "mundo que o português criou". Os outros são céticos e críticos em relação a esse mundo neoportuguês, mas otimistas com relação ao mundo brasileiro que querem construir: moderno, industrial, desenvolvido, autônomo, urbano e, finalmente, socialista. A estratégia que o PCB e Sodré criaram para a construção deste mundo é que, talvez, fosse excessivamente otimista, ingênua: a liderança do bloco revolucionário seria da burguesia nacional, a burguesia industrial nascente, voltada para o mercado interno, nacionalista, progressista. Além do PCB, tais teses eram também defendidas, com variações, por outros grupos como o Iseb, ao qual Sodré também pertenceu, e a Cepal (Pereira, 1979).

No Brasil pós-1945, a história do Brasil sofrerá radicais reinterpretações em várias tendências. O tema que predominará será o da mudança, o da transição da sociedade baseada no capitalismo agrário para a sociedade baseada no capitalismo industrial. Isto é: o tema que predominará no pensamento social que enfatiza a mudança será o da "revolução brasileira", caracterizada como "burguesa" ainda. Discutem-se, então, as relações de produção no campo e nas cidades, as relações de produção e a consciência nacional, o imperialismo, as lutas de classes, as classes e o Estado. As interpretações do Brasil vigentes não correspondiam mais às condições e perspectivas criadas nos anos 1920-30-40. Após a II Guerra, a queda de Vargas, a ascensão da URSS e dos Estados Unidos, o novo Brasil urbano precisava ser reinterpretado. A visão marxista do Brasil se consolidou, então. Na visão marxista, a história brasileira é analisada em seus processos, estruturas e relações sociais. Os grandes eventos e personagens históricos da historiografia oficial são recriados à luz das formas de vida e trabalho; privilegiam-se as relações sociais que os homens estabelecem para engendrar a sua produção material, as suas contradições e lutas. A análise materialista privilegia o conceito de modo de produção (Ianni, 1989 e 1994).

Entretanto, nessa fase pioneira do marxismo, a teoria é ainda mal conhecida e mal utilizada na compreensão do Brasil. O domínio da teoria marxista por Sodré será considerado, por muitos dos seus críticos, como muito precário. Carlos Guilherme Mota refere-se ao marxismo de Sodré como dependente da importação soviética; é uma ideia do Brasil delirante, fora do lugar, que se equivocou na análise do passado brasileiro e das expectativas e propôs uma ação no presente também equivocada. Moraes, entretanto, considera o seu marxismo menos economicista do que o de Caio Prado — ele não reduzia o político ao econômico. Ao contrário, é central em seu pensamento a valorização da nação. Ele teria sido mais usado do que entendido (Mota, 1978; Moraes, 1991).

Sodré teria sido mal lido e mal interpretado pelos seus críticos? Reconsideremos as suas teses sobre o Brasil, a sua interpretação do Brasil, em busca de uma melhor compreensão de Sodré e, através de suas teses, de uma melhor compreensão do Brasil. Nosso objetivo será o de compreender Sodré como fizemos com os autores precedentes, em sua época e circunstância, para também compreendermos a visão marxista do Brasil dos anos 1950. Retomaremos algumas de suas observações e avaliações do Brasil, situando-o na história do pensamento marxista brasileiro, na conjuntura histórica em que se produziu. Uma compreensão mais crítica do seu pensamento será obtida quando confrontado com as demais interpretações marxistas do Brasil, que serão apresentadas adiante.

Os Tempos do Brasil: o Passado Colonial e a "Revolução Brasileira"

A sua *História da burguesia brasileira*, ele a inicia com uma discussão teórica — a dificuldade para se pensar o Brasil de forma original e eficaz. Ele considera que a principal dificuldade para o estudo da burguesia brasileira é conceitual. Os conceitos surgem em uma época e local determinados, têm sua própria história e são inadequados a outros tempos e lugares, outras histórias. A afirmação de que Sodré é pouco crítico no uso dos conceitos marxistas, que aplica ao Brasil os mesmos conceitos usados para a análise da história europeia, parece infundada. Afinal, ele percebe a necessidade de criação de novos conceitos para o conhecimento de realidades diferenciadas. Afirma que, enquanto não houver conceitos novos, torna-se necessário usar os antigos, ressignificados, distinguindo os usos atuais e particulares de seu emprego original.

O particular é, então, de maneira nova, rearticulado ao universal, dialeticamente.

Sodré parece começar bem, portanto, a sua *História da burguesia brasileira*: com uma discussão conceitual que procura distinguir o emprego dos conceitos marxistas em realidades diferenciadas. Seu livro, ele o vê como um esforço de interpretação que apoia o Brasil em sua revolução. É um texto que servirá à "mudança social" brasileira. Ele próprio admite que é um livro falho, insuficiente, pois *pioneiro*. Suas teses são hipóteses de trabalho, suscetíveis de revisão, e o autor se mostra o mais interessado em revê-las. Ele quer conhecer o papel da burguesia nacional na revolução brasileira — é um estudo científico e ao mesmo tempo engajado na mudança do Brasil. Propõe uma "teoria da ação burguesa". Sodré parece, quanto às declarações iniciais, invalidar as críticas que lhe foram dirigidas: ele não importa simplesmente a teoria marxista-soviética; procura adequá-la à realidade brasileira, ressignificando e adaptando os seus conceitos; não é dogmático, pois formula hipóteses de trabalho que está pronto a rever. Isso quanto às declarações de intenções iniciais.

A "descoberta do Brasil", ele a situa no contexto da transição do feudalismo ao capitalismo na Europa. As relações de produção ainda eram predominantemente feudais, embora começassem a se transformar. Era a época da "revolução comercial". A mudança era produzida pela atividade mercantil, na esfera da circulação de mercadorias a longa distância. Constituía-se o mercado mundial. Nesse contexto, a península Ibérica se destacou. Os grupos mercantis portugueses e espanhóis se associaram ao rei na expansão ultramarina. Mas Portugal e Espanha eram ainda feudais, e esses grupos mercantis não eram ainda plenamente burgueses. Nos séculos XVI e XVII, a península não tinha ainda uma burguesia predominante e ainda não era capitalista. Foi uma sociedade feudal, portanto, que descobriu o Brasil. A exploração das novas terras seria feita em proveito da classe feudal dominante. Não encontrando imediatamente metais preciosos, Portugal teve que montar um sistema de base agrária e trouxe recursos materiais e humanos de outras áreas para explorar o solo do Brasil. Os holandeses obtinham mais lucro na distribuição da produção colonial.

Mas, se o feudalismo predominava em Portugal, ele não predominará no Brasil, apesar da legislação inicial da colonização ter sido feudal.

No início da colonização predominará no Brasil um modo de produção escravista. Este será absoluto até o século XVII. A partir daí será apenas dominante. Trata-se de um escravismo específico, moderno e não clássico. Aqui, ele não foi o resultado da deterioração da comunidade primitiva indígena; não teve origem interna, mas externa. Surgiu da expansão colonial pré-capitalista, vigorando nas áreas coloniais, coexistindo com o feudalismo. Foi imposto e mantido pela violência. A produção e a exportação de produtos primários seriam impossíveis sem o tráfico negreiro. A escravidão era imprescindível para a produção de grande excedente de produtos primários para exportação. Além disso, o escravo era rentável tanto na produção quanto no comércio. A Inglaterra usou o tráfico negreiro como uma das alavancas do seu avanço capitalista. O sentido da produção colonial é o mercado externo; se este comércio se expande, a escravidão se aprofunda. Essa economia escravista colonial se caracteriza pelo desperdício, pela depredação de recursos naturais, pela destruição do trabalhador. Enquanto a circulação predomina sobre a produção, o escravismo será funcional para o capitalismo. Enquanto prevalecer o capital comercial, a escravidão continua. Deixará de existir quando o capital industrial vier a predominar.

Mas, no Brasil, o escravismo moderno não foi o único modo de produção existente, embora predominante. Houve um feudalismo no Brasil, em vastas áreas, que conviveu com o escravismo litorâneo. Tanto no Brasil colonial como no independente, relações de produção feudais conviveram e sucederam ao escravismo. Este se limitou ao litoral açucareiro, às minas, ao algodão e café, voltados para o mercado externo. Mas, nas atividades de subsistência, as relações feudais se estabeleceram: na pecuária sertaneja, na área vicentina, no Sul, na área coletora e extrativista da Amazônia. Nesses locais, desenvolveram-se atividades voltadas para o mercado interno ou só para o consumo local. Quando houve o declínio do açúcar, no Nordeste, e da mineração, em Minas, o feudalismo ocupou engenhos e minas. A pecuária oferecia ao litoral carne, couro e transporte. A existência desse comércio interno não alterava a realidade do feudalismo. O seu isolamento não é absoluto. Nesse mundo feudal brasileiro havia poucos homens, a mão de obra era em menor número, havia abundância de animais. Vivia-se em uma economia natural.

Do início da colonização até meados do século XX, essa área feudal ampliou-se. No sertão, os fazendeiros são verdadeiros senhores feudais. As relações são de dependência pessoal. O servo presta serviços ou contribui em espécie. A família é a célula social. Há questões de honra resolvidas pela vingança. Há banditismo disfarçado de religião. Os bandeirantes são como bandos medievais. A mão de obra era indígena, mais servil do que escrava. As relações feudais dominam a quase totalidade da extensão territorial colonial, cercando as áreas escravistas litorâneas. A servidão é ainda um espetáculo atual no Brasil. Ela vem de longe: ou apareceu desde o primeiro momento ou se impôs após o declínio da produção escravista. Ampliou-se e, hoje, entrava a implantação do capitalismo no Brasil. No século XVIII, quando do declínio da mineração, houve uma regressão feudal. Trata-se de regressão quanto à quantidade de riqueza produzida. Sodré insiste em que não está aplicando cegamente a teoria: na teoria marxista, a passagem ao feudalismo seria um avanço; mas, no Brasil, a teoria precisa ser ressignificada: a passagem ao feudalismo coincidiu com o declínio econômico e suas consequências — foi uma regressão.

Portanto, se a França, no século XVIII, fez a sua revolução burguesa e se juntou à Inglaterra, se as suas burguesias venceram o feudalismo, no Brasil, nessa mesma época, a revolução é feudal. A Europa sai do feudalismo e entra no capitalismo quando o Brasil chega ao feudalismo. Havia rebeldes no Brasil com propostas mais avançadas, burguesas: república, indústria, independência, liberdade comercial. Mas não havia na colônia a classe que pudesse sustentar um tal projeto, ou seja, não havia ainda a burguesia brasileira. O Estado brasileiro independente surgia e se consolidava derrotando os movimentos republicanos e industrializantes. Os senhores de terras e de escravos lutaram pela emancipação política e pela liberdade de comércio e não pela industrialização. O quadro apresentado pela economia colonial e herdado pelo Brasil independente era triste — tudo era importado e pago com produtos primários. O mercado interno e a produção para o consumo interno eram quase inexistentes. A moeda circulava de forma restrita. As possibilidades de acumulação interna eram reduzidas. Não se haviam criado as condições para a emergência da burguesia brasileira. A estrutura social do Brasil independente era a mesma da colônia. No movimento da independência, que sufocou as rebeliões com projetos mais radicais, a classe senhorial venceu; mas o Brasil pagou um alto preço. As mudanças mais radicais foram eliminadas.

No final do século XIX, com a abolição gradual do tráfico, foram introduzidos imigrantes europeus e asiáticos na cafeicultura. Esses estavam longe de ser trabalhadores livres. Eles mantiveram relações feudais típicas. Foram comprados como se compravam escravos. As relações feudais vêm substituir quase completamente as escravistas, em 1888. A imigração acelerou o processo de feudalização que a abolição completará. No Brasil, não houve uma passagem direta do escravismo ao capitalismo. E nem poderia ter ocorrido. O imigrante teria sido um assalariado se a propriedade da terra tivesse sido alterada. Após a abolição, houve um alastramento das relações feudais, baseadas na grande propriedade rural. Sobre as ruínas do escravismo, a servidão se ampliará. Sodré, aqui, justifica a crítica que lhe fazem de "etapista": comunismo primitivo, escravismo, feudalismo, capitalismo, socialismo. Não se pode ir do escravismo ao capitalismo diretamente, queimando a etapa feudal. A seu favor um "ajustamento da teoria", para aplicá-la ao Brasil, que ele insiste ter feito: a passagem do escravismo ao feudalismo, na ortodoxia, é considerada um progresso, um avanço, um salto qualitativo; no Brasil, segundo ele, esse salto foi para baixo, isto é, esta passagem representou uma "regressão econômica".

No entanto, a nosso ver, ele não deixou claro se essa regressão feudal se deu somente no século XVIII, quando as minas decaíram, quando a produção açucareira decaiu, ou se a vinda de imigrantes e a abolição do tráfico também representaram uma regressão feudal. A passagem ao feudalismo no final do século XIX, com o fim do escravismo, foi um avanço ou uma regressão? Se foi um avanço, ele retomou a ortodoxia. Justifica também a crítica que lhe fazem de "imitador do modelo importado", quando vê no sertão brasileiro um mundo quase medieval, com relações servis típicas entre senhores e servos, com bandos medievais fazendo justiça e rezando. Ele vê na realidade brasileira relações e personagens de outro lugar por tomar quase ao pé da letra uma teoria produzida para pensar aquele outro lugar. Ainda a seu favor o fato de não fazer apenas suceder o feudalismo ao escravismo — eles conviveram durante séculos. O Brasil aparece em sua análise, talvez, até mais complexo, vivendo relações de produção variadas, com lutas sociais e padrões culturais diferenciados, o Brasil do litoral e das minas e o Brasil do sertão, do Sul e da Amazônia — mundos brasileiros distintos.

Sodré expôs a sua caracterização das etapas escravista e feudal em seu livro *Formação histórica do Brasil*, de 1962. E a expôs novamente em seu artigo já mencionado, presente na obra organizada por Lapa (1980). A "revolução burguesa brasileira", que vê realizar-se sobretudo a partir de 1930 e que quer ver acelerar-se, ele a analisará em sua *História da burguesia brasileira*. Nela, procura conhecer os sujeitos do Brasil moderno, os autores da primeira grande mudança social que o Brasil conhecerá — a passagem revolucionária do feudalismo ao capitalismo. Ele vê a burguesia brasileira em sua infância, no final do século XIX. Não é uma burguesia de tipo clássico — ela não implanta o capitalismo de forma independente. É uma burguesia que surge já na fase imperialista do capitalismo, o que condiciona o seu surgimento. Sua periodização da história da burguesia brasileira: primeira etapa — na primeira metade do século XIX, a acumulação nacional não existia; segunda etapa — ela vai ser absorvida pelo imperialismo, sendo os seus capitais gerados internamente; em sua infância, a burguesia brasileira enfrentará o obstáculo da estrutura colonial de produção, o latifúndio colonial e a pressão imperialista; produzimos, mas não acumulamos; terceira etapa — nas duas últimas décadas do século XIX e primeiros 30 anos do século XX, algo de novo se passará na história do Brasil: a nova classe burguesa emergirá nessa passagem de século. O Brasil se transforma então para se adaptar ao capitalismo em sua fase imperialista. Verifica-se a luta entre o velho e o novo Brasil, entre a classe tradicional, com seus privilégios, e uma classe que, "engendrada no ventre daquela" (expressão que ele aprecia!), começa a ter um papel inovador.

Mas esse processo revolucionário será muito lento. O capitalismo não surge do fim do escravismo ou não surge sozinho. A deterioração progressiva do escravismo é acompanhada por dois processos: o da ampliação das relações feudais, que talvez fossem um avanço em relação ao passado escravista, mas um obstáculo à aceleração do outro processo que também surgia, a introdução das relações de produção capitalistas. O capitalismo surgia no final do século XIX, mas bloqueado pelas relações feudais que se ampliaram. O escravo não passou a assalariado — ele atravessou a etapa feudal, consumindo nisso pelo menos uma ou duas gerações. As relações capitalistas aparecerão ligadas à imigração, embora o imigrante também estivesse envolvido por relações feudais. As relações capitalistas que emergem nesse processo longo e tortuoso, na área cafeeira paulista, seriam mais ou menos parecidas com as do fim do medievalismo: não são puras e não se generalizam. Elas sofrerão ainda por muito tempo o peso feudal, as formas intermediárias múltiplas.

A burguesia nasce do "ventre do latifúndio" e traz as marcas da sua origem. Após a República, a indústria não foi protegida e foi até perseguida. A indústria nacional foi liquidada, paradoxalmente, em defesa do consumidor brasileiro. Argumentava-se que ela não poderia ser uma indústria artificial, que não deveria ser estimulada e protegida, mas mantida em um ritmo natural. A indústria brasileira avançou durante as primeiras décadas do século XX em um ambiente anti-industrialista, enfrentando todo tipo de obstáculo. A I Guerra acelerou esse avanço — o imperialismo se afastou. Mas, após a guerra, ele voltou a nos dominar. A burguesia brasileira, fortalecida durante a guerra, resistiu. Ela passa a lutar pelo poder. O Brasil vivia, então, em um ritmo de "roda quadrada" — movia-se por lances bruscos, que abalam a estrutura da sociedade. Ora exportava bem, ora estava em crise. Na hora da crise, a importação era dificultada, e a indústria nacional crescia. Por um lado, a indústria foi financiada pela transferência da renda agrícola e, por outro, pelo arrocho salarial. Tradicionalmente se interpreta a industrialização brasileira como promovida pelas guerras e pelas crises de exportação. Isto é verdade, em parte. Mas é um erro supor que as transformações profundas são suscetíveis de reversão. Depois da guerra e da crise, o Brasil não retornou ao seu quadro anterior, o que fez com que a industrialização não fosse ocasional, mas um processo contínuo e complexo. A guerra e a crise a impulsionavam, mas não eram a sua causa. Passadas ambas, ela continuou até mais forte pela ausência mesma daqueles fatores de impulso.

Em sua infância, da burguesia, dois personagens se destacam: o fazendeiro de café, que deixou de ser senhor para ser empresário, e o imigrante. Os imigrantes serão mais agressivos, pois não têm nenhum compromisso com o passado. Após a I Guerra, a burguesia brasileira teve um impulso significativo e manteve a sua ascensão. Abriu-se uma fase de intensa luta política. A indústria artificial enfrentaria os seus adversários da "vocação agrícola". A mudança se aprofundava, embora a sociedade brasileira não se desse conta de que mudava. A sociedade acreditava somente na economia de exportação, estava habituada a descrer do que era nacional, a subestimar tudo o que lhe pertencia e a ela própria, excluída e desprestigiada pelas elites. Desde que a economia de mercado começou a preponderar, a burguesia brasileira passou a lutar pelo poder e a forçar a mudança. O Estado republicano estava em descompasso com as relações de produção e as forças produtivas dominantes. O Estado estava dominado pelo latifúndio e precisava ser alterado. Em 1929, a consciência da necessidade de reformas chegou à concretização. A revolução de 1930 foi um episódio marcante da ascensão burguesa no Brasil e teve este sentido: adaptar o aparelho de Estado obsoleto às necessidades da expansão burguesa. As agitações dos anos 1920 revelavam essas necessidades, que 1929 tornará definitivas. Os militares foram a vanguarda da burguesia brasileira. Eram de origem pequeno-burguesa e foram a alavanca que a burguesia usou para alterar a ordem vigente. A revolução de 1930 representou a necessidade de derrotar o latifúndio. A crise de 1929 enfraqueceu a economia exportadora e acelerou esse processo.

  Entretanto, após um rompimento rápido com o latifúndio, a burguesia brasileira tendeu a compor-se com ele para controlar a agitação que se aproveitava da situação de crise. Após a luta, burgueses e latifundiários fizeram uma aliança que garantiu a ordem tradicional. Mas o latifúndio fora golpeado, e a burguesia ascendeu com vigor. Pós-1930, houve um surto industrial significativo e um crescimento do mercado interno. As relações de produção capitalistas avançaram. Junto com a burguesia, ascendeu o proletariado. A burguesia se afastou, então, das classes que a apoiaram no desalojamento das velhas oligarquias, traindo as classes e camadas que a apoiaram em sua ascensão. A revolução burguesa foi amputada e frustrada. A burguesia brasileira cresceu aceleradamente entre 1930 e 1945 — o mercado interno predominou sobre a exportação.

  Pós-1945, o imperialismo retornou para nos drenar, mudando a sua forma de ação. Ele se implantou no mercado interno então constituído. Não havia mais oposição à "indústria artificial" em favor da lavoura. O imperialismo apoiou a indústria brasileira, nela investindo. Ao vir para o interior, o imperialismo se chocava com a burguesia nacional. Viverão uma contradição aguda em sua luta pelo mercado interno. O imperialismo teve o apoio do latifúndio semiderrotado, que queria limitar o poder da burguesia brasileira. A burguesia brasileira não podia lutar sozinha contra a associação imperialismo/latifúndio. Ela precisava do apoio das forças populares. Aquela associação, as forças do atraso levaram Getúlio Vargas ao suicídio. Os seus sucessores serão os representantes dos adversários da burguesia brasileira, que defendia o desenvolvimento com democracia. Para lutar contra "as forças da reação e do atraso", a burguesia necessitava de base política — da pequena burguesia, dos trabalhadores urbanos e dos camponeses. A inquietação se alastrou por todos os níveis da vida nacional. Nos anos 1950, a burguesia brasileira estava escolhendo o seu destino.

Até aqui, Sodré pretendeu fazer uma análise histórica, profunda, do Brasil: ele olhou do presente para o passado. Discutiu o contexto europeu da descoberta do Brasil, os modos de produção que teriam predominado e convivido no Brasil colonial e independente, o surgimento e ascensão da burguesia industrial, as relações entre esta e o latifúndio, o imperialismo e as classes que sustentaram o seu avanço. Descreveu um processo tortuoso, lento, mas sempre em mudança: ora o escravismo declina e o feudalismo se instala, ora o feudalismo se amplia e bloqueia as relações de produção capitalistas que surgem. Os três modos de produção se entrecruzam em épocas distintas, com forças diferenciadas, dependendo do local e da época. Sob o domínio do escravismo e do feudalismo, durante quase toda a sua existência, o Brasil viveu em um "tempo imóvel", apesar de ser complexo e mutante. "Imóvel" porque o tempo do escravismo e do feudalismo foi indiferente à novidade, à aceleração — viveu-se isolado, distante, sem pressa, cotidianamente, repetitivamente. Viveu-se em um tempo ritmado pela natureza e pelas festas religiosas. Se houve mudança, ela não foi produzida pelos sujeitos históricos brasileiros — o engenho declinou, as minas declinaram, e soluções foram oferecidas no limite da sobrevivência. A mudança ocorre mais como uma infelicidade, como uma crise incontrolável que desarranjou um mundo já muito mal estruturado, que reagiu lentamente, confusamente, sobrevivendo com dificuldade.

A partir de então, Sodré olhou do presente para o futuro e, com raro otimismo, viu a burguesia brasileira como o sujeito histórico que lideraria o proletariado, o campesinato e a pequena burguesia na implantação de um tempo mais ágil, mais aberto ao novo, mais insatisfeito e intransigente: o tempo capitalista. Sodré ofereceu à burguesia brasileira, a partir do PCB, um programa de ação. Ele via a burguesia nacional presa em uma necessidade/armadilha histórica: se as condições que a sua análise revela são a do seu confronto com o imperialismo-latifúndio, ela teria necessariamente de procurar o apoio do proletariado e do campesinato. Só agindo assim ela desempenharia o seu papel histórico; do contrário, ela fracassaria em sua revolução. A burguesia nacional deveria assumir necessariamente uma posição antifeudal e anti-imperialista. No entanto, Moraes tem razão em nos alertar para o fato de que Sodré não confiava assim tão cega e ingenuamente na burguesia e que explicitou em diversas passagens as dúvidas quanto à sua firmeza revolucionária: a burguesia procura se associar ao mais forte, sempre, e este, quase sempre, é o imperialismo (Moraes, 1991).

Tendo surgido "do ventre" do latifúndio, sustenta Sodré, a burguesia brasileira passou por duas fases em relação a ele: na primeira, coexistiu, quando o desenvolvimento das relações capitalistas era compatível com o seu predomínio; depois, opôs-se, quando esse predomínio não era mais compatível com o desenvolvimento capitalista. Nos anos 1950, ela estava na segunda etapa. O Brasil já era praticamente burguês e tinha que conviver com o obstáculo do latifúndio. A burguesia já dominava o Estado, mas ainda não conseguira eliminar o latifúndio. E se não podia fazê-lo era porque ele tinha uma força poderosa a sustentá-lo: o imperialismo. Ao imperialismo interessava manter o Brasil no feudalismo. O passado feudal estava incrustado no presente capitalista, e este, para desenvolver-se sem peias, deveria eliminá-lo. Se a burguesia brasileira quisesse livrar-se desse passado, ela não tinha outra saída senão aliar-se ao proletariado e ao campesinato. E ela quer esta aliança. As três classes desejam romper com o passado feudal, e a aliança é possível; mas os meios e projetos de cada uma nesta ação são muito diferentes e até opostos.

As três classes revolucionárias estariam de acordo: o latifúndio é o principal obstáculo ao desenvolvimento, pois garante a sobrevivência das relações feudais, mantém a produção agrícola voltada para o mercado externo, usa o Estado para fins particulares. O latifúndio desestimula o mercado interno, obriga o Estado a comprar a sua sempre superprodução, as supersafras que obrigam à socialização das perdas, endivida-se com o imperialismo, que se torna mais rico e poderoso com a distribuição de produtos brasileiros. O latifúndio já se tornara um fardo, e o Estado e o povo sustentavam um peso morto. Além disso, monopoliza a terra, não paga salários, não consome produtos industrializados nacionais, usa uma tecnologia ultrapassada, não produz suficientes alimentos para baixar os salários, não abastece as cidades, manipula a moeda, desvalorizando-a para favorecer as exportações. A burguesia tem interesse em transformar seus servos em proletários, em levar ao campo as relações de produção capitalistas. Mas ela não poderá fazê-lo sozinha. E teme os seus possíveis aliados. A reforma agrária radical que camponeses e proletários propõem parece-lhe muito socialista. Neste caso, o enfraquecimento do latifúndio seria pior, pois ela ficaria em face dos socialistas.

A burguesia vive um impasse: ou convive com o latifúndio, concedendo ao passado, e se livra da ameaça socialista, ou prefere enfrentar esta ameaça, abre-se ao futuro, e se livra do latifúndio. Sodré concluiu, talvez apressadamente, que a burguesia tinha menos medo do proletariado do que do latifúndio. Depois se viu que era o contrário: a burguesia age racionalmente e não moralmente — a presença do latifúndio não é incompatível com a sua ascensão, enquanto a vitória do proletariado-campesinato significaria o seu fim. Quanto ao imperialismo, interessa-lhe a aliança com o latifúndio pois, limitado à produção de produtos primários, constitui um importante mercado de produtos industrializados e de luxo. Nas trocas desiguais entre países exportadores primários e industrializados, os monopólios americanos retiram da América Latina bilhões de dólares em lucros. O predomínio interno do latifúndio interessa, portanto, ao imperialismo.

A solução para esse estado de coisas — o passado entravando por dentro e o presente oprimindo de fora — seria o desenvolvimento industrial interno, autônomo. Nos anos 1950, a burguesia brasileira era o sujeito do desenvolvimento brasileiro. Ela enfrentava latifundiários e imperialistas, produzindo transformações capitalistas importantes. Ela vencia relativamente: o mercado interno já predominava. Diante dessa circunstância, o imperialismo se adaptava e revia a sua aliança com o latifúndio. O presente que oprimia de fora viria oprimir aqui dentro. Instalado no mercado interno, o imperialismo passou também a defender reformas burguesas. A burguesia ora cedia, ora resistia a ele. Ora queria que o capital estrangeiro participasse do desenvolvimento capitalista brasileiro como associado, ora não queria. As burguesias brasileiras se dividiram: a mercantil queria a associação; a industrial era nacionalista e anti-imperialista. Elas consideram que o investimento estrangeiro no mercado interno tem como contrapartida uma enorme remessa de lucros. É um volume significativo de capital que abandona o Brasil para financiar a expansão capitalista pelo mundo, ao invés de promover o desenvolvimento industrial interno. A burguesia industrial disputa o mercado interno com o imperialismo e, por ser mais frágil, é obrigada a conceder. Diante dessa tensão com o imperialismo, a burguesia industrial deseja a "autonomia nacional" — ela quer preservar para ela o mercado interno que construiu ao longo do século XX.

Em sua luta pelo controle exclusivo do mercado interno, a burguesia se dirige ao proletariado e ao campesinato com um discurso nacionalista. Ela agita as bandeiras da independência autêntica com o desenvolvimento pleno das forças produtivas e com democracia. Ao proletariado interessaria suspender a sua contradição específica com a burguesia para apoiá-la em sua revolução democrático-burguesa, que levaria finalmente ao socialismo. O projeto burguês inclui propostas que interessam ao proletariado, como a reforma agrária, por exemplo. A reforma agrária levaria as relações capitalistas ao campo, racionalizaria a produção, com tecnologia avançada, que ofereceria maior produtividade e mais lucro, abastecendo as cidades e baixando os salários, isto é, aumentando a acumulação. Interessa ao proletariado e ao campesinato o direito burguês, a igualdade perante a lei, que pode, pelo menos, ser alegada como um direito diante de um juiz; interessa a democracia representativa, a participação no Congresso Nacional, a eleição do presidente da República, governadores, prefeitos, deputados e vereadores. Ao povo brasileiro interessa a democracia burguesa e o desenvolvimento das forças produtivas que a burguesia pode produzir. O proletariado e o campesinato se agitam, são agitados pelo PCB e outros líderes locais contra o latifúndio e o imperialismo e pela burguesia nacional na luta pela autonomia nacional. Sob a liderança da burguesia, mas também instrumentalizando-a, o PCB sonha com a emancipação e a autonomia nacional e com o socialismo. Esse sonho vai se tornar um pesadelo em 1964. A burguesia nacional fará o inverso da orientação que lhe dava o PCB, Sodré na frente e primeiro: ela optará pela aliança com o latifúndio e com o imperialismo, seus adversários teóricos, e reprimirá violentamente proletários e camponeses, seus aliados teóricos.

N. W. Sodré e os seus Críticos

Essa teoria da revolução democrático-burguesa foi um delírio das esquerdas, entre 1922 e 1964, uma teoria-ficção do Brasil, ou foi uma teoria correta que tão somente foi superada pela história, surpreendida por "fatos novos", mas que se referia, durante aqueles anos, à realidade brasileira? Toda teoria histórica é datada, mas em sua data é uma ideia adequada ao lugar. É este o caso da análise marxista de N. W. Sodré/ PCB do Brasil?

Os analistas de Sodré se dividem quanto a esta questão. Para Mantega, a tese feudal e a sua consequência política, a revolução democrático-burguesa, era inadequada à realidade brasileira e falava de um outro lugar. Sodré representaria um marxismo equivocado quando aplicado ao Brasil. Na verdade, o latifúndio e o imperialismo não eram obstáculos ao desenvolvimento capitalista do Brasil. O crescimento burguês não estava limitado pela existência de "forças retrógradas". Nunca houve, de fato, uma burguesia brasileira nacionalista, mas um capitalismo dependente e associado. A tese feudal não se encaixa à realidade brasileira. As relações não eram servis, mas livres, contratuais, não compulsórias, mesmo no colonato e na parceria. Não havia dependência pessoal, mas coerção econômica. Além disso, a produção não era para o consumo interno, a economia não era fechada, autossuficiente, natural, mas aberta ao mercado externo. Portanto, o feudalismo, entendido ou como predomínio das relações de produção servis, ou como o predomínio da economia natural, não era adequado à realidade brasileira (Mantega, 1984).

Além da tese feudal não se encaixar, outras três teses relacionadas ao projeto burguês para o Brasil também não se encaixam, afirma Mantega. Em primeiro lugar, a burguesia não precisa da reforma agrária para aumentar a produção de alimentos, baratear salários e aumentar o investimento na produção industrial voltada para o mercado interno. Este dependeria do avanço da industrialização mesma, e não da reestruturação da agricultura. Só o investimento em indústria geraria mais empregos e pagaria mais salários. E os empresários não esperam que os salários sejam os responsáveis pelo consumo. Eles sempre defenderam salários mínimos, o que significa que não são tão relevantes para o mercado interno. Logo, a burguesia brasileira não era aliada nem dos camponeses, com a reforma agrária, nem do proletariado, com o aumento da oferta de empregos e salários. Em segundo lugar, a burguesia brasileira não é nacionalista e anti-imperialista. O capital estrangeiro que entrava na produção era bem-vindo. Há uma certa tensão na divisão do mercado interno; mas, nacionalista, a burguesia jamais foi. Se é para implantar o capitalismo, o capital estrangeiro é indispensável. Nos anos 1950, o desenvolvimento capitalista foi dependente e associado. O interesse de classe é anterior ao interesse nacional. Finalmente, a burguesia não tem vocação democrática — ela teme demagogos e populistas, agitadores das massas urbanas e rurais. O golpe de 1964 foi o resultado da sua ação, associada à dos militares, dos latifundiários e do imperialismo. Sodré e o PCB cometeram, finalmente, o erro teórico e político maior: ao invés de combater o capitalismo e a burguesia, apoiaram a burguesia e o capitalismo! (Mantega, 1984).

F. H. Cardoso, fazendo também uma história da burguesia brasileira, e na mesma época em que Sodré publicou a sua, em 1964, chegou a conclusões bem diferentes das de Sodré. Para ele, não se pode falar da burguesia brasileira como uma classe homogênea e combativa, com um projeto político claro e com líderes eficientes. Pelo contrário, a burguesia industrial se constituíra como classe muito rapidamente e é muito recente. A origem não industrial dos empresários brasileiros faz com que tenham uma precária consciência de classe, e sua ação em defesa dos próprios interesses é pouco racional. As origens burguesas são os imigrantes e segmentos senhoriais. É uma classe heterogênea, que não reage como grupo aos problemas que enfrenta. É uma classe desintegrada, frágil na ação, que despreza a ação política e as associações de classe. É limitada na proposição de políticas agressivas de desenvolvimento que aumentem a sua participação econômica e política. Acomoda-se à dominação tradicional: adapta-se ao clientelismo, reivindica favores e privilégios. Há de fato duas burguesias, embora não seja uma divisão muito nítida: uma, associada ao capital internacional, que quer participar da prosperidade ocidental como sócio menor, e outra nacionalista, que defende a proteção ao mercado interno e a exclusividade da sua exploração pelos industriais brasileiros. Os nacionalistas tendem ao fechamento do mercado interno. F. H. Cardoso despreza a burguesia nacionalista, que Sodré exalta. Para ele, esta representa uma consciência empresarial menos complexa e desenvolvida, tem poucos capitais e não tem o apoio dos capitais internacionais. Mas a tendência que ele nota é também totalmente diferente da observada por Sodré: o crescimento industrial forçará esta burguesia nacionalista a se associar ao capital internacional e a esquecer o seu nacionalismo. Cada vez mais as diferenças ideológicas entre industriais se apagam em nome da condição comum de capitalistas (Cardoso, 1964).

Ciro Cardoso rejeita também a tese feudal para o Brasil colonial e independente. Marx não fez uma teoria dos modos de produção coloniais; fez somente referências à escravidão do sul dos EUA, fornecendo elementos para uma teoria do "modo de produção escravista colonial", quer dizer, de um modo de produção específico, diferenciado dos cinco modos de produção do esquema unilinear ortodoxo. As sociedades americanas são singulares, não foram tratadas pelos clássicos do marxismo e não se enquadraram nos modelos clássicos. A tentativa de aplicar ortodoxamente a teoria levou a exageros e confusões teóricas. Quando se constatam diferenças com o modelo acrescentam-se prefixos — semi, neo, quase, parafeudalismo! — que se acredita revelarem a singularidade histórica analisada. Mas, na verdade, tais prefixos não esclarecem nada, só revelam confusão teórica, constata C. Cardoso. Portanto, quando se trata das sociedades americanas coloniais, o historiador deverá criar modelos e conceitos adequados a tais realidades particulares e não simplesmente repetir confusamente a teoria clássica. Assim, nem a tese feudal e nem a tese capitalista são adequadas para o conhecimento da realidade específica da América Latina. A tese capitalista é circulacionista e nada tem a ver com o marxismo. C. Cardoso propõe que se crie um modelo ou modelos de "modos de produção dependentes". Há vários modos de produção dependentes. O modelo adequado ao Brasil, Antilhas e sul dos EUA seria o "modo de produção escravista colonial". Os modos de produção coloniais são os que surgiram na América quando da colonização europeia, sobreviveram à independência e se mantiveram até a implantação do modo de produção capitalista. Os modos de produção não podem ser definidos independentemente da consideração histórica das formações sociais. A América viveu várias histórias, apesar de todas serem coloniais e dependentes. Será preciso discernir em cada sociedade latino-americana o seu modo de produção específico, adequado à sua história colonial, observá-la em sua estruturação interna, singular, e não aplicar modelos estranhos a ela sob o pretexto de estar sendo fiel à teoria (C. Cardoso, 1975).

Portanto, Mantega, F. H. Cardoso e Ciro Cardoso, autores marxistas posteriores aos anos 1960, rejeitam a tese feudal para o Brasil e invalidam a análise de Sodré, tanto a sua análise histórica do passado brasileiro quanto a sua proposta revolucionária. Entretanto, até 1950, quando esse debate sobre a estrutura agrária brasileira era mais histórico do que político, a tese feudal era predominante. Segundo Topalov, a caracterização do mundo agrário brasileiro como feudal desde o começo da colonização prevaleceu entre os historiadores brasileiros, sem contestação até 1937. Nessa data, Roberto Simonsen foi o primeiro a questioná-la, embora ainda a considerasse válida.[8]

Para Oliveira Vianna, por exemplo, escrevendo em 1923, o povo brasileiro foi desde os primeiros dias coloniais um povo de agricultores e pastores, essencialmente rural. O espírito comercial dos portugueses obscureceu-se, aqui. Eles eram fidalgos arruinados, que tiveram que se transformar em agricultores. Na grande propriedade colonial se desenvolveu uma sociedade feudal à imagem da sociedade portuguesa: Vianna se fundamenta no clã fazendeiro, que reúne em torno do senhor de engenho a plebe colonial, os rendeiros ligados a este pelo laço feudal do contrato de locação. Outros autores dão ênfase aos instrumentos jurídicos da concessão outorgada pela Coroa portuguesa aos donatários. A capitania não era concedida como uma plantação a ser explorada, mas como uma província a ser governada. A sociedade que se criou era agrícola, dominada pelos nobres de espírito guerreiro, independente do poder estatal: era uma sociedade feudal.

Em 1937, Simonsen rompeu com essa interpretação unânime ao afirmar que, à época do descobrimento, Portugal já não vivia em regime feudal: o rei já era capitalista, e seus vassalos vieram ao Novo Mundo em busca de riquezas. Os poderes a eles cedidos visavam à obtenção de lucro. Só a forma jurídica da concessão assemelhou-se às instituições feudais. Seu conteúdo, entretanto, era exclusivamente capitalista. Os donatários comportavam-se como capitalistas, investiam visando ao lucro. Esta tese de Simonsen abalou as concepções feudais estabelecidas e encontrou adversários e partidários. Nestor Duarte reafirmou e renovou a argumentação feudalista: no Brasil ainda havia a fusão do poder com a propriedade da terra, com a família. O poder no Brasil é privado, familiar, patriarcal, e sua origem remonta às capitanias hereditárias. Duarte acrescenta algo novo ao debate: a caracterização do Brasil como feudal tem consequências práticas, políticas. É esse feudalismo que, segundo ele, impede a reforma do Estado, dificulta a centralização do poder e a estabilidade institucional, pois o poder no Brasil não é público, mas privado.[9]

---

[8] Apud Topalov, s.d.
[9] Ibid.

A tese feudal sobre a realidade brasileira, até os anos 1950, portanto, reunia os marxistas do PCB e vários intelectuais brasileiros de várias tendências. A diferença entre marxistas e outros intelectuais é que estes privilegiavam a análise histórica do passado feudal e aqueles privilegiavam os aspectos políticos, as consequências práticas daquela análise. A partir dos anos 1930, a discussão histórica tornou-se mais marxista, mais política. A realidade brasileira foi percebida, então, em seu subdesenvolvimento e atraso. Toda análise histórica passou a ter como fim a transformação mais eficaz dessa realidade "atrasada". É mais adequada a esta realidade a análise que propõe mudanças mais radicais. A tese feudal, para Alberto Passos Guimarães, é mais adequada porque mais revolucionária. Se o Brasil fosse capitalista desde a origem, nenhuma reforma profunda da estrutura agrária seria necessária. Se o Brasil fosse capitalista, a estratégia que decorreria dessa tese seria meramente "evolucionista!": a agricultura teria necessidade de mecanização e crédito, e não de reformas fundamentais. Essa era uma tese reacionária! A tese feudal tem consequências revolucionárias: impõe a reforma agrária, propõe a luta contra os senhores feudais e seus latifúndios improdutivos.[10]

Enfim, até os anos 1950, a tese feudal era preponderante entre marxistas e outros. Nos anos 1950, o debate histórico se politizou. Aparece então o clássico impasse do conhecimento histórico: as consequências práticas, presentes e futuras, tornam mais lúcidas as análises do passado, a "verdade histórica é necessariamente revolucionária"? A análise histórica que serve diretamente à intervenção política é mais legítima, mais bem elaborada, mais estruturada? Ou estaria comprometida em seu rigor pelo maior relativismo, pelo subjetivismo, pelo partidarismo? Não seria necessário distinguir — não queremos dizer separar — análise histórica e estratégia de intervenção política? A intervenção política presente-futura não se autolegitimaria retrospectivamente em uma análise pseudo-histórica?

O fato é que a discussão histórica perdeu a serenidade, a sobriedade da análise conceitual na passagem dos anos 1950 aos 1960. O PCB e os seus intelectuais, principais responsáveis pela tese feudal e suas consequências políticas, terão de enfrentar uma outra análise do passado brasileiro com suas consequências políticas, elaborada nos anos 1960 por Caio

---

[10] Apud Topalov, s.d.

Prado Jr. O tom da discussão é alto, as vozes do debate são mais vigorosas do que rigorosas, gritam mais e analisam menos. Ou melhor: analisam aos gritos! A legitimidade dessa discussão política é incontestável, e ela se faz assim mesmo, vivamente. Esse era o tom adequado à história brasileira dos anos 1950-60, décadas de sonhos e derrotas. Mas a legitimidade da análise histórica feita com tanta paixão é discutível. PCB/Sodré e Caio Prado discutirão a história do Brasil dominados pela paixão (Prado Jr., 1966). Entre eles, separando-os teoricamente e unindo-os na paixão, a derrota de 1964. Os historiadores marxistas posteriores, tão apaixonados quanto eles, porém mais distanciados do sonho e do pesadelo, saberão distinguir a esfera da análise. O "marxismo universitário", sobretudo na USP, foi um instrumento de análise do Brasil de um valor inestimável. Para Bornheim, a partir dos anos 1960 os pesquisadores marxistas brasileiros foram os que melhor aplicaram as categorias de uma teoria europeia à realidade brasileira. A escola sociológica da USP foi um centro de discussão marxista da realidade brasileira importante. Um grupo interdisciplinar, pioneiro, de intelectuais independentes do PCB, constituído por pesquisadores e professores universitários — F. Fernandes, F. H. Cardoso, J. A. Giannotti, O. Ianni, P. Singer, F. Novaes, F. Weffort e outros —, leram Marx e *O capital* de forma mais teórica e menos imediatista. Depois, nos anos 1970-80, Ciro Cardoso, R. Schwarz, M. Löwy, C. N. Coutinho, L. W. Vianna, P. S. Pinheiro, L. Konder e até J. Gorender seguirão essa linha mais teórica, de uma análise histórica temperada pela paixão, mas diferenciada dela, não dominada por ela (Bornheim, 1978).

Essa paixão expressava um vivo desejo de mudança, imediata, profunda e acelerada. A "revolução brasileira" não poderia mais ser lenta e tortuosa e nem se submeter a longas etapas. Havia o sentimento geral de mudança urgente! Nos anos 1950-60, os marxistas sonhavam suprimir a continuidade do tempo histórico brasileiro e reduzi-lo à mudança. Por isso, fizeram uma análise histórica apressada, imediatista, sem muito cuidado conceitual. Os autores marxistas posteriores, sempre interessados na mudança, saberão entretanto perceber, mesmo a contragosto, a continuidade que domina a história brasileira e realizarão uma articulação de continuidade e mudança, produzindo uma análise histórica mais consistente, menos imediatista e idílica, mais adequada e apropriada à realidade brasileira.

ANOS 1960: CAIO PRADO JR.
A reconstrução crítica do "sonho de emancipação e autonomia nacional"

Caio Prado Jr., Aristocrata e Socialista

Caio Prado Jr. nasceu em São Paulo em 1907, data da publicação de *Capítulos de história colonial*, de Capistrano de Abreu. Esta percepção da coincidência entre o nascimento de um autor que será marcante e a data da publicação de um clássico, ao qual ele dará prosseguimento, revela a sensibilidade historiográfica de F. Iglésias. Para este, *Formação do Brasil contemporâneo* fez com que *Capítulos de história colonial* ficasse em segundo plano, por menor e menos abrangente, embora seja também uma das obras-primas da historiografia brasileira. Após 1930, Caio Prado vai se tornar o mais influente historiador brasileiro, tomando o lugar de Capistrano de Abreu, que fora o mais influente no período anterior a 1930 (Iglésias, 1982). Caio Prado pegou o bastão das mãos de Capistrano e prosseguiu, revigorando-a e acelerando-a, a prova olímpica, histórica e política do redescobrimento do Brasil.

A sua formação superior foi em direito e geografia. A trajetória da sua vida dominará a sua obra. Ele é de origem aristocrática; saiu de uma família cafeicultora paulista para se tornar o intelectual orgânico do movimento operário brasileiro! Sua vida é marcada pela ruptura de classe. Ao se tornar um intelectual ligado à revolução socialista brasileira, Caio Prado não fez uma pequena travessia, como se ele fosse apenas um pequeno burguês. Não é filho da classe média proletarizada. Sua mudança na percepção da história do Brasil foi uma mutação, afirma Novais (Novais, 1986). Aristocrata, passou a lutar por igualdade e liberdade além dos limites do liberalismo, além do mundo burguês. É um dos intelectuais de origem burguesa que forçaram os limites da consciência possível e produziram obras significativas (Goldmman) ou orgânicas (Gramsci), ao serem um contraponto ao intelectual tradicional (Coutinho, 1990). Caio Prado saiu da alta tradição, do passado colonial, para a revolução socialista, para o futuro: eis a dimensão do seu salto, que até sugere a impressão de um "suicídio simbólico", tamanha a altura ou distância da mudança de posição.

Era ao mesmo tempo empresário, intelectual do proletariado e político. Como intelectual, foi pluridisciplinar: historiador, economista, geógrafo, filósofo. Sua obra se iniciou em 1933 com *Evolução política do Brasil*, prosseguiu com as publicações de *Formação do Brasil contemporâneo* (1942), *História econômica do Brasil* (1945) e *A revolução brasileira* (1966). Estes quatro livros constituem o esteio da sua obra histórica. Escreveu ainda várias obras filosóficas, ligadas à teoria marxista, que repercutiram muito pouco. São ignoradas pelos intelectuais brasileiros, até mesmo marxistas. Na *Revista Brasiliense*, fundada por ele, escreveu numerosos artigos históricos e políticos, que estimularam o debate sobre a estrutura agrária brasileira e a sua mudança, nos anos 1950. Nos anos 1960, a *Revista Brasiliense* fechada pelo golpe militar, com a obra *A revolução brasileira*, Caio Prado publicou uma síntese da sua visão do passado brasileiro e refletiu sobre a ação que deveria ser realizada para a sua transformação. É a esta obra que daremos atenção especial aqui, pelo esforço de síntese que ela representou e pelo caloroso debate que ela manteve com o PCB e com Sodré, enfim, com o marxismo brasileiro dos anos 1922-50, sobre a análise mais adequada à realidade brasileira e à sua mudança revolucionária.

É uma obra que marcará profundamente o pensamento revolucionário brasileiro pós-1964. Caio Prado foi um intelectual militante. Sua obra servia à luta de classes no Brasil. Ele esteve envolvido, como político, com o Partido Democrático e com as revoluções de 1930-32 e, em 1931, aderiu ao PCB. Sua vida se dividiu entre a pesquisa histórica e filosófica e o combate político. Mas não se trata de uma divisão que separe as duas atividades, embora uma atividade não apague a diferença da outra. Como intelectual marxista, a luta política não o cegou nem impediu o seu esforço de análise (Iglésias, 1982). Sua produção teórica é mais marxiana do que marxista-leninista. No PCB sempre foi heterodoxo. Seu pensamento continuou dialético: ele lida com fatos em termos de relações, processos e estruturas, localiza e explica desigualdades, diversidades, contradições sociais. Militou fora e dentro do PCB, na opinião pública, na universidade, na editora, em revistas. Viajou pelo Brasil, conheceu as regiões, as classes, o campo, as derrotas e vitórias dos excluídos. Observava, nessas viagens, o caleidoscópio dos múltiplos tempos do Brasil.[11] Em 1933, quando as lutas sociais desafiavam o pensamento, ele inaugurou uma corrente de interpretação marxista do Brasil diferente e original, descentrada do PCB. A história social brasileira apareceu sob uma nova perspectiva até ali desconhecida. A partir de então, inaugurou um estilo de pensar a realidade brasileira, uma perspectiva crítica, que discute as relações entre o passado e o presente e examina as possibilidades de mudanças no futuro (Ianni, 1989 e 1994).

A militância política o levou à história do Brasil. Sempre viajou pelo Brasil e pelo mundo e recomendava aos brasileiros que viajassem pelo Brasil e se dessem conta do seu país. Era apaixonado pelo Brasil e pelo seu povo, por isso rompeu com a sua classe e passou a defender este povo em uma luta socialista radicalmente democrática (Iglésias, 1982). Sua "redescoberta do Brasil" foi mais radical do que a de G. Freyre e a de S. B. de Holanda, nos anos 1930. Para os historiadores brasileiros, sua importância tornou-se tão considerável que há em torno dele algo mais do que respeito intelectual, mas alguma idolatria, alguma paixão, que talvez ele próprio recusasse. Alguns se embaraçam emocionalmente ao abordar os seus textos, o que dificulta a análise; outros reivindicam maior proximidade e associação com o seu nome, para ficar sob o seu manto sagrado (Novais, 1986). É como se ele fosse meio intocável, protegido de uma análise mais contundente. Representaria o *bem*, ao lado de S. B. de Holanda, contra o *mal*, representado por G. Freyre, na análise comparativa feita sobretudo pelos historiadores paulistas (Santos, 1993). Entretanto, alguns tentam quebrar este fascínio que ele exerce, esse domínio intelectual autoritário que mais lhe foi atribuído do que por ele reivindicado. Pode-se falar de Caio Prado Jr.? Na verdade, os que ousam criticar as suas hipóteses sobre o Brasil o tornam mais relevante, mais importante cognitivamente, do que os que simplesmente se embaraçam e se calam diante de seus textos e nome.

---

[11] Cf. D'Incao, 1989; Ianni, 1994.

Entretanto, esse fascínio não é sem razão. Sua obra se insere na tradição da redescoberta do Brasil, que nele se aprofunda e se consolida. Usando o materialismo histórico de forma, senão pioneira, inovadora, ele pôde ver o futuro do Brasil de forma mais consistente e otimista. Até os anos 1930, via-se o Brasil com desconfiança e ceticismo, pois não se acreditava na capacidade do "povo mestiço", das "classes sociais oprimidas e excluídas" para construir um futuro de sucesso. Caio Prado foi um dos primeiros a acreditar, a confiar na eficácia histórica do povo brasileiro. Para ele, as elites não fazem a história do Brasil sozinhas. O sujeito da história do Brasil não são as elites isoladas, mas as classes sociais em luta. Mesmo que as elites dominem quase absolutamente, elas não existem sozinhas no cenário brasileiro. Ao seu lado, e sustentando a sua condição de elites — elites em relação a quem? —, existe a grande massa da população brasileira. "Redescobrir o Brasil" significa ver nesta sua face oculta, neste seu outro lado, o verdadeiro Brasil. Este outro lado deverá ser integrado, valorizado e recuperado, pois nele estão os construtores da sociedade brasileira presente/futura.

Caio Prado, adotando este ponto de vista, não se limitará a fazer uma história político-administrativa — não ficará na superfície dos acontecimentos de mais destaque. Procurará atrás dos eventos visíveis, das ações produzidas pelos heróis brasileiros, o seu sentido estrutural: as relações sociais e o modo de produção capitalista. Atrás dos eventos e iniciativas individuais ou coletivas há um interesse de classe, interesse que se inscreve na lógica do modo de produção capitalista. Olhando a história desde esta perspectiva, ela se torna bem diferente da tradicional. A periodização se altera, aparecem processos antes minimizados, como os movimentos sociais dos séculos XVIII e XIX, os grandes heróis não são desvalorizados, mas contextualizados, perdendo o seu valor exclusivamente individual. Caio Prado não fez uma história oficial, nem a história oficial do PCB que Sodré fez. Intelectual independente, Caio Prado não glorificará os heróis que sufocaram os movimentos sociais e que massacram ainda as iniciativas populares (Mota, 1978). Por sua originalidade e independência, ele influenciou a corrente de interpretação marxista do Brasil mais crítica e produtiva. É inegável a sua importância para o conjunto das ciências sociais no Brasil. A escola marxista universitária brasileira é pradiana.

Caio Prado e seus Críticos

Alguns analistas de sua obra, no entanto, evitam o silêncio reverente e estéril e propõem uma posição mais fértil, mais iconoclasta, talvez, embora em momento algum contestem o valor da sua obra. Pelo contrário, com esta postura levam a sua obra realmente a sério. Coutinho talvez exagere ao afirmar que sua interpretação do Brasil é relativamente pobre em categorias marxistas. Para ele, Caio Prado domina mal o conceito de modo de produção capitalista, pois é circulacionista e usa mal também o conceito de "burguesia" (Coutinho, 1990). Sodré ironiza Caio Prado: ele afirma que o Brasil é capitalista desde a origem, quando nem a Europa era capitalista entre 1500 e 1700! O capitalismo, então, chegou primeiro ao Brasil e só depois à Europa?! Antes da Revolução Industrial, que só se iniciou no século XVIII, na Inglaterra, as relações capitalistas de produção não predominavam ainda na Europa, e o que identifica um modo de produção, segundo a teoria marxista, são as relações de produção predominantes. É na esfera da produção, onde as classes em luta se definem, que se encontra a identidade de um modo de produção (Sodré, 1980). Caio Prado acredita que o modo de produção capitalista apareceu na esfera da circulação, entre 1500 e 1700. Este seu circulacionismo, afirma Ciro Cardoso, não tem nada a ver com a teoria marxista (Cardoso, 1975). Coutinho vai mais além: afirma que sua visão do Brasil é que é atrasada, e não a do PCB, que ele tanto criticava (Coutinho, 1990).

Outros o criticam pelo seu economicismo. Sua obra *Formação do Brasil contemporâneo* revelaria este economicismo já em sua estrutura: ela se divide em três seções básicas, cuja disposição revela a prioridade da infraestrutura como instância determinante na análise — povoamento, vida material, vida social. O seu economicismo apareceria, portanto, na própria disposição do tema — essa segmentação do texto não serve apenas para facilitar a exposição, mas é um recurso de aprofundamento radical do recorte analítico (Mello, 1987). Novais rejeita essa crítica ao marxismo de Caio Prado. Ele considera que, talvez, algumas passagens da sua obra possam autorizá-la, mas o que interessa é o conjunto da obra. Não se deve ver entre o "sentido da colonização" e os demais capítulos uma relação causal, mas conexões de sentido. Os vários segmentos poderiam ser descritos e analisados em qualquer sequência, pois guardam a mesma relação com a categoria explicativa. A segmentação visa a facilitar a exposição, mostrando a interpenetração das partes. Sua obra ultrapassa a visão segmentária e economicista. A crítica de "economicista" não é consistente, conclui, pois o que conta é a coerência da obra (Novais, 1986).

Mas não é só em *Formação do Brasil contemporâneo* que podem ser percebidas passagens economicistas. Também em *Evolução política do Brasil*, Caio Prado afirma que "a sociedade colonial é o reflexo fiel da sua base material. Assim, como o capital absorve a terra, o senhor rural monopoliza a riqueza e seus atributos... o prestígio, o domínio". E também em *A revolução brasileira* há passagens economicistas como esta: "A estrutura de classes de uma sociedade e a natureza e hierarquia das suas classes refletem sempre a estrutura econômica que lhes serve de base... na análise da estrutura social brasileira retomaremos a análise e interpretação das relações econômicas vigentes". No entanto, consideramos que a observação de Novais é sem dúvida relevante: o que conta é a obra em seu conjunto, e não algumas passagens ocasionais. Embora se possa ainda contra-argumentar que são nessas "passagens ocasionais", espécies de "atos falhos intelectuais", que se pode perceber a estrutura teórica profunda de um autor.

Além de economicista e circulacionista, Caio Prado é também censurado por não utilizar fontes primárias e preferir as impressas. Ele não parece ser um frequentador de arquivos. F. H. Cardoso vem em sua defesa: "Isto é um preconceito. Ele tomou fontes secundárias e deu vida e significação interpretativa mais ampla a elas e foi capaz de oferecer um vasto e novo quadro do Brasil" (Cardoso, 1993). Os intelectuais do PCB, que sofreram a revisão crítica de *A revolução brasileira*, revidam: seu marxismo sofreu a influência do neopositivismo de Russel e do Círculo de Viena. Vindo daí, para ele, só há processos e relações, configurando um relacionismo que ele pretendeu que fosse a formulação correta da dialética. Não há objetos, coisas, só relações. Não adianta fazer classificações, que seriam do âmbito da lógica formal. O que importa é a apreensão do acontecer, do conjuntural. Fazendo essa análise relacional e conjuntural, poderemos agir em direção a uma revolução que se classificará *a posteriori*, mas sabendo-se *a priori* que chegaremos ao socialismo (Gorender, 1989). Coutinho o censura por dar muita ênfase ao papel do Estado na transição ao socialismo, o que não fez avançar a discussão fundamental das relações entre socialismo e democracia. Em Caio Prado, o Estado ainda é autoritário (Coutinho, 1990). Topalov o censura por usar muito de Roberto Simonsen em sua *História econômica do Brasil*, quando defende a tese do capitalismo colonial, sem citá-lo (Topalov, s.d.).

Portanto, Caio Prado não parece ser tão intocável assim. Pelo contrário, critica-se o seu domínio da teoria marxista em conceitos cruciais. A esquerda brasileira dirigiu a ele críticas enérgicas após a publicação de *A revolução brasileira*, muitas delas impregnadas de ressentimento e outras teoricamente relevantes. E consideramos que é melhor assim: ele se torna, então, um interlocutor vivo, provocador, estimulador de um debate rico e seminal. Falam de Caio Prado, logo, ele existe! Falemos muito dele, bem e mal, e ele se tornará concreto, real, influente, vivo.

Caio Prado, o PCB e o Marxismo no Brasil

Na história do pensamento marxista brasileiro, Caio Prado é situado por Moraes e Mantega em uma segunda fase, posterior à primeira fase da recepção dogmática, que vai de 1922 a 1940. Moraes a denomina "etapa de autonomização teórica" (1940-60), e Mantega, "materialismo funcionalista" (1950-60), quando houve um cruzamento de Keynes e marxismo (C. Furtado) e foram consideradas as relações sociais de produção não puramente capitalistas como funcionais para o capitalismo (Moraes, 1991; Mantega, 1991). Mota o situa em duas fases: a do redescobrimento do Brasil (1933-37), no sentido dele, que inclui também suas obras de 1942-45, e a das revisões radicais (1964-69), com *A revolução brasileira* (1966) (Mota, 1978). Bresser-Pereira o situa na "interpretação funcional capitalista", a interpretação da esquerda que predominará entre os vencidos de 1964, que seria crítica e ressentida em relação à interpretação nacional-burguesa pré-1964 do PCB e Sodré, e combaterá a interpretação autoritário-modernizante dos vencedores. A sua obra *A revolução brasileira* foi a base teórica, afirma Bresser-Pereira, dessa interpretação equivocada do Brasil marcada pelo ressentimento com a derrota (Bresser-Pereira, 1979).

Entretanto, talvez Caio Prado não se deixe fixar em nenhuma etapa definida. Ele esteve presente em todas as fases, atravessando-as com inacreditável autonomia intelectual desde 1933 até 1966. Talvez a melhor maneira de localizá-lo no pensamento marxista brasileiro fosse situá-lo-o entre N. W. Sodré, historiador oficial do PCB, e o chamado "grupo d'*O capital*", os marxistas acadêmicos da USP. Seu pensamento representaria uma transição do dogmatismo marxista-leninista ao marxismo mais teórico e refinado dos estudiosos universitários de Marx, sem intermediários. Ele escreveu nos anos 1930-40 sem se deixar dominar pela interpretação oficial, por isso não pertenceria plenamente a essa época. É prenunciador dos pesquisadores ligados a F. Fernandes, mas é anterior a estes, pois tem uma formação teórica menos elaborada, não podia ser indiferente à URSS, sofreu a sua influência e debateu as questões propostas pelas esquerdas dominadas pelo PCB. A terceira geração, além de ter um conhecimento conceitual mais rigoroso não só do marxismo como de outras teorias sociais, pensará o Brasil de forma ainda mais independente do PCB e do marxismo-leninismo.

Caio Prado seria, então, um pensador marxista desvinculado do modelo interpretativo e político democrático-burguês. Mantega denomina o seu modelo de interpretação do Brasil "modelo do subdesenvolvimento capitalista", associado também a Gunder Frank, que predominará nos anos 1960, reavaliando a derrota de 1964, reinterpretando o Brasil e propondo novas estratégias de ação revolucionária. Sem ter uma relação consciente, explícita, com a IV Internacional e Trotski, Mantega considera que Caio Prado seguiria a sua orientação teórica, enquanto o PCB seguia a orientação de Lênin e da III Internacional, explícita e assumidamente. Caio Prado rejeitava a análise do passado brasileiro da III Internacional e do PCB, bem como o seu projeto revolucionário. Ele oporá uma análise do Brasil e um projeto revolucionário mais próximo das orientações da IV Internacional, sem estar ortodoxamente vinculado a elas. Essa vinculação de Caio Prado, alinhada com essa orientação do comunismo internacional, não falará de feudalismo e nem de revolução democrático-burguesa, mas de subcapitalismo e revolução permanente, que desembocará a longo prazo no socialismo, sem a etapa intermediária da transição ao capitalismo, que seria desnecessária, pois o Brasil já era capitalista desde a origem. Foi o precursor da reflexão marxista que busca entender o caráter não clássico da constituição do capitalismo no Brasil. Seu objeto de reflexão e pesquisa é a especificidade do tempo histórico brasileiro, que pode ser conhecida à luz do marxismo, desde que se evitem repetições teóricas mecânicas e inadequadas à realidade brasileira (Mantega, 1984).

Por que *A Revolução Brasileira*?

O texto que escolhemos, portanto, como já foi explicitado, para analisar a reconstrução temporal do Brasil feita por Caio Prado é *A revolução brasileira*, de 1966. Faremos também referência ao capítulo introdutório de *Formação do Brasil contemporâneo*, ao "sentido da colonização" e à *Evolução política do Brasil*. *A revolução brasileira* é uma obra indispensável para se pensar o Brasil depois de 1964; e 1964 será um mirante ideal para se dar uma olhada no passado e no futuro do Brasil, reinterpretando o seu passado e reconstruindo o seu futuro. Esse texto oferece uma visão crítica do pensamento revolucionário brasileiro pré-1964. É uma obra sob o signo do diálogo vivo, do debate sem eufemismos e meias palavras. É quase um bate-boca com o passado. É uma obra histórica viva, vinculada ao presente e ao futuro, a partir dos quais reconstrói o passado. É uma obra de síntese — teoria, história e política; analisa, interpreta e propõe sobre o passado, o presente e o futuro do Brasil.

Embora Caio Prado não tenha obtido muito sucesso com suas obras filosóficas, pode-se, talvez, afirmar que predominava nele o espírito filosófico sobre o do historiador. Todas as suas grandes obras são de síntese, e nelas ele se pergunta sobre o sentido da história brasileira. O esforço de síntese e a pergunta sobre o sentido caracterizam geralmente o temperamento filosófico: uma preocupação com a identidade, com a origem e o destino, uma interrogação sobre o ser brasileiro e sobre o tornar-se brasileiro. Ele perguntava como filósofo e respondia como historiador: não especulava, pesquisava. Além disso, a sua busca de autonomia e liberdade de pensamento e expressão, mesmo no interior das esquerdas, é uma postura que revela também um quê de aristocrático e filosófico (o filósofo, dizem, anda só!).

Tomaremos *A revolução brasileira* para análise por essas razões internas e também porque ela revela *a posteriori* o pensamento marxista original de Caio Prado. Na verdade, sua visão marxista do Brasil está toda ela expressa nessa obra, uma retomada do que ele já tinha escrito e uma tomada de consciência do que foi o pensamento brasileiro marxista dominante e o que ele poderia se tornar. Os analistas de Caio Prado, em geral, dão mais valor e atenção aos livros de 1933, 1942 e 1945. Poucos deram maior atenção a *A revolução brasileira*. Também por isso vale a pena examinar o livro de 1966. *A revolução brasileira* é uma análise crítica e autocrítica das relações de produção brasileiras, feita sob a pressão da história, pioneira, corajosa e coerente com suas posições anteriores. É F. H. Cardoso quem admite: "Caio Prado escreveu um livro, depois dos clássicos anteriores referidos, que ainda não mereceu dos críticos o reconhecimento da importância que tem. Trata-se de *A revolução brasileira*. Nele, Caio Prado retoma alguns temas que havia desenvolvido na *Revista Brasiliense* e na própria *História econômica do Brasil* e trava um diálogo muito bom com a esquerda. Trata-se de um livro de grande vitalidade. É um livro que faz uma crítica de esquerda muito avançada para a época" (Cardoso, 1993).

É basicamente por essa razão que o abordaremos. Entretanto, F. H. Cardoso afirma algo que contestamos: "Não é um livro de historiador, não é um livro que contenha um grande painel do Brasil..." (Cardoso, 1993). Nós o consideramos um livro de história em seu gênero mais necessário e, no entanto, escasso: o gênero polemista, cujas teses envolvem painéis inteiros do passado e "visões históricas" do futuro. As teses são brevemente expostas e o são até repetitivamente, mas exigem para a sua sustentação muitas informações históricas, evocam vivamente épocas passadas, ao mesmo tempo que abrem o futuro à imaginação histórico-política. Além do seu valor teórico, histórico e político, a obra é extremamente reveladora do seu contexto. Foi escrita em uma situação de crise grave da democracia e do projeto socialista. O divórcio entre o Estado autoritário e a sociedade civil se acentuou tanto que o povo brasileiro se sentia estrangeiro em seu próprio país. Os ideólogos da ditadura falavam em "segurança e desenvolvimento", uma versão atualizada do "ordem e progresso" do início republicano, tornando explícita a relação militarista entre o Estado e a sociedade. O sonho da revolução democrático-burguesa terminou no pesadelo-realidade da revolução autoritário-burguesa, e as elites retomaram a sua posição de conquistadores do povo brasileiro, descendentes dos descobridores do Brasil. Em tal contexto, era urgente rever, repensar, reconsiderar as interpretações e propostas anteriores, apesar da angústia e da emoção da derrota, quando se soube que o Brasil continuaria a ser o que sempre fora e que não mudaria, como se sonhara. Sob tal inspiração, Caio Prado conseguiu retomar toda a história do Brasil em suas teses sobre a estrutura agrária brasileira e sobre o que se poderia, então, fazer...

A Obra: *A Revolução Brasileira*

Caio Prado começa a sua *A revolução brasileira* da mesma forma que Sodré começara a sua *História da burguesia brasileira*: rediscutindo conceitos e avaliando as dificuldades para se falar do Brasil, de forma adequada, com conceitos produzidos em outro contexto. Tanto os revolucionários do PCB quanto os militares vencedores, por exemplo, falavam de "revolução brasileira". Afinal, o que quer dizer revolução? Caio Prado começa discutindo conceitualmente o seu título. Revolução, ele afirma, não se relaciona diretamente ao caráter violento, insurrecional, da conquista do poder por um grupo social. O significado próprio deste conceito, onde cessa toda ambiguidade, se concentra na transformação que este movimento realiza depois de conquistado o poder, e não na maneira como se dá. A Revolução Francesa foi uma revolução não porque foi violenta. Em seu sentido profundo, revolução é um processo social que realiza transformações estruturais em um curto período histórico. É um momento de aceleração histórica, e é neste sentido que ele o usará em seu livro.

Os vencedores de 1964 realizaram tais transformações estruturais? Se as realizaram, fizeram uma revolução. Os golpistas, e não revolucionários, para Caio Prado, usaram a palavra "revolução", quando na verdade reagiam e a impediam, porque reconheciam a penetração profunda desta ideia no povo. Todavia, visto no conjunto da revolução burguesa brasileira, o Golpe de 1964 foi um momento de aceleração desse processo e foi de fato revolucionário. Mas Caio Prado não está interessado nesse episódio da revolução burguesa, que ele nem parece identificar como tal, mas na fragilidade da estrutura de poder que se constituiu depois do golpe. Seu interesse é pela iminente transformação realmente revolucionária que, em 1966, toda a ineficiente retórica da administração pública, a crise econômica e financeira, os desequilíbrios sociais só sabiam revelar. Havia ceticismo quanto às soluções dentro da ordem. Sua análise profunda, que não se deixa iludir pelas aparências, revela tais possibilidades revolucionárias. As soluções reformistas não bastariam. A consciência revolucionária tinha grande projeção no Brasil dos anos 1960.

Que revolução iminente seria esta? Caio Prado continuava ainda a sonhar depois do banho de água fria de 1964. A água fria só tornou o sonho menos delirante e o transformou em um "sonho friamente pensado", "criticamente construído", um sonho de olhos abertos! A revolução que se preparava, ele sustenta, não tinha uma natureza socialista ou democrático-burguesa *a priori*. A natureza da revolução não deve ser pensada doutrinariamente, mas no próprio processo. É preciso reconhecer sua natureza na própria dinâmica dos fatos. O que interessa é o que se passa e não o que é. A revolução brasileira iminente não pode ser definida *a priori*, antes de acontecer, por um conceito preestabelecido, mas pela análise e interpretação da conjuntura econômico-social-política concreta e real. É claro, no marxismo, a direção do capitalismo é para o socialismo. Mas, esta previsão não tem data, ritmo e programa determinados. Ela não deve interferir na análise e solução de fatos concretos. O projeto socialista não pode ser sectário. É antimarxista ver o socialismo sempre imanente e iminente em todas as ocorrências da luta social. O sectarismo socialista leva ao isolamento, e perdem-se aliados importantes na produção da mudança brasileira. Aquela pretensão não exclui a luta por objetivos não imediata e diretamente socialistas. Por exemplo: qualquer greve tem uma significação própria e em si. Ao mesmo tempo revela a luta de classes e é um evento particular. O sectarismo impede a aliança com grupos não socialistas, mas que convergem com eles em objetivos mais limitados. Os marxistas consequentes querem obter resultados na ação conjuntural. A dialética é um método de "interpretação das ações reais" e não dogma que enquadre revoluções históricas em esquemas abstratos preestabelecidos. O que interessa na ação revolucionária não é o que se proclama e projeta, mas o sentido dialético da ação, a sua capacidade de abrir o futuro.

A teoria da revolução brasileira, portanto, não poderia ser produzida especulativamente. A teoria revolucionária correta deveria tomar como modelo o caso de Cuba. A revolução cubana começou como uma luta contra uma ditadura concreta. Atingido esse objetivo, ela evoluiu para uma revolução agrária e anti-imperialista. Contudo, especulativos, abstratos, aprioristicos, sem a consideração adequada dos fatos, os projetos revolucionários no Brasil apoiaram governos demagógicos e incompetentes, levando os reacionários mais duros ao poder. Não faziam avançar a revolução — levavam o Brasil ao desastre. A análise equivocada levou a uma estratégia de intervenção equivocada. O que havia era uma ação revolucionária de cúpula, que agitava *slogans* ineficazes. A insuficiência teórica levou as esquerdas a fazerem alianças espúrias. Bastou uma passeata militar para impedir a sua revolução agrária, antifeudal e anti-imperialista. As razões desse insucesso: a teoria da revolução brasileira era abstrata, constituída por conceitos exteriores à realidade brasileira, esquemática, etapista, indo às avessas dos conceitos aos fatos, quando se deveria ir dos fatos aos conceitos. A análise de Caio Prado da teoria revolucionária que predominou entre as esquerdas lideradas pelo PCB nos anos 1922-64 fica, a cada página, mais áspera e hostil.

O marxismo brasileiro era estalinista, ele se desespera. Os fatos eram vistos não como são, mas como deveriam ser, à luz do que se passou em outros lugares e dos clássicos mal interpretados. A teoria dita revolucionária produzia esquemas imaginários, pretendendo interpretar e explicar a nossa realidade. Está longe do marxismo impor à humanidade etapas de evolução necessárias. Os erros estratégicos cometidos pelos revolucionários brasileiros foram de duas ordens: em primeiro lugar, eles erraram teoricamente, pois leram mal os clássicos marxistas, compreenderam erradamente a dialética materialista e seguiram cegamente as teses soviéticas sobre o mundo inteiro, sem distinguir as diversas situações particulares; em segundo lugar, erraram historicamente, pois analisaram mal o Brasil, interpretaram erroneamente o seu passado, compreenderam equivocadamente as classes e as lutas de classes no passado brasileiro, bem como o modo de produção do Brasil colonial. Em sua análise da história brasileira, eles quiseram ajustar a realidade brasileira aos textos clássicos e a outros contextos. Usaram conceitos para os quais é difícil encontrar correspondente real: *latifúndio, restos feudais, camponeses ricos, médios e pobres, burguesia nacional...* O modelo era o feudalismo europeu. Portanto, mal equipados teórica e historicamente, não puderam acertar na ação revolucionária. Seria preciso rediscutir a teoria e rever a história do Brasil e então propor novas formas de intervenção na realidade brasileira. Nessa obra, ele pretendeu produzir essa rediscussão da teoria e da análise histórica do Brasil e fazer, então, as suas propostas de intervenção revolucionária.

Para Caio Prado, os teóricos da revolução brasileira são aprioristas e dogmáticos — ele o afirma centenas de vezes. Em sua miopia teórica, viram o Brasil ainda dominado pelo feudalismo. Teriam encontrado algumas relações de produção semelhantes às feudais e consideraram esses raros traços feudais como dominantes. A teoria marxista foi formulada no Brasil nos anos 1920. O Brasil foi incluído entre os países coloniais, semicoloniais e dependentes, países submetidos política e economicamente ao imperialismo. Não sendo ainda capitalistas, estariam em transição do feudalismo ao capitalismo. A etapa revolucionária seria a da revolução democrático-burguesa, cujo modelo era a ocorrida na Rússia czarista. A revolução democrático-burguesa seria agrária, contra o latifúndio feudal e anti-imperialista. Entretanto, contesta Caio Prado, o Brasil não possui restos feudais, pois aqui não houve jamais um sistema feudal. Isto nos leva a um passado longínquo, cuja discussão nem por isso pode ser dispensada.

Quando e como começou o Brasil? O Brasil surgiu no quadro da atividade europeia a partir do século XV; atividade que integrou um novo continente à sua órbita, assim como a África e a Ásia; atividade que acabará por integrar o universo todo em uma nova ordem, que é a do mundo moderno. A ocupação do Brasil e o seu povoamento foi apenas um episódio, um pequeno detalhe daquele imenso quadro. A colonização portuguesa na América não foi um fato isolado — é parte de um todo. A perspectiva do historiador é do todo que explica a parte. A parte-Brasil tem um sentido-todo: nossa formação se deu, essencialmente, para fornecer açúcar, tabaco, ouro, diamantes, algodão, café, para o comércio europeu. Nada mais que isto. Foi com tal objetivo, exterior, para fora, que se organizou a sociedade e economia brasileiras. A colonização do Brasil foi um problema de difícil solução para Portugal. Faltavam-lhe gente e cabedais para dedicar ao ocasional achado de Cabral. O surto marítimo que ocorreu em Portugal no século XV fora provocado por uma burguesia comercial sedenta de lucros. Ávida, com o apoio, do rei, essa burguesia começou a sua expansão pela África e Índias. As Índias ocupavam a fantasia portuguesa como uma vaga definição de abundantes riquezas. As Índias se tornaram a meta principal de Portugal. No meio do caminho das Índias (abundantes riquezas), Portugal deparou-se com um território imenso, pouco habitado e de escassas riquezas, onde nada havia a ganhar. A ideia de povoar veio depois, e Portugal foi o primeiro na colonização efetiva, no povoamento de um novo território. Todos os grandes acontecimentos dessa Era dos Descobrimentos articulam-se num conjunto que é apenas um capítulo da história do comércio europeu. A colonização do Brasil é um capítulo dessa história.

O caráter do início se manterá dominante através dos três séculos e se gravará profundamente na vida do país. Ter em vista o sentido da colonização do Brasil, desde o seu início, é compreender o essencial do Brasil. E desde o início, integrado à expansão mercantil europeia e exportando para lá o seus produtos primários, produzidos em latifúndios escravistas, o Brasil é capitalista. A economia brasileira nasceu como grande exploração comercial, criada pelo capitalismo mercantil europeu e voltada para o mercado externo. O Brasil sempre compartilhou do mesmo sistema e das mesmas relações econômicas que deram origem ao capitalismo. O escravismo que predominou aqui não é incompatível com o modo de produção capitalista. A abolição da escravidão será a culminação de um modo de produção já implantado desde o início. A substituição da mão de obra escrava não afetou a natureza estrutural da grande exploração capitalista. No Brasil colonial, predominou a grande propriedade rural que produzia para exportação, e não a pequena propriedade explorada por camponeses. No Brasil não se constituiu uma classe camponesa, que produzisse em pequenas propriedades e em família. O trabalho escravo era coletivo e cooperativo, assim como nas grandes fábricas, e não individual ou familiar, como no feudalismo. Na exploração comercial colonial, a direção e ocupação na exploração do solo foi exercida pelo grande proprietário, e não por um camponês, que não havia. O trabalho escravo satisfaz às exigências do trabalho livre, exceto quanto à liberdade individual do trabalhador de ir e vir e ser contratado e distratar. Ambos, escravos e livres, recebem uma compensação pelos serviços prestados — dinheiro ou concessões várias —, e ambos lutam por objetivos comuns: a melhoria dessa remuneração. O que significa que o trabalho escravo não foi incompatível, mas funcional, com a acumulação capitalista.

Portanto, as relações de produção no campo brasileiro não são feudais. A parceria não é feudal. É uma relação assalariada com remuneração *in natura*. É uma relação capitalista de produção. Sua presença não é negativa para a produção — é uma relação capitalista superior e produtiva. O "barracão" e o "cambão" não são feudais, são restos escravistas. No Brasil, não existia o que é próprio do regime feudal: a exploração parcelária da terra pela massa camponesa, em que o excedente é extraído através de relações de dependência pessoal do camponês ao senhor. O escravo se aproxima do assalariado: é uma força de trabalho que não possui os meios de produção, não decide sobre o produto a produzir, reivindica não os meios de produção, mas melhor remuneração e incentivos. Entretanto, talvez essa arriscada aproximação entre o escravo e assalariado, tentada por Caio Prado, seja possível a curto prazo; mas, e a longo prazo? O escravo reivindica a liberdade individual que o assalariado já possui. Essa diferença não os afasta definitivamente?

Caio Prado quer enfatizar a importância da análise histórica, armada de boa teoria, para a intervenção política. Se o Brasil é caracterizado como feudal, a luta dos trabalhadores rurais será pela propriedade da terra. Será uma luta pela derrubada do feudalismo agrário. Mas, para ele, este é um erro histórico, teórico e político. Os trabalhadores rurais não reivindicam a propriedade da terra, insiste ele, mas a melhoria das condições de trabalho e emprego. Se há luta pela terra, é em regiões secundárias do Brasil. E mesmo ali não predominam relações feudais de produção. No campo, é preciso impor o que determina a Consolidação das Leis do Trabalho (CLT): salário-mínimo, sindicatos, descanso remunerado... Os teóricos do PCB consideravam tais reivindicações "reformistas", mínimas, pois a verdadeira conquista seria a da propriedade da terra. Isto é o que pensa Caio Prado quanto à hipótese feudal sobre o Brasil e suas consequências políticas.

Quanto ao imperialismo, para Caio Prado, o Brasil foi uma criação dele. Os países da América Latina sempre participaram desde o início do mesmo sistema capitalista. Foi o capital comercial que instalou e estruturou a América Latina. As relações entre o imperialismo e a América Latina são complexas. Não se pode propor de forma simplista a anulação de todos os tratados lesivos aos interesses nacionais, confisco de capitais multinacionais, anulação da dívida externa, expulsão das missões militares, culturais e técnicas norte-americanas. O PCB considerava que havia uma aliança dos latifundiários feudais com a burguesia mercantil retrógrada e o imperialismo contra um setor da burguesia progressista, aliada ao campesinato e ao proletariado na revolução democrático-burguesa. Mas tal composição social e sua contradição não existem na formação social brasileira; talvez, existam na Rússia ou na China.

A classe dominante brasileira é uma unidade na diversidade, um bloco sem cisões: fazendeiros, estancieiros, senhores de engenho, usineiros, burguesia industrial e mercantil. Esses homens circulam em várias dessas atividades ao mesmo tempo. Não há uma "burguesia nacional", industrial, que se oporia à burguesia mercantil e ao imperialismo. São aliados, sócios. Mesmo se há tensões e contradições entre essas burguesias pelo mercado, estão unidas fundamentalmente. A burguesia brasileira é heterogênea quanto à sua origem, mas homogênea quanto à natureza dos seus interesses e negócios. Após a Abolição, o sistema capitalista já predominava e se consolidou, uniformizando as relações de produção capitalistas. Integrado, o sistema capitalista levou ao fortalecimento da burguesia — uma classe homogênea, coesa, não cindida por contradições irredutíveis. Os setores agrário e industrial não se opõem, são ligados. O capital que impulsionou a indústria é de origem cafeeira. Muitos fazendeiros paulistas são também industriais. Os setores industrial e agrário não se opõem, mas se entrelaçam e conjugam os seus interesses.

A burguesia brasileira tampouco se opõe ao imperialismo; ela se subordina como um todo ao sistema capitalista. A economia brasileira exportadora se organiza com o comércio internacional em ligação íntima e estreita dependência. Os representantes da burguesia brasileira e os do imperialismo se entendem perfeitamente, já que o Brasil foi uma criação do capitalismo. A presença do capital estrangeiro, segundo Caio Prado, a burguesia brasileira não considera imperialismo. Se houve resistências, foram isoladas. Entre a burguesia brasileira e o imperialismo podem haver no máximo tensões pontuais. A burguesia brasileira nacional, anti-imperialista e progressista não tem realidade no Brasil. Ao supor a existência de tal burguesia, o PCB cometeu erros políticos irreparáveis.

Caio Prado não obterá apoio unânime a essas teses. Serão muitos os que defenderão a validade da tese do PCB quanto às relações contraditórias e de luta entre burguesia brasileira e latifúndio e imperialismo. Para Bresser-Pereira, não ver conflitos entre a classe agrário-mercantil e a burguesia industrial é ir contra os fatos. Está demonstrado, ele afirma, que as origens étnicas e sociais dos industriais brasileiros não estão na burguesia agrário-mercantil. Não existe essa unidade entre as burguesias brasileiras. Senão, pergunta ele, como entender o pacto populista? (Bresser-Pereira, 1979 e 1989). Gorender vem outra vez discordar de Caio Prado: se a burguesia brasileira não é nacionalista, ela é "brasileira", isto é, mesmo associada ao imperialismo, possui interesses particulares, exige reserva de mercado. Há uma burguesia brasileira que possui interesses próprios, joga o seu próprio jogo, querendo melhorar a sua posição no mercado capitalista global (Gorender, 1989).

F. H. Cardoso vem em socorro de Caio Prado. Fazendo a história da burguesia paulista, concluiu que não se pode falar da burguesia brasileira como uma classe homogênea e combativa, com um projeto claro e com líderes eficientes. A burguesia brasileira é uma classe recentemente constituída no Brasil, tem uma precária consciência de classe e defende os seus interesses confusamente. É uma classe heterogênea, de origens heterogêneas, frágil e desintegrada na ação. Ela se acomoda à dominação tradicional, ao clientelismo e aos privilégios. Há uma corrente nacionalista da burguesia, que exige o fechamento do mercado interno, tem uma consciência empresarial menos complexa e desenvolvida e poucos capitais. Mas sua tendência não é se opor ao imperialismo e às oligarquias rurais, mas associar-se ao primeiro e conviver com as segundas. Cada vez mais, conclui F. H. Cardoso, as diferenças ideológicas entre industriais se apagam em nome da condição comum de capitalistas (Cardoso, 1964).

Portanto, retornando a Caio Prado, não se pode interpretar a realidade brasileira e traçar o futuro a partir de situações incomparáveis com as nossas. É preciso partir do contexto brasileiro específico para a sua interpretação. Este contexto deve ser considerado dialeticamente, não como eventos exteriores e estáticos, mas como uma transição dinâmica, um processo que leva do passado ao futuro. Abordada assim, a realidade brasileira atual revelaria uma transição de um passado colonial a um futuro, já próximo, de uma nação estruturada, com uma organização econômica voltada para o interior, moderna. Este fato não deve ser tratado como uma utopia, mas percebido e construído praticamente. Eis o sentido da história brasileira, que uma teoria especialmente elaborada para abordá-la em sua especificidade revela: da heterogeneidade inicial, da dispersão original, a uma homogeneidade nacional estruturada. Economicamente, o mercado interno deverá superar o externo, o que estimulará a diversificação da produção. Este é o caminho da sociedade brasileira: da sociedade colonial ao Brasil-nação. Realizar esta transição radicalmente é realizar a verdadeira revolução brasileira, que aliás já está em marcha há muito tempo.

Esta revolução possui quatro etapas: primeira, a independência política, que começou em 1808 e se consolidou em 1822, quando se começou a estruturar o Estado brasileiro; o país foi articulado em um todo único, individualizou-se em um território unificado; esse foi o primeiro passo da transição da colônia para nação estruturada; segunda, a supressão do tráfico (1850) e a abolição da escravatura (1888), que integraram a grande massa da população trabalhadora à sociedade brasileira; terceira, a partir de 1870, a imigração, que trouxe qualidade técnica ao trabalho, aumentou a produtividade, melhorou a qualidade cultural do trabalhador; quarta: a República, a constituição de um Estado e de um direito burgueses. Esses acontecimentos revelam o sentido profundo da evolução histórica brasileira: do capitalismo colonial, caracterizado pela produção agrícola exportadora para o mercado externo, pelo escravismo, pelo baixo nível de vida e pela ausência de industrialização e mercado interno, ao capitalismo nacional, caracterizado pelo atendimento das necessidades internas. *De colônia a nação estruturada* — é nessa evolução que se incluem, para Caio Prado, como elos de uma corrente, os fatos do presente.

A superação da economia colonial por uma outra voltada para a satisfação interna exige o desenvolvimento das forças produtivas. O Brasil já é predominantemente capitalista, mas não possui alta tecnologia. Ele possui somente as classes capitalistas: burguesia e proletariado. Apesar disso, a economia brasileira continua colonial. O capitalismo brasileiro é ainda colonial; ele precisa se tornar "nacional". Não será pelo apuramento capitalista das relações pré-capitalistas que se obterá o fim da relação colonial. É no interior do capitalismo e de suas contradições que se poderá chegar à superação do colonialismo. A luta por melhor renda e por participação político-social conduz à integração nacional da sociedade brasileira. A luta sindical, particularmente a dos trabalhadores rurais, é essencial para o Brasil nacional, independente. Não se pode construir uma nação moderna sobre uma classe de trabalhadores em condições de vida miseráveis. Os trabalhadores rurais não lutam pela terra: eles querem melhores salários e melhores condições de vida. O Brasil não deverá ser um país de camponeses, com baixa produtividade. A reforma agrária seria, neste sentido, um retrocesso. O Brasil deverá continuar com a grande exploração sem seus vícios: baixos padrões tecnológicos, condições miseráveis de vida dos trabalhadores. Tal conquista os transformará em trabalhadores especializados, altamente produtivos, consumidores e integrados social e politicamente. A produção se voltará para o mercado interno. Haverá no Brasil um sistema econômico integrado nacionalmente, onde será quebrado o círculo vicioso da dependência. Serão superados os ciclos. O Brasil terá, então, superado o seu passado colonial. Sem isto, a força de trabalho disponível não obterá empregos, não produzirá e não será consumidora. A produção precisa integrar-se com o consumo. A produção industrial brasileira se dirige a minorias consumidoras de produtos de luxo. Entre edifícios de luxo e clubes suntuosos, circulam miseráveis. O desenvolvimento industrial nacional integrará a estes como produtores e consumidores.

Para produzir este Brasil-nação, a iniciativa privada, que visa ao lucro, não basta. A produção deverá ser controlada, orientada e até regida pelo Estado. A iniciativa privada é essencial a este projeto, mas não poderá atuar livremente, pois movida por interesses egoístas. Ela tenderia ao lucro pela produção de produtos de luxo para a minoria. O Estado deverá planejar e promover a produção de produtos básicos e serviços básicos dirigidos à massa da população. O que se propõe é um programa de reformas reais sem que se tenha um rótulo teórico que os defina. O que se visa, objetivamente, é integrar a massa trabalhadora à sociedade, pela distribuição da renda efetiva e não estatística. Trata-se de elevar o padrão de vida da população. Assim, o Brasil se integrará e se estruturará e se libertará de sua herança colonial. E quanto ao socialismo? Ele seria inviável, nos anos 1960, no Brasil, por faltarem as condições mínimas de estruturação social, e será ainda precário o desenvolvimento das forças produtivas.

As dificuldades antepostas à construção da nação brasileira, integrada e independente, ainda no interior do capitalismo, são várias. Destacam-se duas mais importantes, que desaceleram este processo. A *primeira*, é a dominação pelo imperialismo da comercialização dos produtos primários brasileiros. Ao mesmo tempo, o mercado interno fica à mercê do imperialismo, pois a especialização da produção brasileira em produtos de exportação impede a diversificação da produção. Se há investimento interno, o imperialismo vem também para o interior e produz aqui o que antes mandava do exterior. A industrialização brasileira não tem sido eficaz na produção da independência e autonomia nacional. Ela ao mesmo tempo mudou muito a realidade brasileira e reforçou e renovou o sistema colonial. Os trustes instalados no interior e controlando a comercialização dos produtos primários determinam os ritmos do desenvolvimento. A industrialização diversificou a produção, e houve um crescimento importante do mercado interno, o que levou a uma certa integração nacional. Mas é um progresso limitado em suas perspectivas, pois continua engendrado pela dependência colonial. É da superação dessa contradição que depende o processo que levará o país à libertação da dependência. Só a partir desta independência é que se poderá fazer uma sociedade nacional, não marginal, não periférica e independente.

A luta contra o imperialismo não poderá ser feita, no entanto, com imprecações, mas pela análise precisa e rigorosa do sistema capitalista internacional, quando poderemos compreender a nossa posição nele. Nos anos 1960, enquadrado no sistema capitalista, o avanço do Brasil quanto à tecnologia e ao aumento da produtividade se achava limitado por interesses estrangeiros. Entretanto, é preciso reconhecer que, quando se tem um passado colonial, as condições de um desenvolvimento autônomo são difíceis. A indústria substitutiva de importações, dominada pelo capital estrangeiro, não abre muitas perspectivas. É um processo de industrialização limitado. O mercado interno é restrito. Os capitais industriais são restritos e emprestados. Sua tecnologia é sempre inferior. Para crescer de fato, a indústria brasileira terá de produzir para o mercado mundial e não só para o mercado interno. A substituição de importações é dominada pelo imperialismo e pelo Estado. As empresas multinacionais produzem no interior para estarem mais próximas de seus consumidores. O que o imperialismo pode oferecer ao Brasil é a perpetuação do seu estatuto colonial. Não se trata de uma simples superposição, de uma ligação exterior das duas esferas internacional e nacional. Trata-se da interpenetração de uma na outra, de sua integração em um todo.

A luta contra o imperialismo exige reformas: intervenção do Estado na economia, afastando a intervenção direta do imperialismo. O comércio e as contas externas devem ser controlados, limitadas as remessas de lucros das empresas estrangeiras no Brasil. A vitória na luta anti-imperialista levará o Brasil a sair da condição colonial para a nacional. Esta luta se fará por meio de reformas da economia brasileira. Fazendo-as, o Brasil se tornará uma liderança mundial contra o sistema.

Ao Brasil não interessa a interdependência das nações, que o coloca em uma posição de dependência. Ao Brasil, interessa o desenvolvimento, *mas com soberania*.

Mantega discorda de Caio Prado: nos anos 1960, o Brasil já realizava uma acumulação industrial capitalista. Embora dependente, isto não o impediu de desenvolver uma acumulação capitalista. A associação com o imperialismo no investimento interno favorecerá as classes interessadas no desenvolvimento interno. A indústria brasileira é capaz de se autoimpulsionar e com o apoio do imperialismo. O capitalismo brasileiro, portanto, não tende à estagnação ou ao subcapitalismo (Mantega, 1984). Bresser-Pereira também não está de acordo com a análise de Caio Prado das relações entre desenvolvimento e associação imperialista. Em sua análise, afirma Bresser-Pereira, ele se recusou a reconhecer a emergência do capital industrial no Brasil nos anos 1930 e reafirmou a continuidade do capitalismo mercantil ainda nos anos 1960 (Bresser-Pereira, 1979). Quanto a F. H. Cardoso, ele forçou um tanto sua leitura de Caio Prado para adequá-lo à sua própria interpretação do Brasil, quando afirma que ele percebia que era possível haver desenvolvimento apesar do imperialismo (Cardoso, 1993). Caio Prado não percebia desenvolvimento ou não o considerava desejável ao custo da soberania, que F. H. Cardoso considera secundária.

A *segunda* dificuldade a vencer é a estrutura agrária brasileira, que, além de produzir para atender ao mercado externo, não abastecia de alimentos as cidades, tornando caros os salários urbanos e não pagando salários aos trabalhadores rurais, que não podem consumir os produtos industriais nacionais. Seria preciso levar ao campo o capitalismo: tecnologia que torne os latifúndios mais produtivos e melhores salários e condições de vida para o trabalhador rural, que o tornariam consumidor de produtos industriais. Da capitalização do campo depende o fortalecimento do mercado interno. As relações de produção no campo já eram capitalistas, sobretudo após a abolição. As relações escravistas sobreviveram e conviveram com o trabalho livre mas, longe de ser um entrave ao desenvolvimento capitalista, eram funcionais, favoráveis à acumulação capitalista. O desenvolvimento capitalista das relações de produção baixou a qualidade de vida dos trabalhadores. Antes, eles produziam seus alimentos; agora, precisavam comprá-los com os seus parcos salários. O assalariado puro vivia pior do que o colono. A parceria é uma relação capitalista impura, mas mais rentável do que o salário em dinheiro. Portanto, a revolução brasileira não implantaria relações capitalistas e eliminaria restos feudais, pois elas já vigoravam. A reforma agrária não seria necessária para o desenvolvimento do capitalismo no campo.

Mantega discorda ainda de Caio Prado, quando este localiza o palco da revolução brasileira no campo e desvaloriza o desenvolvimento industrial-urbano dos anos 1960. O epicentro das transformações brasileiras já eram as grandes cidades, onde as massas urbanas agiam. E na sua análise da luta revolucionária no campo, Caio Prado se equivocou ao afirmar que os trabalhadores rurais reivindicavam melhores salários e condições de trabalho, quando, na verdade, eles reivindicavam mesmo era a reforma agrária, a propriedade da terra. Para ele, a luta pela terra era secundária. Qual o sujeito social que a reivindicava? Não havia camponeses! Além disso, se fosse feita, a reforma agrária seria um retrocesso, pois o trabalhador rural brasileiro não tem condições objetivas, os recursos materiais, nem subjetivas, uma tradição cultural de iniciativa empresarial, para a sua exploração eficiente. Mantega afirma que a luta pela terra foi mais forte do que Caio supôs. Além disso, e Mantega repõe a argumentação do PCB, "parceria", "cambão" e "barracão" não são relações de produção capitalistas, pois o parceiro não é uma força de trabalho comprada no mercado. Ele arrenda uma terra e pagará com uma parte do produto. A dinâmica da relação proprietários de terras/parceiros não é capitalista (Mantega, 1984).

Para Gorender, a parceria seria uma forma camponesa dependente e não uma forma de assalariamento. E o campesinato no Brasil não é residual, como afirma Caio Prado. As grandes explorações capitalistas não eliminam a economia camponesa, que é uma faixa fundamental da nossa produção agrícola. No Sul, a grande propriedade planta soja; os camponeses plantam o que comemos (Gorender, 1989). Garcia considera que Caio Prado esquematiza quando reduz todas as múltiplas e complexas formas de relações sociais de produção existentes no campo a um salariato mais ou menos encoberto (Garcia, 1989). Bresser-Pereira vem em apoio a Caio Prado: ele pôs fim à interpretação de um Brasil feudal. Seu argumento de que a "parceria", o "cambão" e o "barracão" não são feudais, mas expressões do capitalismo mercantil, é definitivo (Bresser-Pereira, 1989). Como se vê, a discussão teórica não resolve por si só as aporias. Ela exige que se façam opções e as fundamente e legitima.

Teses Feudal e Capitalista e *A Revolução Brasileira*

O que significa a recusa da tese feudal e a sua substituição pela tese capitalista para o Brasil, desde as suas origens? Os defensores da tese feudal afirmam que a tese capitalista provoca um recuo, uma concessão ao passado brasileiro. É uma tese atrasada, reacionária, que privilegia a continuidade do Brasil colonial em prejuízo da mudança socialista. Caio Prado expressaria um ponto de vista reacionário e atrasado e representaria um recuo, uma regressão na consciência revolucionária socialista. Suas teses protegem a grande propriedade latifundiária da redistribuição. Não seria pelo fato de sua família e ele próprio serem grandes proprietários de terras? Para A. P. Guimarães, a tese feudal é revolucionária, pois se o Brasil fosse capitalista desde a origem nenhuma reforma profunda da estrutura agrária brasileira seria necessária. Se o Brasil fosse capitalista, a estratégia política que decorreria dessa tese seria meramente evolucionista: a agricultura teria necessidade de mecanização e crédito e não de reformas fundamentais. É uma tese reacionária, portanto! A tese feudal, em si, teria consequências revolucionárias: o que ela propõe é uma ruptura com um modo de produção e a implantação de um novo modo de produção; ela propõe a revolução burguesa como uma aceleração do tempo histórico brasileiro, a eliminação do passado, sem concessões aos seus senhores feudais e ao imperialismo.[12]

Moraes repôs esta argumentação de A. P. Guimarães mais recentemente e com uma linguagem mais precisa. Para ele, o conceito de "revolução" de Caio Prado se assenta sobre a ideia de "transformação", opondo-se ao emprego da força e da violência para a tomada do poder. Essa concepção transformista ou processual da revolução brasileira privilegia a continuidade em detrimento da ruptura histórica. Caio Prado desconsidera as relações de produção não capitalistas que predominaram no Brasil, durante quatro séculos, para se ater ao sistema capitalista internacional no qual se insere a economia brasileira. A especificidade das relações de produção da sociedade brasileira desapareceu em face da perpetuidade do capitalismo desde o início. Sua análise não se refere às condições internas da vida social brasileira, apagando-as no interior das condições externas e internacionais. Daí a compreensão da evolução social do Brasil em termos de continuidade histórica; as mudanças são

---

[12] Apud Topalov, s. d.

tratadas como mera superfície da realidade originária de uma economia colonial articulada em torno do latifúndio exportador. O marxismo de Caio Prado revela-se claramente economicista. Sua análise do passado colonial afasta do horizonte brasileiro a revolução socialista, que se torna longínqua e utópica. Os operários deverão centrar a sua luta em objetivos reivindicatórios e sindicais. A luta política é reduzida à luta sindical. Diante de uma análise marxista com consequências tão conservadoras, Moraes não compreende como ela pôde obter tanta repercussão: Caio Prado foi mais usado do que entendido, ele conclui (Moraes, 1991).

A. P. Guimarães e Moraes, ironicamente, definem a visão do Brasil de Caio Prado da mesma maneira como este, pejorativamente, definira a do PCB: evolutiva. Ele é que é evolucionista, transformista, processualista e não o PCB, afirmam. Retrospectivamente é muito fácil inferir da derrota de um movimento a falsidade de seus fundamentos. A compreensão histórica não se alimenta dessas certezas fáceis, protesta Moraes. Importa-lhe reconstruir o contexto em que determinado projeto político forneceu a resposta adequada a uma situação intolerável (Moraes, 1991:86).

Coutinho associa-se a Guimarães e Moraes nesta avaliação da visão do processo histórico brasileiro de Caio Prado. Ele usará o conceito gramsciano de "revolução passiva" e o leninista de "via prussiana" para defini-la. A análise da revolução brasileira de Caio Prado revela que ela não se deu segundo o modelo clássico francês e norte-americano, mas foi uma transição modernizadora e conservadora: uma modernização conservadora. A modernização da estrutura agrária brasileira não teria levado à supressão da propriedade pré-capitalista, que se perpetuou e se adaptou ao modo de produção capitalista. A via prussiana, caracterizada por essa articulação de progresso (adaptação ao capitalismo) e conservação (permanência da velha ordem). Para Caio Prado, diferentemente das teses feudal e dualista, o lado atrasado do Brasil não seria um empecilho à sua modernização (Coutinho, 1990).

Entretanto, essa modernização conservadora, feita pelo alto, pela conciliação das elites dominantes entre si e com o imperialismo, excluindo e reprimindo o povo e cooptando os seus líderes, se fez contra a soberania nacional. Caio Prado defende a modernização, o desenvolvimento capitalista com soberania nacional. A soberania é prioritária em relação à modernização. Entretanto, apesar de ser nacionalista, Caio Prado não propôs um projeto de mudança revolucionária. Ele captou bem o lado conservador da nossa transição e subestimou os elementos de modernização. Deu mais ênfase à reprodução do velho que houve nas mudanças brasileiras do que à mudança. Analisa a Independência, a abolição, a República, a industrialização, para concluir que o Brasil ainda era colonial. Quase nem percebeu a industrialização e quando a percebeu foi para subestimá-la, tratando-a como uma aparência que não alterava a essência colonial. Quando reconheceu fatos novos, ele os considerou alterações meramente quantitativas que não anulavam a qualidade da dependência, manifestações que mantinham o passado, tornando-o até mais perverso (Coutinho, 1990).

Coutinho é severo em sua análise da contribuição de Caio Prado: ele tem uma visão atrasada do Brasil, pois enfatiza o velho, o passado colonial ainda no século XX, quando o Brasil conheceu tanta novidade e já até construía uma ideia revolucionária. Além disso, é autoritário na sua proposta de aceleração da modernização e da implantação do capitalismo nacional: esta seria feita por um Estado autoritário e não por instituições e meios democráticos. E ao limitar a revolução brasileira à modernização das relações trabalhistas e à libertação nacional do imperialismo, ele esqueceu a sua dimensão socialista e democrática (Coutinho, 1990). Insinua-se até que ele teria recaído em um certo positivismo político: propõe uma ditadura popular, republicana, que governasse acima dos interesses de classe e em defesa do proletariado (Comte?), da nação, da integridade territorial, da educação, da saúde, do lazer, uma ditadura social comtiana, no melhor estilo gaúcho (Bosi, 1992).

Para Garcia, Caio Prado oferece com *A revolução brasileira*, um texto de transição no pensamento da esquerda brasileira: ele realizou uma crítica demolidora da crença do marxismo de caráter evolucionista, mas não foi capaz de romper com o paradigma economicista que deduzia a revolução das estruturas da sociedade, transformando-a em um processo sem sujeito. Anunciava o marxismo estruturalista, que viria a vicejar nos anos seguintes. As classes em luta se submetem a uma misteriosa necessidade histórica, determinada pela estrutura econômica. Ele parece não ter compreendido a autonomia relativa do político (Garcia, 1989).

Caio Prado e os Limites Estruturais de *A Revolução Brasileira*

A nossa análise da visão do Brasil de Caio Prado se diferencia da dos autores mencionados anteriormente, sem no entanto invalidá-las ou retirar-lhes a legitimidade. São válidas, legítimas em seu ponto de vista, argutas e bem elaboradas. E são ainda legítimas na medida em que limitam o alcance e definem melhor o ponto de vista de Caio Prado. São uma tréplica dos intelectuais ou simpatizantes do PCB a *A revolução brasileira*, tréplica até mais lúcida do que algumas outras mais ressentidas, feitas quando da sua publicação. Nossa análise da contribuição de Caio Prado vai em outra direção, mais teórica e histórica. Ele teria percebido os limites históricos e teóricos à revolução brasileira e abandonado provisoriamente o "sonho da emancipação e autonomia nacional" em termos revolucionários. A "reconstrução crítica" desse sonho, que ele realizou, o trouxe à realidade brasileira, que não é de mudanças vertiginosas, mas de uma continuidade eterna, quase inquebrável. Propor a ruptura revolucionária em uma realidade social na qual o presente mantém uma aliança sólida com o passado, é propor o inviável. Em sua análise, o presente se acha impregnado de vários passados. O Brasil moderno preservou marcas do passado recente e remoto. Toda a complexa história do Brasil colonial está contida no Brasil contemporâneo. O tempo histórico brasileiro tem um ritmo espacial: uma repetição monótona, uma continuidade inquebrável, um presente que sempre revigora o passado (Ianni, 1989 e 1994).

O Brasil moderno, ele o vê emergir no final do século XVIII e início do XIX, entre 1808 e 1822. Então, os três séculos da colonização se encerram, e se inicia a construção do novo Brasil, o Brasil contemporâneo, o Brasil-nação. No início do século XIX, o regime colonial realizara o que tinha de realizar, a obra da metrópole estava terminada. A obra portuguesa, o mundo que ele criou nos trópicos, terminava ali. O Brasil, então, começou a se renovar, a ser brasileiro. Até o século XVIII, durante o nosso passado colonial, delimitou-se e povoou-se um território, organizou-se nele a vida humana diferente da que havia antes aqui e da dos portugueses que chegaram — uma população nova, original, com uma estrutura material particular, uma mentalidade coletiva singular. A partir do século XIX, o presente brasileiro começou a se configurar, mas não conseguiu se delinear plena e rapidamente. Por isso, ele afirma, conhecer o Brasil dos anos 1950-60 exige um retorno ao seu passado, ao início do século XIX. Ir ao passado é obter informações indispensáveis para a interpretação e compreensão do que se vive hoje.

Será preciso, aliás, ir não somente ao início do Brasil contemporâneo, ao século XIX, porém mais além: ao passado colonial, ao Brasil português, para se obter um conhecimento profundo do Brasil atual. O presente nacional (XIX/XX) não pode ser conhecido e feito sem um retorno ao Brasil colonial (pré-XIX). Aquele passado colonial ainda é presente, a metrópole ainda está aqui. Não somos ainda totalmente novos: sentimos ainda a presença colonial secular. No campo, as relações de classes são ainda de tipo colonial. Os problemas do Brasil de hoje foram formulados há mais de 150 anos. São velhos problemas, sempre presentes e nunca definitivamente resolvidos. Mas, se a construção nacional se iniciou no século XIX, o seu conhecimento pleno exige um mergulho ao mais profundo e atual Brasil, ao Brasil colonial.

Portanto, a percepção da continuidade na história brasileira não levou Caio Prado a uma visão reacionária e atrasada do Brasil. Levou-o, pelo contrário, ao conhecimento dessa realidade e dos limites que ela impõe às iniciativas idealistas, voluntaristas de transformá-la. Não se pode intervir na realidade sem conhecê-la sobretudo no que ela tem de mais resistente, de passado cristalizado e vivo. Sua análise representou um avanço teórico, um conhecimento mais aprofundado do mundo histórico brasileiro, que é ele mesmo atrasado e reacionário. Não se vai de um passado colonial à emancipação e autonomia nacional do dia para noite ou por uma decisão arbitrária de intervir a qualquer custo, a golpes de ficção. Pelo menos não no mundo do ser, da realidade; talvez, no mundo do dever ser, do sonho. Caio Prado se manteve moderadamente teleológico e etapista. As etapas brasileiras não são as mesmas de outras realidades, mas há etapas históricas a serem superadas. O fim da história é o socialismo, mas este fim não pode se impor ao presente autoritariamente, desconsiderando a sua relação com o passado. O presente brasileiro tende muito mais ao passado do que ao futuro — impor-lhe o futuro seria desconhecer esta realidade e abordá-la equivocada e perigosamente. O presente não pode ser violentamente sacrificado em nome do futuro. A luta pelo socialismo final exige paciência e adequação aos ritmos lentos da história brasileira: será uma luta não sectária, não ansiosa, não neurótica, capaz de unir outras correntes não socialistas em torno de objetivos não imediata e linearmente socialistas. As vitórias devem ser construídas concretamente, com tolerância e concessões, com negociações e diálogo, sem se submeter a esquemas abstratos preestabelecidos. Não é porque uma mudança é racional que ela deva ser imposta ao presente — é irracional não considerar os ritmos específicos do presente-passado.

O pensamento dialético é rico e serve à democracia exatamente porque se abre à história, às suas forças divergentes e emergentes, renova-se em seu contato com a realidade e não lhe impõe esquemas aprioristicos ditos "científicos e racionais". O marxismo não impõe etapas necessárias de desenvolvimento à humanidade. Não se pode enquadrar a revolução brasileira em esquemas adequados a outras realidades. É preciso conhecer a realidade brasileira e reconhecer a dialética de continuidade e mudança em sua especificidade. É necessário distinguir as realidades históricas, seus desenvolvimentos particulares, e não misturá-los em uma falsa teoria, que fale de todas e de nenhuma.

A utopia que sustenta a análise do Brasil feita por Caio Prado é a da solidariedade socialista, a do desenvolvimento de todos os povos em sua singularidade, com a sua soberania, desenvolvendo-se e ajudando-se mutuamente sem se explorarem reciprocamente. Desenvolvimento, modernização e progresso com emancipação e autonomia nacional — eis a sua utopia. Que só poderá ser realizada com o conhecimento histórico de cada realidade particular, que exige um uso particular da teoria marxista, uma adequação dos seus conceitos às histórias singulares. O desenvolvimento autônomo não pode ser implantado radicalmente em um passado-presente colonial. Ele será o resultado de um processo mais longo e lento, tortuoso, no qual o proletariado urbano e o campesinato têm um papel fundamental se se mantiverem autônomos em sua ação revolucionária.

ANOS 1960-70: FLORESTAN FERNANDES
Os limites reais, históricos, à emancipação e à autonomia nacionais: a dependência sempre renovada e revigorada

Florestan Fernandes, Cientista Social e Cidadão

Florestan Fernandes nasceu em São Paulo em 1920 e faleceu em circunstâncias dramáticas, por erro médico, em 1995. Não era filho nem da alta, nem da pequena burguesia. Órfão, trabalhou desde a infância para manter a si mesmo e à mãe. Seus estudos básicos foram muito prejudicados por essa razão: não completou o primário e teve de fazer o curso de madureza porque não pôde cursar o secundário. Apesar dessa vida pessoal e familiar difícil e da formação básica precária, ou talvez por causa disso mesmo, chegou à universidade aos 21 anos. De 1940 a 1951 fez a licenciatura e o bacharelado em ciências sociais, na USP, e o mestrado e o doutorado em sociologia e antropologia na Escola Livre de Sociologia e Política. Foram 11 anos regulares e concentrados de formação superior assentados sobre uma irregular e tumultuada formação básica. Em 1953, tornou-se livre-docente e, em 1964, professor catedrático da Universidade de São Paulo. Sua dissertação de mestrado e a sua tese de doutorado trataram dos tupinambás, da sua ordem social e das suas guerras; também fez reflexões teóricas acerca das ciências sociais e pesquisas sobre a integração do negro na sociedade de classes. Em 1969, foi aposentado compulsoriamente pela ditadura militar, revelando-se um dos intelectuais mais lúcidos e críticos do regime. Foi professor visitante nos Estados Unidos (1965/66) e no Canadá (1969-72). Como militante político, foi um dos fundadores do Partido dos Trabalhadores e se elegeu deputado federal (Ianni, 1978 e 1989).

F. Fernandes foi um dos primeiros frutos das missões estrangeiras que vieram fundar a Universidade de São Paulo nos anos 1930. Mas, se se considera essencial a formação básica para o desenvolvimento intelectual pleno de uma pessoa mesmo talentosa, sua formação foi outro "milagre". Teve toda a sua formação feita no Brasil e era contrário à saída de intelectuais brasileiros para estudar no exterior. Para ele, é aqui que os problemas a serem resolvidos estão, e o cientista social brasileiro deveria, primeiro, amadurecer aqui, para só depois se aperfeiçoar no exterior. Por um lado, talvez, ele tenha alguma razão. Alguns intelectuais brasileiros que retornam do exterior, onde foram estudar com bolsas do governo brasileiro, voltam com dificuldades de readaptação! Geralmente, os mais exagerados esquecem parcialmente a língua portuguesa, não suportam mais o forte calor e a claridade excessiva, evitam a dieta brasileira, não leem os autores brasileiros, não tratam de temas brasileiros, imaginando-se talvez agora apenas parcialmente brasileiros! Passam a lançar sobre o Brasil um olhar semelhante ao das suas elites! Eis uma mudança pessoal que revela uma mudança social e que mereceria talvez uma reflexão sociológica, que provavelmente Florestan fez. Mas, por outro lado, é preciso lembrar e considerar que ele talvez pense assim porque não precisou sair para conhecer os grandes mestres estrangeiros, já que as missões estrangeiras vieram para a USP. Suas obras são conhecidas na América Latina, na Europa e nos Estados Unidos. Sua influência se estendeu por todo o meio intelectual brasileiro e latino-americano. Formou-se nos anos 1950, e sua afirmação intelectual e política se daria nos anos 1960 e 1970. Nessas duas décadas, ele se tornou o principal esteio de uma das mais importantes escolas de explicação histórico-sociológica da América Latina e um dos mais importantes líderes político-intelectuais de esquerda. Estudou as relações de raça e classe, negros, índios e brancos e sua inserção na sociedade de classes, e pesquisou a especificidade do modo de produção brasileiro. Embora tenha sido inicialmente funcionalista, foi um autor marxista combativo e combatido. Seus temas são a escravidão, a abolição, educação e sociedade, as culturas brasileiras, as revoluções burguesa e socialista, os regimes autoritários, as relações de raça e classe. Seu pensamento é de fato dialético, aberto e em diálogo com a realidade. Nele, pensamento e história se produzem reciprocamente (Ianni, 1978 e 1989; Cohn, 1986). Seu texto não é tão fácil e transparente, pois mais analítico e conceitual. Isso provavelmente dificultou uma repercussão efetiva das suas reflexões teóricas e sobre os temas histórico-sociais brasileiros.

F. Fernandes, o Marxismo e o Redescobrimento do Brasil

Seu ponto de vista sobre o Brasil é o do "redescobrimento", nas linhas de, entre outros, Capistrano de Abreu, S. B. de Holanda, N. W. Sodré e Caio Prado Jr. Em suas obras sobre o Brasil aparecem os movimentos sociais, a ação de índios e negros, imigrantes, escravos, trabalhadores rurais e urbanos. Afasta-se ainda mais da história político-administrativa e biográfica tradicional. Segundo Ianni, ele percebe a sociedade como uma rede de relações sociais, uma estrutura social com os seus processos particulares, com suas interações e resistências, com suas tensões e contradições. Todo fato social enquadra-se numa relação social, e são as relações sociais que engendram a especificidade do social. As partes e o todo social se constituem e se modificam reciprocamente. Seu pensamento é eclético: é marxista, basicamente, mas com uma sólida formação sociológica clássica. Além de ter lido Marx diretamente e não através de cartilhas da URSS, não conhecia somente o marxismo. Ele via as ciências sociais como um grande debate sobre a sociedade no qual as posições não podiam se fixar e se fechar à interlocução com até mesmo as mais conservadoras teorias sociais. Ele conhecia bem Spencer, Comte, Durkheim e Merton; absorveu de forma especial as influências de Weber e Mannheim, que o tornaram um (e ainda) marxista mais sofisticado teoricamente (Ianni, 1978 e 1989; Cohn, 1986).

Para O. Ianni, que estamos seguindo até aqui, um dos seus alunos que mais se destacaram e que se tornou um dos seus biógrafos e analistas mais argutos, seu pensamento sintetiza cinco fontes, que se revelam de forma diferenciada em sua obra: primeira, a sociologia clássica e moderna: franceses, ingleses, alemães e americanos (ele afirmou que não precisava ir ao exterior para conhecer o que se produzia por lá — bastava-lhe ler as publicações que vinham de lá! Não seria menosprezar uma boa conversa e um bom seminário?); segunda, o pensamento marxista em geral e, em particular, os culturalistas Gramsci e Mannheim; terceira, a corrente mais crítica do pensamento brasileiro, a do "redescobrimento do Brasil" — Capistrano de Abreu, Manoel Bomfim, E. da Cunha, Semana de Arte Moderna, PCB, Caio Prado Jr., que levam em conta as lutas populares, as condições de vida e trabalho do povo brasileiro (que Ianni define bem como uma coletividade de cidadãos) e o modo especificamente brasileiro de ser; quarta, a história brasileira e mundial dos anos 1940-70: suas transformações mais rápidas, a urbanização, a industrialização, os partidos políticos, a ditadura, a revolução cubana, a descolonização, a II Guerra Mundial, a Guerra Fria...; quinta, a militância política, a reflexão teórica sobre as relações entre a sociologia, a política e a ética, o pensamento latino-americano. Ianni caracteriza o seu pensamento como um "ecletismo temperado", "controlado", uma busca de unificação na reflexão dos diversos tipos de pensamento clássicos e revolucionários, uma síntese de pensamentos distintos. Diríamos que seu pensamento seria, talvez, um pensamento, mais do que eclético, como afirma Ianni, *sintético* — ele reúne a diferença, articulando-a, e não meramente superpondo-a. Para Ianni ainda, sua sociologia inaugurou um novo estilo de pensar a realidade social — ele estabeleceu um horizonte novo para a reflexão social e a sociedade brasileiras (Ianni, 1978 e 1989).

F. Fernandes defendia uma sociologia militante, a transformação da realidade por um pensamento reciprocamente transformado por ela. O sociólogo é cientista e cidadão. Entretanto, o pensamento social não se submete de maneira direta à ação social. A relação entre ação e pensamento é dialética, como propõe a práxis social marxista, isto é, uma vinculação sem dominação de uma esfera sobre a outra. A intervenção na realidade deve ser teórica, com dados e reflexões conceituais sobre uma realidade particular. Seu pensamento é da mudança social — é um pensamento tenso, que articula as paixões e aspirações do cidadão com a busca de dados empíricos e verdade conceitual do cientista. Ele quer controlar a intervenção na realidade — quer realizar uma ação racional, uma paixão que se arma de dados e os controla. Ele quer reunir, na medida do possível, intervenção política, movida por interesses de classe, e conhecimento social, movido pela busca da objetividade e verdade. A intervenção racional promoverá a mudança com meios democráticos. A realidade complexa do Brasil exige um pensamento mais ágil, flexível, aberto e, portanto, mais sintético. Sem dogmas e esquemas prefixados (Ianni, 1978, 1989 e 1994).

Nisto, ele vai mais longe do que Caio Prado Jr. Vai mais longe e melhor: sua formação teórica, apesar do início precário, é muito mais sólida. Mannheim é o seu modelo. Assim, ele pretende defender a relevância política de uma análise especificamente histórico-sociológica. É a análise consistente da realidade social particular que tem consequências políticas e não as pseudoanálises que reforçam teses dogmáticas e desconhecem a realidade em sua especificidade e não podem ser politicamente eficazes. A ação política só é controlável e oferece menores riscos se apoiada em uma análise histórico-sociológica realmente adequada à realidade na qual se quer intervir. Se se quer mudar o Brasil em direção a uma sociedade socialista e democrática, o primeiro passo, e indispensável, é conhecê-lo adequadamente. As ideias sobre o Brasil precisam se localizar no Brasil. O que ele pretendeu foi um entrecruzamento *sem dominação* de ciência e ideologia, verdade e interesse, cidadão e cientista social. Esse esforço, ele o ensinará à sua equipe, cuja marca será também a busca de uma maneira de pensar os problemas do Brasil com rigor conceitual e eficácia prática.

Cohn considera que a chave do seu pensamento seria definida por dois conceitos principais: "padrões" e "dilemas". *Padrões*: ele busca caracterizar formas de organização e regularidades dinâmicas, reconstruíveis, discerníveis, identificáveis e apreendidas em seu modo próprio de articulação; *dilemas*: as condições geradas pela dinâmica desses padrões, que opõem obstáculos à realização das possibilidades postas por eles. O padrão define uma maneira de organização da sociedade, os mecanismos pelos quais se atualiza a sociedade no momento; os dilemas definem as condições geradas pela dinâmica interna dessa forma de organização e que conduzem a obstáculos e opções. Em sua análise concreta do Brasil, ele se preocupou, quando tratou de padrões e dilemas, com os atores sociais específicos em suas oportunidades estreitas e históricas. Procurou encontrar, em sua análise, os sujeitos sociais capazes de fazer as opções que as contradições da estrutura social oferecem em forma de dilemas (Cohn, 1986).

Os padrões são as estruturas sociais que limitam a ação dos sujeitos sociais, que os impedem de implantar na realidade a sua vontade e os seus sonhos. A realidade social não é o que se deseja que ela devesse ser, e não pode ser mudada apenas com uma vontade moral — exige conhecimento, pesquisa, investigação. A história faz os homens, que estão encerrados em relações sociais, em lugares e papéis sociais dos quais não podem se retirar nem ignorar caprichosamente. Entretanto, a história oferece opções de ações aos sujeitos que estão mergulhados nela.

Os dilemas constituem as decisões produzidas por sujeitos históricos específicos em certas possibilidades objetivas de ação, que podem ou não ser aproveitadas. A teoria social correta ofereceria aos sujeitos sociais as possibilidades objetivas das suas ações, as opções que os levariam ao sucesso, à eficácia histórica. Errar na análise histórico-social significa equivocar-se na ação. Por isso, a análise deve ser sóbria, serena, bem informada, particularizada e objetiva. Ela servirá ao cidadão em suas lutas e na visualização da sua liberdade. F. Fernandes não pretendia uma neutralidade científica, tampouco pretendia a pregação ideológica. O seu é um pensamento sólido atravessado pela paixão, que ele controlava pela disciplina teórica (Cohn, 1986).

Para Mota, F. Fernandes rompeu com a linhagem dos "explicadores do Brasil", intelectuais que criaram ideias especulativas sobre o Brasil, servindo sobretudo à conservação ou sendo inúteis para a mudança. Neste trabalho consideramos estes explicadores do Brasil, de Mota, "intérpretes do Brasil", cujas contribuições avaliamos muito positivamente. Não porque serviram à continuidade ou pouco à mudança, mas porque fizeram uma tentativa de interpretação e de reconstrução narrativa e conceitual da experiência brasileira. Eles criaram ideias sobre o Brasil e acabaram inventando-o. Quanto a F. Fernandes, e divergimos um pouco de Mota, ele realizou uma pesquisa social inovadora, interdisciplinar e teoricamente consistente, mas sem romper totalmente com os grandes autores do passado, sendo ele também um dos melhores intérpretes do Brasil, atento à mudança, mas sem desconsiderar a continuidade na realidade brasileira. Em nossa avaliação, o que há entre F. Fernandes e os intérpretes da realidade brasileira que o precederam, em suas várias tendências, é um rico, vivo e importante debate sobre o Brasil. Ele se diferencia, nesse debate, pela linguagem menos ensaística, menos literária e mais conceitual; pela preocupação maior com a mudança social, feita sob o controle da teoria. A sua equipe descobriu os grandes temas e formulou os grandes problemas do Brasil: capitalismo, escravidão, racismo, subdesenvolvimento, dependência, Estado e sociedade, formação do proletariado, movimentos sociais urbanos e rurais, a transição do modo de produção escravista à sociedade capitalista...

(Mota, 1978). Mas os resultados desses trabalhos chamamos ainda de "interpretações", pois nenhum é indiscutível e definitivo.

A linguagem dos membros da sua equipe é mais hermética, mais complexa, mais conceitual, revelando o amadurecimento da ciência social no Brasil. Para F. Fernandes e sua equipe, segundo Mota, era preciso implementar a ciência social no Brasil. Era preciso identificar e formular os grandes problemas brasileiros, conhecer as suas causas e repercussões sociais, bem como as razões dos sucessivos malogros em controlá-los. "Formulando problemas", ele desideologizava um pouco. A ideologia reaparece na hipótese-solução. Para ele, continua Mota, a mudança social não é um bem em si e pode trazer efeitos negativos irreparáveis se não se tiver consciência do que se pretende com ela. Sua obra é contemporânea do seu tempo: enfrentou os desafios do presente, reinterpretou o passado, estabeleceu novas relações entre ambos e reabriu o futuro com novas propostas. Seu pensamento é radicalmente crítico e quer apreender de fato a realidade brasileira no que ela tem de mais peculiar. Seu objetivo era interpretar e representar da forma mais adequada a temporalidade brasileira específica (Mota, 1978).

Para Mota, enfim, sua obra é um vasto mural das lutas populares. Os sujeitos do futuro brasileiro são o proletariado urbano e rural, descendentes de escravas, índias e brancos pobres, que poderão destruir os restos do passado da colonização portuguesa. Em F. Fernandes, o Brasil quer romper radicalmente com o mundo que o português e as elites brasileiras, suas descendentes, criaram. O futuro deve ser cada vez menos português, passado, e cada vez mais brasileiro, uma integração progressiva à sociedade da população, até então excluída, pela conquista e ampliação da cidadania.

A sua obra e a de seus continuadores dialogarão, opondo-se à perspectiva dos tradicionalistas e saudosistas, representantes das classes sociais ligadas ao passado agrário-escravista-exportador, os "descobridores e conquistadores do Brasil". Estes idealizavam o passado, então povoado de mitos e heróis, suavizavam a escravidão e temiam o presente-futuro, onde emergiam as classes populares com o seu projeto de cidadania ampliada a todos. Sua obra e a da sua equipe também dialogarão, opondo-se à perspectiva das classes médias urbanas e seus intelectuais de espírito tecnocrático, uma interpretação elitista modernizadora do Brasil, que se imporá desde 1964. Enfim, segundo Mota, F. Fernandes, junto com A. Cândido, representou a radicalização da mudança social, a ruptura com o passado brasileiro. Ele seria uma intelectual ponte entre a geração de 1945 (F. Azevedo, Cruz Costa, Buarque de Holanda, Caio Prado Jr. e outros) e a geração de 1960 (F. H. Cardoso, R. Schwarz, O. Ianni, F. Weffort etc.) (Mota, 1978).

Nessa sua visão radical do Brasil, a categoria que mais caracteriza a especificidade do processo histórico brasileiro é a da *escravidão*. Ela deixou marcas muito fortes nas relações sociais e na cultura do país. F. Fernandes examina o tema pelo aspecto da resistência do escravo, a sua rebeldia e a sua capacidade de transformar a sociedade brasileira. Seu grande interlocutor nesse debate será G. Freyre. F. Fernandes escreve contra a visão de Freyre da escravidão brasileira. O tema da escravidão passada ligava-se ao da "revolução social" que viesse abolir as desigualdades sociais no presente-futuro. Discutir o tema da escravidão no passado significava lutar pela concretização da sua abolição no presente-futuro. Foi esse o tema principal usado para o desmascaramento da dominação e da visão oficial da realidade brasileira, que fala de harmonia racial e social e de suavidade das relações entre senhores e escravos (Queiroz, 1987; Graham, 1979).

A equipe de F. Fernandes, incluindo R. Bastide, um dos mestres e copesquisadores, F. H. Cardoso, O. Ianni, E. V. da Costa, tomará *Casa-grande & senzala* como uma antirreferência. A escravidão suave é um mito cruel a ser destruído. Os escravos não eram cidadãos, não podiam ter armas, propriedades, vestir-se como quisessem, sair à noite, reunir-se. E se fugissem!... Moravam em quase prisões, amontoados. Trabalhavam sob coerção, repressão e violência, com longas jornadas. Eram castigados cruelmente e marcados a ferro quente. Suas condições de vida eram as piores. Falar em suavidade e ternura nas relações senhor/escravo é ir cinicamente contra os fatos. Aliás, mesmo que vivessem em melhores condições de vida, continuariam escravos, isto é, não cidadãos. Esta sua condição social tinha efeitos devastadores sobre a sua condição humana e psicológica. Sentiam-se como coisas e não como sujeitos sociais. Não eram humanos, não se representavam como tais. Freyre, no entanto, sustentava que não tinha havido revolta escrava no Brasil e que eles tinham vivido bem adaptados à doçura e à ternura das elites luso-brasileiras (Gorender, 1990).

Com F. Fernandes à frente, os pesquisadores marxistas dos anos 1960 se oporão agressivamente a essa tese de Freyre. Para eles, não há como absolver o escravismo brasileiro. E os negros não eram adaptados, mas rebeldes, fugiam, suicidavam-se, atacavam senhores. F. Fernandes e sua equipe enfatizarão a rebeldia escrava, o que significava tocar no núcleo da sociedade brasileira passada e presente: a tese da rebeldia abordava criticamente o passado escravista e o presente de cidadania restrita. A escravidão dominou a vida política, econômica, social e mental do Brasil durante quatro séculos! O negro é sinônimo de subalterno, inferior, dominado. Branco é igual a senhor; negro, igual a escravo. O negro não poderia ter ambições políticas. Para Ianni, a tese da democracia racial, das relações suaves e ternas entre senhores e escravos, foi uma invenção cruel, uma aniquilação da presença negra e indígena, primeiro, pela violência pura, depois, pela absorção gradativa em um branqueamento cultural. O brasileiro, filho de escravas e indígenas, mestiço e pobre, herdaria essa cordialidade submissa e pacífica. Portanto, em F. Fernandes e equipe, o tema da escravidão toca nos nervos da população brasileira atual, filha de escravas e de donos de escravos. A rebeldia escrava está na base da luta de hoje pela cidadania plena (Ianni, 1978 e 1989; Gorender, 1990).

F. Fernandes pertenceria à terceira fase da história do marxismo brasileiro: a do materialismo dialético, que predominou pós-1964, na periodização de Mantega, já mencionada (Mantega, 1991). Sua obra é posterior à discussão entre o PCB/Sodré e Caio Prado Jr. Ele prossegue a orientação de Caio Prado, mas com uma posição teórica muito mais consistente. Integrando-o à sua análise, superou-o na análise do Brasil. Sua obra é fundadora da sociologia crítica no Brasil, fruto dos estudos de Marx sem intermediários soviéticos e chineses, mas diretamente em *O capital*, em 1958. Este grupo d'*O capital*, mito à parte, procurou compreender teoricamente a dinâmica capitalista observando-a no contexto específico da realidade brasileira. Houve uma rica e profunda reflexão sobre o método dialético materialista e leram-se outros autores de teoria social e econômica exteriores ao marxismo: Durkheim, Weber, Sombart, Parsons, Merton, Keynes e outros expoentes europeus e americanos. A análise marxista do Brasil que fizeram é contemporânea e posterior ao Golpe de 1964. F. Fernandes e seu grupo continuaram a usar a arma da crítica em uma época de luta armada, embora sua crítica teórica se assemelhasse a uma metralhadora giratória (Moraes, 1991; Mantega, 1991).

Ao tentar situá-lo entre as seis interpretações do Brasil que predominaram nos anos 1920-70, Bresser-Pereira hesitou em localizá-lo ou na interpretação funcional-capitalista, ao lado de Caio Prado, ou na interpretação da superexploração imperialista, ao lado de Gunder Frank, R. Marini e Teotônio dos Santos, ou na interpretação da nova dependência, ao lado de F. H. Cardoso e E. Falleto. Bresser-Pereira considera o seu pensamento de difícil classificação, pois independente e complexo. A sua radicalização em relação ao autoritarismo burguês intrínseco à burguesia dependente o aproximaria mais da segunda, a que clamava socialismo ou fascismo. Em relação à primeira, cujo representante maior é Caio Prado, F. Fernandes se distingue ao superar o "sonho da autonomia nacional" no interior do sistema capitalista. Para ele, no contexto da dependência, não há proposta nacionalista que possa amortecer a luta de classes e diminuir a exploração da burguesia dependente. F. Fernandes explicita os limites reais, históricos, à emancipação e à autonomia nacionais: a dependência sempre renovada e revigorada. Por isso, ele pode ser considerado um dos criadores da teoria da nova dependência, ao lado de F. H. Cardoso. Assim como a deste, sua análise histórico-estrutural do Brasil revela os limites muito estreitos à conquista da emancipação e da autonomia nacionais. Por essa razão, radicalizou em sua análise da luta de classes e, em defesa da sociedade socialista, combateu a exploração burguesa, que é internacional. Para ele, se a emancipação nacional um dia for possível, ela não o será dentro do sistema capitalista. A luta deverá se orientar, então, contra o sistema capitalista internacional e não por um irrealizável capitalismo nacional. Diferentemente de Cardoso, a constatação da dependência estrutural não o impediu de continuar propondo a tese socialista do desenvolvimento com autonomia nacional. Bresser-Pereira, portanto, e com razão, tem dificuldades para classificá-lo dentro do pensamento das esquerdas brasileiras e latino-americanas. Ele caberia nas três tendências de esquerda dos anos 1960-70 e, ao mesmo tempo, as supera e não se encaixa nem se fixa (Pereira, 1979).

Mota o situa em duas fases distintas: na da era de ampliação reformista (1957-64) e na da era das revisões radicais (1964-69), ao lado de Caio Prado Jr., Ianni, D. M. Leite e outros. Nessas fases, as análises do Brasil ganham outras perspectivas e tenta-se corrigir os erros das interpretações dos anos 1950: o desenvolvimentismo, o capitalismo nacional, o dualismo... F. Fernandes mostrará por que a luta de classes não pode ser dissociada do quadro da dependência. O modo de produção capitalista é internacional, e o Brasil ocupa um lugar específico nessa estrutura maior. Nenhum "projeto nacionalista" poderia retirar o Brasil desse lugar estrutural sem romper com a estrutura. Para se conhecer melhor o Brasil, será preciso estudar suas relações de dependência internacional e situá-lo no modo de produção capitalista, que é o contexto da luta de classes e da luta entre empresas multinacionais. A situação de dependência limita as possibilidades de um capitalismo nacional que, aliás, é uma expressão contraditória. O capitalismo é, em sua própria definição internacional, evidência teórica que as análises marxistas anteriores não souberam levar em consideração. À luta nacionalista, F. Fernandes opõe a luta de classes internacional, que será preciso intensificar para acelerar a chegada do socialismo (Mota, 1978).

A Obra: *A Revolução Burguesa no Brasil*

Para abordarmos seu pensamento e conhecê-lo um pouco melhor, mas sem nenhuma ingênua pretensão de apreendê-lo plenamente, pois trata-se de um autor prolixo e complexo, difícil, escolhemos a sua *A revolução burguesa no Brasil* (1975), uma interpretação histórico-sociológica do Brasil, uma obra de síntese, marxista, mas que se distingue das interpretações marxistas do Brasil dos anos 1950-60. Sua interpretação, pois trata-se também e ainda de uma interpretação que oferece uma compreensão do Brasil ao Brasil, uma configuração-refiguração hermenêutica, é desvinculada do PCB e de orientações internacionais. É uma história sociológica do Brasil que se apoia mais em escritos teóricos e históricos marxistas do que em orientações políticas internacionais. F. Fernandes produz uma interpretação do Brasil teórica e politicamente independente em diálogo crítico com as outras interpretações. Nessa obra, revela uma nova visão do Brasil, construída com base em pesquisas empíricas sobre a colonização, a escravidão e a revolução burguesa. O tema do seu estudo é o modelo específico da revolução burguesa no Brasil, que foi diferente do modelo clássico. A burguesia revolucionária clássica implantou um sistema liberal-democrático. Sua pergunta, então, é: por que, no Brasil, a burguesia revolucionária optou por um estilo autoritário de democracia limitada?

Sua hipótese: pela maneira peculiar pela qual o capitalismo se desenvolveu no Brasil. Pois não há um padrão único de implantação e desenvolvimento capitalista. Não se pode presumir que o modelo brasileiro de revolução burguesa, isto é, de implantação do capitalismo, seja uma repetição dos modelos clássicos. Seria um erro teórico grave, com sérias consequências políticas. O padrão do desenvolvimento capitalista do Brasil é específico e é essa especificidade, com as suas consequências políticas, que esse seu estudo quer estabelecer. Para E. Viotti da Costa, *A revolução burguesa no Brasil* é importante sob três aspectos: primeiro, apresenta um novo modelo de interpretação da sociedade brasileira, lidando com categorias marxistas de modo sutil e flexível, evitando interpretações mecanicistas; segundo, possui um valor pragmático, pois faz um diagnóstico da política brasileira contemporânea, além do grande valor acadêmico; terceiro, sua análise do Brasil oferece subsídios para uma análise da América Latina. Segundo ela, esta é uma obra essencial para o conhecimento da história brasileira. Opõe-se à sociologia do caráter nacional brasileiro e ao dualismo desenvolvimentista dos anos 1950 e ainda às teses do PCB. F. Fernandes segue de perto o modelo da dependência, dominante nos anos 1960, que veio substituir o dualista. Mas transcende esse modelo, embora enfatize a dependência e tenha sido um dos formuladores do seu modelo, ao dar mais atenção à dinâmica interna da sociedade brasileira e ao continuar fiel ao projeto do socialismo democrático. Viotti da Costa também o reconhece como um dos criadores da teoria da dependência, mas ele a superou e se tornou um dos seus críticos mais relevantes. Para se constatar isso, aliás, basta observar as suas relações críticas e tensas com F. H. Cardoso, quando este chegou ao poder. Em seu livro, ele analisa a transição de uma sociedade tradicional para uma sociedade competitiva, no tocante tanto aos valores quanto às instituições e às estruturas econômico-sociais. Ele dá tanta ênfase às mentalidades quanto às estruturas econômico-sociais. E também não minimiza a esfera política. Viotti da Costa conclui: sua obra responde aos desafios do presente e reinterpreta o passado desvelando outros nexos entre ambos (Costa, 1978).

A expressão "revolução burguesa no Brasil", esclarece F. Fernandes, designa o processo de consolidação do capitalismo no Brasil, como uma realidade parcialmente autônoma e com tendência à integração nacional. Antes dela, a economia exportadora, que a preparou estrutural e dinamicamente; depois dela, três alternativas possíveis para o desenvolvimento econômico-social brasileiro: o subcapitalismo, o capitalismo avançado e o socialismo. Parece, então, que está descartada a alternativa socialismo ou fascismo, que, na verdade, é uma charada indecifrável. A não ser que se compreenda subcapitalismo e capitalismo avançado como traduções do fascismo. De qualquer maneira, aquelas são expressões mais brandas, mais nuançadas. No subcapitalismo nós já estamos e é de fato uma situação muito autoritária; o socialismo é a meta final e distante; o que seria o capitalismo avançado? Todavia, o seu livro tratará dessa questão das "tendências" futuras só indiretamente. O seu estudo é histórico-sociológico e, portanto, o que o interessa diretamente é o durante, isto é, as etapas pelas quais se consolidou o capitalismo no Brasil. O que o interessa, portanto, é a *revolução burguesa no Brasil*, um conjunto de transformações econômicas, tecnológicas, psicoculturais e políticas que implantaram no Brasil a ordem social capitalista.

Para ele, a interpretação sintética de uma revolução burguesa no Brasil já poderia ser tentada, com alguma margem de erro, mas com relativa segurança, apoiada nas pesquisas históricas, econômicas e sociológicas dos últimos 40 anos. Aliás, a bibliografia apresentada ao final do seu livro impressiona pela quantidade e qualidade, pela diversidade de línguas e tendências, pela interdisciplinaridade, pela presença numerosa tanto de obras teóricas como de pesquisas empíricas. Ele tentará realizar essa interpretação sintética com base nessa vasta bibliografia.

Sua questão inicial: como e quando e em quais regiões se deu o surgimento do burguês e da sua revolução no Brasil? Para uns, constata ele, a burguesia teria surgido já com a implantação da lavoura exportadora, como se ela pudesse controlar o que era controlado desde a metrópole (Caio Prado). Para outros, ela jamais teria existido no Brasil por ser um personagem exclusivamente europeu, oriundo dos burgos medievais (PCB/Sodré). Ambas essas perspectivas lhe parecem inadequadas. A primeira associa o burguês ao senhor de engenho, a burguesia à oligarquia agrária. Entretanto, a oligarquia agrária ocupava um lugar marginal no processo de mercantilização da produção agrária colonial e não foi antecessora da burguesia moderna. O senhor de engenho não era burguês: ele tinha a função de organizar a produção de tipo colonial, uma produção heteronômica, destinada à apropriação metropolitana. Apesar de possuir uma posição privilegiada internamente, ele entrava no circuito colonial como dependente, sujeito à expropriação pelos grupos europeus que dominavam o comércio internacional e pela Coroa, que tinha o direito de cobrar tributos. Ele não tinha lucro, mas um tipo de remuneração. Era uma espécie de administrador, de funcionário da Coroa. Portanto, a história da burguesia brasileira não emerge com a colonização, ou melhor, o Brasil não é capitalista desde o seu descobrimento.

A segunda nega a existência da burguesia no Brasil, o que é equivocado. Os que negam esta existência cometem um tipo de historicismo anti-histórico: acreditam que processos e agentes de uma sociedade pertencem somente a estas e não a outras, não podendo ser transplantados. Mas essas sociedades se articulam, e o Brasil, em certo momento da sua história, fez uma opção política: optou por assimilar formas econômicas, sociais e políticas do mundo ocidental moderno, que é basicamente capitalista. Tal opção seria impossível sem a presença de uma burguesia brasileira. O que caracteriza esta burguesia é o seu aparecimento tardio, hesitante, débil, limitado, dependente, conciliador. Sua presença pode ser vista como revolucionária, mas não à maneira das revoluções burguesas clássicas.

Para o período colonial, portanto, nem a *tese feudal* (Sodré) e nem a *tese capitalista* (Caio Prado Jr.) são adequadas. O Brasil passou a ser burguês e capitalista a partir de um certo momento da sua história, bem posterior ao seu descobrimento. Falar em revolução burguesa no Brasil consiste em procurar os sujeitos das grandes transformações históricas e sociais que estão por trás da desagregação do regime escravista-senhorial e da formação da sociedade de classes no Brasil. A revolução burguesa no Brasil significou a modernização econômica, política, cultural e social, uma transição da era senhorial, sob a hegemonia das oligarquias agrárias, para a era burguesa, quando a hegemonia foi compartilhada entre aquela oligarquia e o novo grupo social emergente, a burguesia. No Brasil, não houve um confronto estrutural entre o novo e o antigo — o velho e o novo se fundiram. A burguesia não entrou em conflito de vida ou morte com a aristocracia agrária. Ela se opôs à oligarquia dentro da ordem. O conflito foi pontual e não estrutural. A burguesia se comprometeu com tudo o que lhe fosse vantajoso, e era vantajoso para ela tirar proveito dos tempos desiguais e da heterogeneidade da sociedade brasileira. Ajustou-se à tradição, preferindo a mudança gradual e a composição a uma modernização impetuosa, intransigente e avassaladora.

Quanto à oligarquia, ela também enfrentou a transição com um espírito igual de transigência e compromisso, modernizou-se, aburguesou-se. O que determinou a transição não foi a "vontade revolucionária" da burguesia brasileira, ou melhor, a sua vontade revolucionária não se exprimiu politicamente, pela tomada do Estado oligárquico, mas economicamente, pela associação vantajosa com as oligarquias e o imperialismo. A burguesia brasileira produziu a sua revolução em uma economia colonial, periférica, dependente. Não havia condições e processos econômicos que sustentassem o funcionamento dos modelos econômicos transplantados do centro. Além disso, esses modelos transplantados não visavam a estimular o comércio interno, mas a manter e a intensificar a incorporação dependente da economia brasileira. Se havia uma modernização interna, essa se articulava de forma subalterna às economias centrais. O capitalismo brasileiro é um capitalismo dependente; a burguesia brasileira é uma burguesia dependente, um sócio menor. A revolução burguesa no Brasil não foi, portanto, uma ruptura intransigente, um assalto ao poder oligárquico, mas um processo modernizador, gradual, não vertical, conciliador, de longa duração. O ritmo da revolução foi imposto de fora para dentro pela economia capitalista internacional.

Eis como F. Fernandes caracteriza em seu sentido geral a revolução burguesa no Brasil. Entretanto, quando se iniciou, como avançou e quais foram os seus agentes? Em que período da história do Brasil foi iniciado esse processo, por quais sujeitos e em que direção final? Para F. Fernandes, essa revolução burguesa brasileira queria realizar a implantação de uma economia capitalista independente, nacional — esta era a sua aspiração final, a sua utopia. Para se obter esse resultado, o mercado interno deverá se fortalecer e se autonomizar, ser hegemônico sobre o mercado externo; as relações de produção deverão se tornar plenamente capitalistas; a organização da produção deverá se racionalizar; as forças produtivas deverão se modernizar; o Estado deverá se burocratizar racionalmente. Esse era, portanto, o objetivo final a ser alcançado, esta a orientação, o sentido final da ação da burguesia na história brasileira. E, aqui, F. Fernandes se distingue de Sodré e de Caio Prado, que sonhavam cada um à sua maneira com um capitalismo nacional, com a emancipação e autonomia nacional dentro do capitalismo, com o desenvolvimento capitalista com soberania, com a realização daquele sentido final. A sua teoria social mais bem elaborada o levou à realidade brasileira, aos seus ritmos específicos, lentos e tortuosos, aos obstáculos ao seu desenvolvimento autônomo. F. Fernandes identifica a utopia burguesa, mas não sonha mais! A emancipação e a autonomia nacionais serão impossíveis dentro do sistema capitalista. A ideia de um capitalismo nacional com o qual sonhavam as esquerdas dos anos 1950-60 era um equívoco teórico e político. Isso porque a burguesia brasileira está em uma posição sempre e renovadamente dependente. Dada essa dependência, sempre renovada e fortalecida, aquela aspiração final jamais será alcançada.

A burguesia brasileira teve de reduzir o alcance da sua revolução; teve de limitar o seu impulso transformador, teve de restringir o campo da sua atuação histórica. Teve de transigir, conciliar, aceitar agir dentro da ordem oligárquica. E poderia ela agir de outra forma — contra a ordem, por exemplo? — pergunta-se F. Fernandes. Poderia ter tomado uma orientação realmente revolucionária? Para ele, não. Ela atuava em condições muito adversas. Como ela poderia agir para tornar incompatíveis a "mudança" da expansão interna do capitalismo e a "continuidade" do passado colonial e do presente neocolonial? O passado e o presente brasileiros são de dependência estrutural capitalista (continuidade); como agir eficazmente contra eles e criar um futuro novo (a mudança)? O capitalismo dependente, ele conclui, é um capitalismo difícil, deixando poucas alternativas à burguesia. A dominação burguesa no Brasil fugirá do modelo clássico — não será nacional e democrática, mas dependente e autoritária. Sob o capitalismo dependente, a revolução burguesa é difícil, mas necessária, para possibilitar o desenvolvimento capitalista e a consolidação da dominação burguesa. Considerando os estreitos limites em que atuava, cercada internamente pela oligarquia exportadora e pelos interesses internacionais, externa e também internamente, a burguesia brasileira foi até hábil, eficaz historicamente, ao ceder em relação ao passado e ao aceitar a associação dependente, em uma posição menor, com o imperialismo. Seu objetivo final, dadas as circunstâncias, foi reconhecido como utópico, um sonho de desenvolvimento com autonomia, e foi ora abandonado ora mantido, mas sempre adiado. Poderia ela agir de outra forma?

Em sua avaliação da ação da burguesia brasileira, F. Fernandes se divide, hesita. Por um lado, ele se decepciona com sua incapacidade de alcançar o objetivo que estabeleceu para a sua ação. Ele lamenta a ausência de uma burguesia realmente dinâmica, democrática, revolucionária, de fato, capaz de fazer as opções postas pelos padrões da organização social brasileira. Para ele, em certos momentos, teria faltado ao Brasil um agente transformador ousado, uma burguesia capaz de desempenhar o seu papel modernizador em uma sociedade capitalista. A sociedade brasileira se organizou de forma capitalista muito mais de fora para dentro; dentro, faltou-lhe um agente capaz de levar a fundo a mudança — o Brasil precisava de uma burguesia mais audaciosa, mais agressiva, menos prudente e tímida. A revolução burguesa no Brasil foi frustrada, uma oportunidade perdida — a burguesia não preencheu o seu papel histórico, foi um ator incompetente. F. Fernandes recai então em considerações éticas, torna-se um cidadão frustrado e indignado com as difíceis condições da vida brasileira, engastada entre o passado e o presente, incapaz de saltar para o futuro, pela ausência de sujeitos históricos realmente dinamizadores.

Por outro lado, o F. Fernandes cientista social analisa as condições objetivas em que as iniciativas desse sujeito social foram tomadas, em que as escolhas foram feitas, observa uma realidade social dependente, dominada pela continuidade das forças do presente e do passado e conclui que era difícil agir, que a revolução burguesa no Brasil foi feita em estreitos limites, entre o passado colonial e o presente neocolonial. Ora F. Fernandes acusa a burguesia brasileira de ser um agente de mudanças incompetente, tímido, conciliador, ora a considera competente, hábil, até inovadora, se se considera a sua situação de dependência, a estrutura com limites estreitos dentro da qual ela teve de fazer opções e agir. Não há contradição entre as duas avaliações — são avaliações feitas a partir de esferas de valores distintos, a esfera da paixão, do cidadão, e a esfera do conceito, do cientista social. Não são contraditórias: elas se complementam, se iluminam reciprocamente. O cidadão expressa a sua frustração e pede explicações ao cientista; o cientista oferece explicações que jamais são suficientes para acalmar e silenciar a frustração do cidadão.

Nesse diálogo fecundo, a paixão do cidadão alimenta a pesquisa científica, exige explicações; a análise conceitual do cientista reestimula a paixão, que sempre espera e solicita informações e explicações mais precisas e conclusivas. F. Fernandes se aproxima muito de Weber e Mannheim em muitos aspectos.

Feitas essas considerações gerais sobre o caráter da revolução burguesa no Brasil, que só provocam a paixão que exige sempre um maior entendimento, F. Fernandes realiza uma análise histórica: quando começou, quais os episódios da história brasileira que revelam a emergência da dominação burguesa? Quais os fatos e as datas que marcaram a ascensão da burguesia brasileira? Trata-se, segundo ele, de uma revolução longa, lenta, e que ainda não se completou. Ele considera que quatro processos a constituíram no passado: a) *um processo político:* a independência (1808-22); b) *um processo econômico,* a mudança do padrão das relações entre o capital internacional e a economia interna (a partir de 1822, com aceleração desse processo entre 1850-88); c) *um processo sociocultural,* a emergência dos dois novos tipos humanos: o fazendeiro do café e o imigrante (a partir de 1870); d) *um processo socioeconômico,* a abolição e a expansão da ordem social competitiva (pós-1888).

Primeiro, apesar da independência, a produção continuou a ser feita com a mesma relação de produção escravista de antes, a propriedade da terra era ainda latifundiária, a agricultura ainda era monocultora e exportadora. O que mudou: o comércio exterior dos produtos brasileiros, que era controlado de fora, passou a ser controlado de dentro. Houve um excedente econômico interno, com a eliminação da intermediação da Coroa portuguesa, que paulatinamente passou a ser investido internamente, diversificando a produção e estimulando o consumo. Apareceu uma produção agrícola e artesanal destinada ao mercado interno. As cidades começaram a se desenvolver. Nesse primeiro momento, essas expressões de uma economia interna se subordinavam ainda ao mercado externo. A independência política não conduziu a nenhuma transformação econômica revolucionária, mas alterou de modo significativo a relação de dependência econômica. Ela foi o ponto de partida para uma maior liberdade econômica, para a absorção de novos padrões socioeconômico-culturais, novas técnicas, agentes e modelos de ação econômica; ela produziu, internamente, a mudança no padrão de civilização. Pela primeira vez, emergia na cena brasileira o "burguês".

O capitalismo e o seu agente apareceram no Brasil, entre 1808 e 1822. Eles apareceram ligados ao comércio e não à produção agrícola exportadora e nem à produção manufatureira ou industrial. O comércio passou a ser controlado de dentro; os controles externos da economia colonial transferiram-se para o interior da nova economia nacional que se implantava, trazendo o espírito burguês, a concepção burguesa do mundo. Houve uma mudança significativa na relação da economia brasileira com o sistema econômico externo, após a extinção do estatuto colonial e a constituição de um Estado independente. Não foi a emancipação nacional, mas a renovação da dependência, a sua articulação sobre novas bases e em outros termos. Isso não impede que a independência tenha representado uma revolução social, a primeira que se operou no Brasil. Ela representou o fim da era colonial e o ponto de referência para a época da sociedade nacional, com ela inaugurada. Muitos não lhe atribuem valor, por ter persistido a ordem social interna colonial e por ter sido produzida sem a participação das massas. Apesar disso ser verdade e limitar, de fato, o seu alcance transformador, a simples extinção do estatuto colonial teve um sentido econômico-social revolucionário. Com ela instaurou-se uma sociedade nacional — o poder deixará de ser uma imposição externa para organizar-se a partir de dentro, com elementos brasileiros, apesar da nova dominação inglesa. As elites nativas poderão atuar sem o controle da Coroa e seus prepostos.

A independência só não foi violenta porque, por coincidência, pelas circunstâncias da história europeia, a Corte fora obrigada a se transferir para o Brasil. Ela já era uma necessidade histórica. As elites não queriam mudar a ordem social colonial; só queriam controlá-la de dentro. A independência não foi e nem poderia ter sido feita de maneira mais coletiva e agressiva. Ela foi uma realização das elites que pretenderam internalizar o poder e controlar diretamente o comércio de seus produtos. Não foi uma revolução social, embora tenha dado início à revolução burguesa, mas política. Foi ao mesmo tempo um movimento revolucionário, a busca de uma sociedade nacional autônoma; e conservador, a preservação e a consolidação da ordem social colonial, pois as elites não possuíam condições materiais e morais para engendrar o padrão de autonomia necessário a uma nação. A mineração e a lavoura exportadora impunham a preservação do mundo colonial. Apesar disso, havia um elemento transformador, dinâmico. As ideias liberais, que foram selecionadas eficazmente e ofereceram às elites a argumentação racional contra a condição colonial e pela emancipação. Elas ofereceram forma e conteúdo às pretensões igualitárias com a metrópole, por um lado, e, por outro, redefiniram as relações de dependência que continuaram a vigorar entre o Brasil e o mercado externo.

As ideias liberais, bem no lugar e muito eficazes, embora selecionadas, apoiaram a construção do Estado nacional em um país destituído das condições elementares mínimas de uma sociedade nacional. O liberalismo apoiou as elites na sua luta contra os interesses da Coroa, como ideologia; como utopia, ele as apoiou na criação de um projeto de Estado e sociedade nacionais. O liberalismo não foi um elemento postiço, farisaico, esdrúxulo — teve o seu papel, que se ganharia melhor definindo-o, ele esclarece, opondo-se às análises de S. B. de Holanda e R. Schwarz, que veem as ideias europeias, no Brasil, "fora do lugar" (Schwarz, 1981; e Franco, 1981). Para F. Fernandes, o liberalismo teve um papel muito produtivo. Ele foi a força cultural viva da revolução nacional brasileira.

Enfim, a revolução da independência impôs o domínio senhorial sobre a nação. As possibilidades de mando do senhor transcenderam ao seu domínio rural. O poder senhorial atingiu o novo Estado nacional, que integrou os interesses de todos os senhores agrários locais e regionais em um interesse nacional. O senhor se transformou em cidadão. Com as ideias liberais circulando por outras razões, mais econômicas e políticas, passaram também a circular ideias sociais: a de direito, liberdade individual, de justiça, de progresso... Essas ideias liberais não selecionadas pelas elites, no entanto, oferecerão argumentos às lutas contra a escravidão e pela democracia que, então, começaram. Elas alimentaram uma utopia revolucionária. A independência revelou o caráter duplo do liberalismo — dependência nova em relação ao exterior e caminho novo de autonomia, não de um povo ainda, mas das elites. A independência possui, para F. Fernandes, um lado sombrio e outro positivo. Ele é hábil na percepção desses dois lados da revolução burguesa no Brasil. Ao lado sombrio, ele reage como cidadão e protesta; ao lado positivo, ele reage como cientista social e o reconhece, quando, em geral, a reação que predomina na historiografia brasileira que o precedeu é só a decepção e a indignação do cidadão. Mas, propõe ele, há um outro lado das coisas, o estrutural, que limita a liberdade dos homens em suas opções.

Entretanto, F. Fernandes não é determinista ou passivo diante das condições estruturais. Ele afirma não pensar que "tinha de ser assim" ou que "poderia ser de outro modo"... O que ele só está reconhecendo é que a sociedade colonial não poderia cair de uma hora para outra, aceleradamente, e que a transição da sociedade colonial para a nacional iria desencadear e exigir processos históricos seculares. A independência só foi o primeiro desses processos, o processo inicial, o ponto de partida, e muito importante: ela foi a base do processo secular da construção da integração nacional, o início da implantação da ordem capitalista. Foi a independência o marco inicial da "revolução burguesa no Brasil".

Após a independência, o *processo econômico*, o segundo processo desencadeador da revolução burguesa, houve uma mudança nas relações entre a economia brasileira e o neocolonialismo. Os agentes estrangeiros que comercializavam os produtos brasileiros antes da independência assumirão, após, o controle da antiga colônia sem riscos políticos. A participação da Coroa no excedente foi redistribuída. A exploração colonial passou a ser, agora, estritamente econômica. O produtor brasileiro e o importador estrangeiro discutiam quem ficaria com a maior parcela econômica. O produtor brasileiro começou a aspirar à internalização da fase de comercialização. Mas não podia ainda exercê-la. Ele teve de se adaptar a essa hegemonia econômica. Quanto aos comerciantes estrangeiros, intermediários entre o produtor e os importadores europeus, aceitaram internalizar até certo ponto o comércio que realizavam, integrando o Brasil no sistema capitalista mundial, retirando o produtor brasileiro da posição marginal que ocupava. Essa nova relação de dependência perdeu o nexo político e se tornou sobretudo econômica. O produtor brasileiro tornou-se um sócio menor. A dependência foi preservada, mas as relações com o exterior se alteraram. A nova economia nacional que emergia possuía novas funções e se articulava de forma nova com o mercado mundial. O neocolonialismo foi um fator de modernização econômica real, alterando a economia interna em suas articulações com o centro.

O novo país foi aparelhado para montar e expandir uma economia capitalista dependente. Houve transferência, da Europa para o Brasil, de empresas especializadas em transações comerciais de exportação e importação e em operações bancárias. Com elas, transferiram-se para dentro tecnologias, capitais, agentes econômicos. Resultado: emergia um novo padrão de crescimento econômico interno, organizava-se a dependência em função do dinamismo interno. Os controles externos instalaram-se no cerne da economia interna. O Brasil não ocupava mais uma posição marginal em relação ao "capitalismo comercial" (ele ainda usa essa expressão!) que perdurou durante o período colonial. O país ganhou um *status* próprio na organização da economia mundial. Nessa nova posição, podia absorver padrões de comportamento econômico, tecnologia moderna, instituições econômicas, capital e agentes humanos. Deu um salto na participação dos modelos capitalistas de organização da personalidade, da economia e da sociedade. O processo concentrou-se na esfera das atividades mercantis e financeiras. Foi nessa esfera que houve a internalização de operações que antes ocorriam fora. A modernização não atingiu todas as esferas econômicas. Tocou a esfera do comércio, primeiro, e não conduziu à aceleração do desenvolvimento econômico autônomo, pois não atingiu a produção agrícola e artesanal voltada para o mercado interno. Era uma modernização induzida de fora, que mais aprofundou a heteronomia do que levou à autonomia. Entretanto, essa modernização, embora não trouxesse a autonomia, trouxe uma influência positiva: a renovação da economia interna, a introdução de padrões capitalistas no comércio, a alteração da mentalidade e comportamento dos agentes econômicos. O elemento burguês nasceu da sua influência.

Sob essa influência, aparece na cena brasileira o burguês — nas atividades mercantis. O "espírito burguês" leva à exploração das potencialidades internas e cria a possibilidade da superação da dependência. Mesmo sob a dependência econômica, o burguês brasileiro valorizaria formas de consciência econômica análogas às do centro. O burguês brasileiro associou-se às firmas estrangeiras, e seus interesses se amalgamaram. O controle externo da economia interna processava-se sob forte identidade de interesses, lealdade e simpatia. Esse controle externo era indireto, a distância e impessoal. Os negócios de exportação e importação não eram percebidos como uma relação de dependência econômica.

Adotou-se o liberalismo como uma concepção radical do mundo. Apesar de heteronômico, o novo setor tirava proveito da sua inclusão no desenvolvimento econômico urbano. Ele manipulava o excedente econômico produzido pela atividade agrária. O senhor de engenho passou a aplicar na cidade o seu excedente. Essa conexão campo-cidade transformou a produção exportadora rural em fonte de crescimento econômico interno. Essa especulação mercantil-financeira antecedeu e orientou as transformações capitalistas na produção e no consumo. Esses novos agentes fizeram crescer a economia urbana, que fomentava o desenvolvimento interno, apesar da dependência. Eles modernizaram a economia interna, monetarizando-a e estimulando o mercado interno. Eles provocaram a emergência de um novo horizonte cultural, que contrastava com o horizonte cultural senhorial.

É a partir desse novo horizonte cultural que vai se difundir e consolidar o capitalismo. O primeiro surto capitalista no Brasil não se deu nem na agricultura exportadora e nem na produção manufatureira ou industrial, mas no complexo comercial e financeiro, constituído sob as pressões econômicas do neocolonialismo e do desenvolvimento urbano. Esse fato criou uma mentalidade burguesa. Aparecia, antes das relações de produção capitalistas, o espírito do capitalismo no Brasil. Aqui, porque veio do exterior e não foi uma emergência interna, o espírito burguês é anterior à relação social capitalista; o espírito será criador da relação social concreta que o exprime.

O processo político da independência e o processo econômico da mudança nas relações entre a economia brasileira e o capitalismo internacional desencadeariam um *processo sociocultural*, o terceiro processo dinamizador da revolução burguesa, ao criar as condições para o surgimento dos dois novos tipos humanos, que serão os sujeitos da modernização brasileira e que não poderiam aparecer sem aqueles dois processos que os antecederam. O primeiro "tipo humano" é o fazendeiro do oeste paulista, que passou a investir fora do contexto econômico da grande lavoura. Sua ação se tornou movida por interesses estritamente econômicos. A sua lavoura de café entrou na lógica do mercado, tornou-se uma plantação moderna. O cafeicultor se adaptou ao novo Brasil posterior a 1822 e a 1850, que possuía um novo agente interno: o especulador financeiro, com o qual o fazendeiro se endividou e se ligou estreitamente. Ele teve de se adaptar para manter o monopólio do poder, o controle do governo e a liderança da vida econômica. O capital comercial e financeiro subjugava-o e obrigava-o a modernizar-se. O capital se concentrava nas cidades em instituições financeiras e ameaçava a grande lavoura, ainda senhorial e tradicional. Os fazendeiros do oeste paulista perceberam o novo tempo: substituíram a mão de obra escrava, reduziram os custos, usaram novas técnicas, modernizaram os transportes. Surgiu outro tipo de fazenda: racional, tecnológica, assalariada, voltada para o aumento da produtividade e do lucro.

O fazendeiro do café já não possui *status* por razões tradicionais, mas por razões econômicas. Sua fazenda não é mais o seu domínio, seu estado, sua moradia — é a sua empresa. Ele habita a cidade, investe no crescimento desta. Nas cidades estava o poder comercial e financeiro, que controlava toda a economia. O espírito burguês chegou primeiro ao Brasil, antes dos seus sujeitos sociais internos, e se instalou nas cidades. Convivendo com esse espírito burguês urbano, o fazendeiro torna-se o seu portador interno. Ele se torna um homem movido por interesses puramente econômicos, impiedoso, tenaz, ambicioso, apetitivo. Esse agente transformador representou uma ruptura no interior das elites tradicionais. Seu passado é senhorial, oligárquico, tradicional; seu presente é burguês, classista, modernizador. Essa sua relação de "continuidade" com o passado o tornará menos agressivo do que poderia ser na "mudança". Ele será menos revolucionário do que poderia ter sido. Sua capacidade de modernização será limitada pelos vínculos que mantinha ainda com o passado senhorial.

O segundo agente da revolução burguesa virá do exterior da história do Brasil. Seu passado não é interno, o que o tornará livre para agir. Ele já chegou com o espírito burguês e é mais audacioso. Trata-se dos imigrantes europeus e asiáticos, um agente heterogêneo. Eles apareceram na história do Brasil quando a economia de mercado exigia a substituição do trabalho escravo pelo livre. Foi aquele fazendeiro moderno quem os trouxe para a sua plantação. Eles trouxeram especialização tecnológica, padrões de vida mais racionais. Vieram com o objetivo de "fazer a América" para voltar aos seus países de origem ricos e poderosos. Vieram com o mesmo espírito dos primeiros colonizadores: conquistador e depredador. Seu futuro não estava aqui, nem o seu passado, ambos na Europa e Ásia de onde vieram e para onde voltariam. Aqui, eles terão uma atuação com motivações estritamente econômicas. Seu fim era a riqueza. Para atingi-la o mais rapidamente, eles transformaram a si mesmos e à sua família e aos outros em meios. O trabalho próprio e familiar foi a fonte da sua prosperidade. Eles viviam com austeridade e pobreza: poupavam. Os bem-sucedidos produziam para o mercado interno, na produção agrícola, artesanal, no pequeno comércio. Eles se tornaram substituidores de importações, papel que terá uma repercussão enorme no século XX.

O imigrante foi o herói da industrialização. Sua presença foi um elemento acelerador da revolução burguesa brasileira. Se o senhor de café foi um agente capitalista na esfera superior da estrutura econômica, o imigrante foi um agente dinâmico múltiplo: ocupou todas as posições, de assalariados a agricultores, comerciantes, industriais. Sem passado e sem tradição, não tinha preocupação com *status* e não tinha preconceitos em relação ao trabalho manual. Mas, após obter grande sucesso econômico, quando passou a ter influência política, ele não foi inovador. O cidadão F. Fernandes protesta, então, indignado contra o imigrante reacionário, que aderiu às formas de dominação do senhor de café. Economicamente, a sua presença foi avançada, agressiva, diversificadora, dinamizadora, modernizadora; politicamente, ele se revelou tímido e frágil, preferindo a conciliação e o conservadorismo. No entanto, ele poderia agir de outra forma e preservar o seu sucesso econômico? O seu sucesso econômico não exigia concessões políticas? É só pensar em como ele chegou ao Brasil, completamente dominado pelo senhor que o "importara". Além disso, na Europa e na Ásia, de onde vieram, eles eram também dominados como operários e camponeses. Eles não tinham a experiência da luta política. Seu objetivo, como imigrante, não era político, mas econômico. E obtiveram um grande sucesso nessa área. A esfera política, o seu funcionamento, tiveram de aprender por aqui mesmo, tendo como professores as oligarquias! Assim, a revolução burguesa brasileira tomou um caráter autoritário e repressivo em grande parte porque o imigrante não teve meios de propor novas formas burguesas de poder. E quando foi agressivo politicamente, ele tendeu ao anarquismo, à luta contra a ordem burguesa ainda frágil e foi objeto de violenta repressão.

Ao absorver o capitalismo na esfera comercial-financeira, primeiro e, depois, na fazenda de café com o seu novo fazendeiro e nas atividades múltiplas do imigrante, a sociedade brasileira tenderá a romper com as relações de produção escravistas e a implantar relações de produção tipicamente capitalistas, ou seja, tenderá a se constituir como uma "ordem social competitiva". Este será um *processo socioeconômico*, o quarto processo desencadeador da revolução burguesa no Brasil. Nas sociedades nacionais dependentes, o capitalismo foi introduzido antes da constituição da ordem social competitiva. O espírito do capitalismo chegou primeiro à esfera comercial e só depois constituiu as relações de produção que lhe são correspondentes. A ordem escravista colonial brasileira resistiu quase um século à sua superação por uma ordem social capitalista, apesar de suas tensões internas. Ela poderia sobreviver ainda convivendo com o crescimento da população e a urbanização. Mas não sobreviveria à integração da economia brasileira à economia mundial, que exigia a mercantilização do trabalho. Desde o início do século XIX, os ingleses atacaram o esteio da ordem senhorial: a escravidão. A classe senhorial percebia que era atacada em seu fundamento, no elemento que garantia o seu equilíbrio e continuidade e reagiu, protelou, adiou, lutou. Mas não podia estancar a história.

Tendo optado pela independência, ela escolheu o capitalismo contra o pacto colonial e tinha de conformar-se com o destino que aquele lhe reservara. Entretanto, apesar de ter optado pelo capitalismo, a classe senhorial defendeu ainda a ordem social escravista colonial/imperial e repudiou o mercado capitalista, que incluiria setores humanos até então à margem da história. O mercado capitalista cria estruturas econômicas às quais ninguém escapa. A falta de elasticidade da ordem social escravista com referência ao mercado capitalista revelava a sua impossibilidade real de absorver as formas materiais, morais e políticas das relações humanas sob o capitalismo. A competição era incompatível com os fundamentos patrimonialistas da sociedade estamental. A ordem social escravista resistiu, entretanto, até o final do século XIX. Mas, resistindo, ao longo do século XIX, ela se desagregava. A nova ordem social se estruturou dificilmente, passo a passo. Durante o século XIX, houve uma acomodação de formas econômico-sociais antigas e modernas, uma economia nacional híbrida, que estendeu a duração de um sistema pré-capitalista de produção em plena eclosão do modo capitalista internamente.

Finalmente, não sem hesitações, os fazendeiros paulistas se desinteressaram do trabalho escravo e investiram no trabalho livre. Este nasceu ainda em um contexto escravista e não em um contexto que fomentasse a competição e o conflito. Ele se articula ao mandonismo, ao paternalismo, ao conformismo, como se fosse um prolongamento do trabalho escravo. O trabalho livre apareceu submetido à mesma brutalidade e violência do trabalho escravo. Contra a rebeldia do novo trabalhador, estarão à disposição do senhor, assim como estiveram contra o escravo, a polícia e o autoritarismo do Estado. A escravidão foi se tornando incompatível progressivamente com o espírito do capitalismo, com o mercado capitalista, com a ordem social competitiva que emergia. Em 1888, a escravidão foi definitivamente encerrada, embora os restos escravistas ainda perdurassem. Desde 1808 e 1822, a revolução burguesa estava em marcha. Em 1888, aboliu-se a escravidão; em 1889, mudou-se o regime político. Todas essas datas e processos expressavam a entrada do capitalismo no Brasil e a emergência dos sujeitos sociais que são os seus portadores.

A mudança do Estado em 1889 foi uma condição necessária para que ela, a burguesia, se tornasse dominante: produziu transformações jurídico-políticas necessárias à disseminação das relações de produção capitalistas. Em 1889, formou-se um Estado burguês, que implantou um novo direito (todos são sujeitos de direitos, e não há mais escravos no Brasil), embora limitado em sua eficácia e abrangência. Apesar da declaração da cidadania irrestrita, sobreviviam restos escravistas, o autoritarismo do próprio Estado, o poder local dos senhores, a repressão aos movimentos sociais. As relações de dependência pessoal afetavam o direito de voto do trabalhador rural. A democracia era oligárquica e elitista, não ainda burguesa. Mas era um Estado burguês assim mesmo. Como o espírito do capitalismo, também o Estado burguês antecedeu ao aparecimento das relações de produção capitalistas e tornou possível a sua constituição e reprodução, suscitando um direito e uma burocracia que criavam o indivíduo livre e igual perante a lei, pronto para oferecer a sua força de trabalho ao mercado (Saes, 1984).

Eis, portanto, os quatro processos que constituíram a revolução burguesa no Brasil no século XIX. Eles implantaram o capitalismo no Brasil; mas a aceleração desse processo virá somente no século XX, com a industrialização, a Revolução de 1930 e vários episódios trágicos de tomada do Estado e de exclusão pela força dos movimentos populares. A burguesia brasileira possui um espírito modernizador, mas circunscreveu essa modernização à esfera econômica. Fora daí, ela faz um discurso revolucionário, imitando a burguesia clássica, mas que não passa de ostentação verbal, farsa. A modernização conservadora é técnica e econômica e evita a divulgação de valores de independência e revolução social e nacional. Os interesses burgueses, internos e externos associados, convergiram para a estabilidade, a ordem, essencial para o crescimento econômico que pretendiam. A dominação burguesa no Brasil é autocrática. Entre as elites, no entanto, há uma certa tensão dentro da ordem. Mas, desde que continue dentro da ordem, essa tensão é tolerada. Após a abolição e a República, a oligarquia não pôde dominar com exclusividade e teve que ceder. Ela cedeu à radicalização dos setores intermediários e industriais sem perder o controle do Estado. Ela mudava, para permanecer.

Foram a oligarquia tradicional agrária aliada à elite dos negócios comerciais e financeiros que decidiram, e não as classes industriais, o que deveria ser a dominação burguesa na prática. Foi essa aliança reacionária que comboiou os outros setores das classes dominantes, reprimindo o proletariado e conduzindo a luta de classes. Aparentemente, essa aliança foi destituída em 1930. Mas ressurgiu em 1937, no governo Dutra e em 1964, sem desaparecer nos entreatos. Em 1964, a burguesia unida estabeleceu uma relação íntima com o capital financeiro internacional, reprimiu a subversão política da ordem, apossou-se do Estado, que se tornou então exclusivamente burguês. A dominação burguesa no Brasil se revelou então como ela é. As burguesias interna e internacional se associaram economicamente e tomaram o Estado para a modernização capitalista "pelo alto". Desde 1808-22, a revolução burguesa no Brasil se deu de cima para baixo, autoritária, autocrática, repressiva. Desde o início, essa revolução excluiu a população brasileira do acesso ao poder político e das conquistas democráticas. O liberalismo político foi esquecido ou minimizado; só o econômico foi praticado. Foi uma revolução feita sob o signo da ordem, do progresso, do desenvolvimento com segurança, isto é, o passado não foi totalmente abolido, interrompido, como aconteceu em processos realmente revolucionários.

A "Dura/doura Realidade" e a Paixão da Mudança

F. Fernandes aprofunda a perspectiva teórica de Caio Prado Jr.: ele percebe também, e com maior ênfase, a continuidade na realidade brasileira mais do que a mudança. Embora, como cidadão, ele deseje a mudança e se impaciente com a sua lentidão, como cientista social ele é obrigado a constatar que o Brasil, na verdade, permanece uma economia sempre heteronômica, o que impede que os seus agentes transformadores possam agir mais audaciosamente. Contudo, poucos como ele souberam valorizar as mudanças ocorridas nessa história brasileira marcada pela continuidade. Em história, para ele, não há continuidade absoluta: sempre há mudança. F. Fernandes é sensível a essas mudanças, registra as mais sutis e avalia com lucidez o seu alcance. Embora ainda aspire vivamente à emancipação e à autonomia nacionais, ele não sonha mais; não acredita em mudanças profundas e aceleradas. Vive ora no dia-análise (continuidade), ora na noite-sonho (mudança): dividiu-se. Encontrou em suas pesquisas a dura realidade da continuidade da dependência, ignorada nas análises de cientistas sociais socialistas e burgueses. O modelo clássico de revolução burguesa não poderia ser repetido aqui, pois o desenvolvimento desigual interno e a dominação imperialista são realidades permanentes que a impediam. A burguesia brasileira não poderia fazer o desenvolvimento capitalista com democracia e opondo-se à dominação externa, que já era interna. Há uma parte da burguesia brasileira que é democrática, mas que se desencantou também ao constatar a contínua e dura realidade da dependência estrutural capitalista. A burguesia brasileira teve de neutralizar aspirações democráticas no interior da sua própria classe e reprimir projetos nacionalistas e populares. A modernização seria feita, mas seu objetivo não será a nação, mas a classe.

A transição revolucionária é feita de forma particularista e egoísta, e não considera o desenvolvimento da nação como um todo. O desenvolvimento capitalista no Brasil não leva nem à emancipação e nem à autonomia nacional. A nação é usada como meio, como recurso estratégico e como base material de decisões. Mas não será o objetivo do desenvolvimento capitalista. Este objetivo são os interesses egoístas, particularistas, da burguesia interna articulada à dominação externa. Percebe-se que F. Fernandes tenta "fazer o luto" do nacionalismo perdido! Por um lado, constata a dura realidade; por outro, não se conforma e protesta com veemência. Ele se põe então a emitir juízos de valor sobre a burguesia brasileira. Há um certo moralismo em sua análise da revolução burguesa brasileira. Fala de deslealdade, de desonestidade deste ou daquele segmento social. É como se a burguesia brasileira pudesse fazer a revolução democrática e nacional e que, por incompetência e egoísmo, abdicasse desse ideal. Quando raciocina em termos de luta de classes, estratégias e alianças de classes, quando é um marxista teórico, explica e compreende a ação da burguesia; quando passa a raciocinar em termos de nação, de desenvolvimento integrado, que inclua toda a população brasileira em suas vantagens, e constatando o contrário disso, ele se impacienta e passa a falar de traição e do que deveria ser a ação revolucionária.

Para retornar, então, à realidade e à teoria e constatar: "parece que as coisas não poderiam transcorrer de outro modo na cena brasileira"! E ainda mais: "é preciso reconhecer que os ganhos acumulados com a transição do estado colonial para o capitalismo dependente foram consideráveis"! Para, novamente, reconsiderar: "são os homens que fazem a história e considerar o acontecido como inevitável não é uma boa regra de método". A abordagem estrutural não leva à passividade das classes, insiste. A determinação estrutural abre um campo de possibilidades, de alternativas, de dilemas... A estrutura explica a história, mas a história não é conhecível antecipadamente por isso. Permanece ainda a possibilidade estrutural das "opções", e até a opção da ruptura estrutural não é impossível (Silveira, 1978). A história da revolução burguesa no Brasil o deixa frustrado. Por que a burguesia teve de realizar a sua ação modernizadora de maneira tão contrarrevolucionária? Por que teve de se associar às oligarquias, ao passado colonial? Por que não deslocou aquelas velhas classes, por que não criou o colapso, a ruptura radical com o passado? Por que não realizou o desenvolvimento capitalista com democracia e visando ao crescimento e à integração nacional? Essas perguntas apaixonadas exigem uma resposta teórica apoiada em pesquisas empíricas.

F. Fernandes oferece tal resposta, talvez a contragosto. Por que tudo aquilo? Porque o capitalismo não tem um único padrão de desenvolvimento, de caráter universal e invariável. Os padrões de desenvolvimento capitalista correspondem às realidades específicas em sua relação com as diversas fases do capitalismo internacional. As situações históricas, reais, com os seus estamentos e classes, é que definem o padrão de desenvolvimento capitalista. Será preciso conhecer e reconhecer o "padrão brasileiro" de desenvolvimento capitalista.

O Brasil articula-se às três fases do capitalismo internacional. Antes de 1808, o Brasil ocupava uma posição marginal em relação ao capitalismo comercial (assim como Caio Prado Jr., ele também emprega esse termo!). Não se estende sobre essa fase anterior a 1808 e não esclarece o seu uso desse conceito muito problemático, do ponto de vista da teoria marxista, que perdurou durante todo o período colonial. Não era capitalista ainda, pois não tinha internamente os sujeitos autônomos e em luta, movidos por valores e interesses tipicamente capitalistas; entre 1808 e 1860 passou pela fase da transição neocolonial, articulando-se ao mercado capitalista moderno. Nessa fase entra em crise o sistema escravista; entre 1860 e 1950 passou pela fase da formação e consolidação do mercado interno, criando um crescimento industrial e uma economia urbana comercial importantes, articulando-se à expansão do capitalismo competitivo; entre 1950 e 1964 reorganizou o mercado e o sistema de produção, através de operações comerciais, financeiras e industriais e da associação entre multinacionais, Estado e burguesia interna, articulando-se ao capitalismo monopolista. Essas são as três fases da revolução burguesa brasileira, de 1808 a 1964, das transformações econômicas, técnicas, sociais, psicoculturais e políticas que implantaram o capitalismo no Brasil de forma especificamente brasileira.

Em nenhuma dessas fases o Brasil repetiu o modelo clássico. Nas três fases ele seguiu um curso típico de nações periféricas e heteronômicas. Aqui, o desenvolvimento capitalista foi sempre dinamizado pelos estamentos e classes dominantes de forma egoísta e particularista, tornando-se compatível com a continuidade da dominação imperialista externa, com a permanente exclusão da população. Foi um desenvolvimento capitalista débil e oscilante, insuficiente para a universalização do trabalho livre, a integração nacional do mercado interno e das relações de produção capitalistas e a industrialização autônoma. O desenvolvimento foi feito na dependência sempre reposta de forma renovada e revigorada. Tal relação não foi somente imposta de fora para dentro — ela foi construída pelas mãos do capital internacional em associação com as elites internas. O tempo histórico especificamente brasileiro não foi uma imposição externa, mas uma articulação do externo com o interno. A relação entre o interno e o externo não é mecânica, mas dialética — é uma articulação de interesses e vontades diferentes e opostas em uma unidade. A sociedade brasileira não é explicável somente pelo externo, pela dependência, embora o externo seja uma determinação essencial das condições internas. Entretanto, o externo não é exterior, pois compõe a estrutura interna da sociedade. Se se quiser romper com a determinação externa será preciso suprimir a sua realização interna, que é a burguesia brasileira associada (Silveira, 1978).

F. Fernandes repõe a tese marxista da luta de classes plena para a construção do futuro socialista. O proletariado deverá viver plenamente a sua contradição com a burguesia e lutar pela implantação do socialismo. Este objetivo final, talvez, demore. Mas sua luta poderá levar a dois futuros possíveis: ao desenvolvimento econômico ainda capitalista, que ofereceria uma posição de maior autonomia dentro da estrutura capitalista, portanto, ao capitalismo avançado, que representaria uma revolução dentro da ordem; ou ao socialismo, que representaria uma revolução contra a ordem. Qualquer destes dois futuros será melhor do que o passado colonial e escravista e do que o presente autocrático, militarista, repressivo burguês, com os quais seria preciso romper, não continuar.

Apesar de ter pesquisado e conhecido profundamente a duradoura realidade, F. Fernandes termina a sua análise ainda otimista e utópico. Sonha ainda com uma sociedade brasileira integrada nacionalmente, emancipada, autônoma, livre, independente e moderna, desenvolvida, democrática, avançada objetiva e subjetivamente. E o sujeito criador desse Brasil novo não será a burguesia brasileira, que, por ser dependente, é basicamente egoísta e autoritária, mas o proletariado e o campesinato, as maiorias excluídas — mulheres, negros, crianças, estudantes, enfim, os cidadãos brasileiros. Se a burguesia brasileira teve de ceder ao passado, de se amalgamar com ele, este novo sujeito se abrirá ao futuro e resistirá às pressões do passado-presente. A divisão entre o cidadão e o cientista em F. Fernandes chega ao abismo. O cientista social constata a continuidade em suas análises histórico-sociológicas; o cidadão deseja produzir a mudança tanto mais quanto ele se vê informado pelo cientista sobre a dura realidade da continuidade do passado-presente brasileiro.

ANOS 1960-70: FERNANDO HENRIQUE CARDOSO
Limites e possibilidades históricas de emancipação e autonomia nacional no interior da estrutura capitalista internacional: dependência & desenvolvimento

F. H. Cardoso: uma Personalidade Complexa

Fernando Henrique Cardoso nasceu no Rio de Janeiro em 1931, filho e neto de generais, numa época em que, anos 1930-50, as Forças Armadas brasileiras não estavam ainda associadas à ditadura, à repressão e à tortura, mas, ao contrário, à luta pela libertação do povo brasileiro do seu terrível passado de opressão e exclusão, de violência e escravidão. Dentro do Exército havia uma forte corrente de comunistas, e, dentro do PCB, um número significativo de militares. O seu pai parecia pertencer a esse outro tempo/lado das Forças Armadas. Como possuía a patente de general, devia ser bem remunerado e podia oferecer à família um bom padrão de vida. Filho e neto de generais, F. H. Cardoso nasceu integrado às elites brasileiras.

Em casa aprendeu a ser disciplinado, o que foi essencial ao seu sucesso nos estudos. Teve uma formação escolar regular, sem falhas, e basicamente brasileira: licenciou-se em ciências sociais (1952) e defendeu a sua tese de doutorado (1961) na Faculdade de Filosofia, Ciências e Letras da Universidade de São Paulo; depois, tornou-se professor auxiliar, assistente, livre-docente e emérito do Departamento de Sociologia da USP. Seu grande mestre, na USP, foi F. Fernandes: "Não fosse a paixão de F. Fernandes pela ciência empírica, capaz de espremer até o fim a teia injusta da nossa realidade social, para buscar caminhos de mudança, não teria havido o meu lado sociólogo", ele afirma. Refere-se também, como sendo seus estimuladores e orientadores, a Roger Bastide, a Antônio Cândido, aos seus colegas do Seminário de Marx e da Cepal. No exterior, como aluno, teve apenas uma breve passagem pelo Laboratoire de Sociologie Industrielle, da Universidade de Paris-Nanterre, entre 1962 e 1963, sob a orientação de Alain Touraine, onde elaborou o seu livro *Empresários industriais e desenvolvimento econômico no Brasil*, que se tornou uma obra indispensável para a discussão desse tema. Como professor, no entanto, ou visitante, ou conferencista, ou homenageado, as referências internacionais do seu currículo impressionam quase tanto quanto as de G. Freyre. Ensinou e fez conferências em grandes universidades dos EUA (Berkeley, Stanford), da Inglaterra (Cambridge), da França (École des Hautes Études en Sciences Sociales, Nanterre, Collége de France), e foi homenageado com o título de Doutor Honoris Causa (Rutgers-Nova Jersey, Notre Dame-Illinois, Coimbra). Na América Latina, ensinou, visitou e fez conferências na maioria das universidades. Entre 1982 e 1986, presidiu a Associação Internacional de Sociologia, além de ter integrado inúmeras associações e centros de pesquisa e consultoria em ciências sociais do Brasil, EUA e outros países da América Latina e Europa: Cebrap, Flacso, Pispal, Cesit, Fipad, ISA, Ceplan, Cedes, SSRC etc.[13]

Até 1978, F. H. Cardoso foi um "excepcional cientista social", um intelectual brasileiro reconhecido e admirado nacional e internacionalmente. Sua obra é vasta e interdisciplinar: sociologia, história, economia e ciência política. F. Weffort, embora mais um aluno do que um discípulo, o define como um "intelectual das personalidades difíceis ou complexas", como um analista de uma época em que é muito difícil ter ou manter uma identidade social, cultural ou política linear e transparente, tal a velocidade das mudanças. A personalidade de F. H. Cardoso, insinua Weffort, seria assim também, indefinida, imprecisa, imprevisível, complexa e difícil. Ele tem a sensibilidade da mudança — capta, registra e analisa com agilidade o tempo histórico, o que vem a ser e deixa de ser. Seus conceitos são complexos: "burguesia de Estado", "anéis burocráticos", "internacionalização do mercado interno"... Procura realizar uma análise integrada da realidade social, abordando-a em sua complexidade, heterogeneidade, multiplicidade e transitoriedade, sem submetê-la a esquematismos, determinismos, unilateralismos. Weffort não esconde a sua admiração: F. H. Cardoso é um virtuose das ideias, um pensador crítico e autocrítico. A sua teoria da dependência, ele pró-

---

[13] *Jornal do Brasil*, 7-10-1994 e *Veja*, out. 1994.

prio a retomou e rediscutiu frequentemente. Jamais fugiu ao debate e, dentro dele, jamais foi surdo ou deselegante com o interlocutor mais contundente. Apesar de tê-la elaborado, junto com Enzo Falleto, já nos anos 1960, a teoria da dependência, talvez ele próprio não imaginasse que se tornaria rapidamente e cada vez mais adequada à realidade da globalização capitalista atual. F. H. Cardoso defende o engajamento, mas com lucidez na análise. Seu método é a dúvida, a redescoberta dos significados originais das teorias e das lutas sociais (Weffort, 1995).

Após 1978, ele se tornará um "político excepcional". Durante o regime militar, não fora preso nem torturado, como aconteceu normalmente à sua volta. Felizmente, aliás! Em 1964, preferira o autoexílio no Chile. Foi um período, para ele, paradoxalmente (e felizmente, ainda!), de muito sucesso e alegrias, enquanto o Brasil e as esquerdas amargavam a derrota e a violência da ditadura. Os seus amigos estavam no Chile, a sua família estava junto dele, lá estava a sua melhor oportunidade de trabalho, pois o grande debate sobre a América Latina se dava no Ilpes, da Cepal, onde ele logo se engajou e produziu uma das obras que mais repercutiram na América Latina e no mundo.

A sua avaliação dos anos 1950-60 é a mais favorável. Nesse período, ele afirma, a América Latina teria finalmente aprendido e conseguido se pensar "cientificamente". Nas obras de Prebisch, Celso Furtado, Echevarría, a reflexão sociológica, econômica, histórica e política sobre a América Latina ganhou vigor e credibilidade. Talvez tenha sido, na opinião dele, o período em que apareceu a primeira geração de cientistas sociais latino-americanos, no sentido forte. Criou-se uma escola latino-americana que, mesmo apoiada em teorias estrangeiras, fazia delas um uso original e crítico. Nessa época, os cientistas sociais passaram a ter cuidados científicos, a produzir um pensamento crítico e original, venceram o economicismo, incorporando aspectos políticos, sociais e históricos nas suas análises, articulando a América Latina ao mundo, evitando as insuficiências da teoria marxista clássica do imperialismo. A teoria social, então, passou a servir à mudança, ao planejamento do futuro melhor. Os anos 1950-60 foram anos otimistas, conclui: criticamente utópicos, mergulhados em um intenso debate sobre um futuro melhor (Cardoso, 1995).

Em 1967/68, foi para Paris, onde ensinou na Universidade de Nanterre e viu os acontecimentos daquele ano. Ao retornar ao Brasil, ainda em 1968, a ditadura tinha encontrado o meio mais "limpo" de impedir o trabalho dos seus opositores intelectuais: aposentando-os através do AI-5, em 13-12-1968. Nos anos 1970, F. H. Cardoso será um dos analistas mais contundentes e sofisticados do regime militar e do milagre brasileiro. O Cebrap (Centro Brasileiro de Análise e Planejamento), do qual ele foi um dos fundadores, em 1969, tornou-se o centro crítico do Brasil sob a ditadura. No entanto, a sua análise do regime militar surpreendia as esquerdas pelo que era considerado uma concessão, uma brandura, com relação ao "fascismo" instalado no poder. Para F. H. Cardoso, a ditadura militar não era fascista ou totalitária, mas um "regime autoritário" que favorecia o crescimento econômico e a modernização. A longo termo, estas são condições necessárias à democracia, ao criar um operariado numeroso e uma classe média forte, apesar da desigualdade na distribuição da riqueza e apesar da exclusão social. F. H. Cardoso se tornou um cientista social engajado, lutando pelo retorno à democracia, mas sem abrir mão da lucidez na análise. Nele, a paixão se submete à razão. Os seus versos de adolescente já expressavam a opção pela razão: "Os meus negros cabelos de espanador trazem bolas de neve nas pontas"![14] Ele declara crer na razão, na moderação, na tolerância, e defende uma ética prática, com convicções firmes, mas que não precisam ser alardeadas a cada instante (Cardoso, 1995).

A partir de 1978, deixou em segundo plano a sua identidade de cientista social e passou à ação. Foi eleito, então, senador pelo MDB (suplente, 1978) e pelo PMDB (1983 e 1986) e foi líder deste partido no Senado. Trabalhou ativamente na reforma constitucional de 1988. Foi fundador do PSDB, Partido da Social-Democracia Brasileira, do qual se tornou líder no Senado de 1988 a 1992 e pelo qual, finalmente, foi eleito, em 1994, com larga vantagem de votos e ainda no primeiro turno, presidente da República Federativa do Brasil. Como ministro da Fazenda do governo Itamar Franco, em 1993, fora o criador e implementador do Plano Real, ainda em vigor em 1998, e que ele pretende seja duradouro, quiçá definitivo(!), apesar das crises do presente e do futuro imprevisível, pois, ao oferecer estabilidade à moeda, o plano faria o Brasil emergir como uma "grande nação"! (F. Fernandes diria: "de novo!")

Sobre o significado real desse plano econômico, o futuro dirá. Como cidadão, e não como analista, reconhecemos nele inúmeras virtu-

---

[14] *Veja*, out. 1994.

des, sobretudo em seu primeiro ano, onde se trabalhou e se consumiu muito, sobretudo a numerosa população brasileira menos abastada. Até pensamos, com uma admiração crescente, que F. H. Cardoso tinha outra vez revelado todo o seu grande talento intelectual e político, agora, juntos! Todavia, passamos a desconfiar da dita estabilidade da nova moeda. Em uma moeda forte, qualquer variação mínima tem repercussões importantes. E o real varia muito! Uma inflação mensal de 1,5% e anual de 25%, em real/dólar, parece-nos um escândalo! Na verdade, o real teria uma instabilidade proporcional às taxas de inflação de 20% mensais e 500% anuais do cruzeiro ou do cruzado. E essa enorme taxa inflacionária não é repassada aos salários, empobrecendo ainda mais a castigada população brasileira! A classe média está com os seus salários congelados e reduzida à alimentação. Os microempresários, falidos, pois os juros são impossíveis de ser pagos. Os maiores bancos, quebrados. Além disso, o desemprego galopa, excluindo ainda mais. Finalmente, e corporativamente, as universidades públicas foram quase abandonadas pelo seu ilustre ex-integrante, que paga aos seus ex-colegas um salário vexatório. Se há estabilidade, ela pode ser entendida em sentido negativo: engessamento, congelamento, arrocho. Mas, repetimos, quem se expressa assim é o cidadão. Para uma análise mais consistente e mais competente, esperemos o desdobramento da história do Plano Real e as opções políticas que o presidente ainda terá de fazer.

F. H. Cardoso, em suas opções e ações políticas, declara defender uma utopia viável, que considere a justiça social o principal objetivo e valor a ser perseguido. Tal justiça social, para ele, só será viável com o desenvolvimento da civilização tecnológica e capitalista, a única capaz de acumular riquezas e conhecimentos. Só o crescimento econômico acelerado pode vencer a exclusão social. Tal utopia viável teria um alcance médio, quanto ao tempo, e depende de uma reorganização interna e global da economia. Esta utopia revela um novo humanismo, um reencontro com a ideia de "humanidade-sujeito coletivo", que enfrenta hoje o problema da sobrevivência. Esta ideia do homem-universal retorna em uma cultura racional, desencantada: ela terá condições de resolver os problemas da justiça social e da igualdade entre os homens? F. H. Cardoso acha difícil responder a esta pergunta — a resposta dependerá de opções políticas concretas (Cardoso, 1995).

Ele afirma ter optado por este futuro de liberdade, igualdade e justiça. Mas deixa dúvidas no espírito daqueles que mais o conheceram e admiraram. Para F. Fernandes, seu mestre e amigo, uma utopia, ao se tornar possível, deixa de existir. Que tipo de utopia seria possível sob o capitalismo monopolista de hoje?, ele interrogava provocador. As únicas utopias que F. Fernandes vislumbrava são ainda as dos anos 1960: a revolução social, para os assalariados, e uma autocracia fascista, para o capital. O socialismo representaria ainda uma alternativa, propondo a revolução social e a liberdade com igualdade. F. Fernandes afirmou que F. H. Cardoso, seu ex-assistente de Sociologia 1, aluno e copesquisador, companheiro de lutas contra a ditadura, vizinho e amigo, tornou-se para ele uma decepção! Associou-se ao bloco político que foi a sustentação da ditadura! Para F. Fernandes, ele estaria dominado pelo seu maior desvio psicológico, a vaidade, e ansioso para ocupar o poder ao velho estilo das elites reacionárias. E perguntava: o quinhão em perspectiva valeria o sacrifício feito? A estranha aliança que fez assegurará a solução dos problemas e dilemas sociais, econômicos e raciais seculares do Brasil? Teria aceitado uma extravagante conciliação "pelo alto", a qual F. Fernandes sempre denunciou e contra a qual sempre se opôs (Fernandes, 1994 e 1995).

F. H. Cardoso parece não se abalar com a análise do seu mestre. Mesmo porque a amizade pessoal, cuja perda talvez o abalasse de fato, F. Fernandes ainda a garantia, e foi fiel. F. H. Cardoso, o FHC, como ficou conhecido pela imprensa e pelo povo, se sente de bem com a vida: "Ela tem sido generosa comigo", constata. Sem ter procurado, esteve nas posições mais influentes que o tornaram conhecido e reconhecido. Como S. B. de Holanda, terá sido também um intelectual feliz: com muito sucesso até na adversidade brasileira e sempre procurando transferir o seu sucesso pessoal ao Brasil. Terá ele sucesso nessa operação? Apesar de definido até pelos próprios adversários em eleições, como Jânio Quadros por exemplo, como um príncipe (maquiavélico?), por ter uma biografia intelectual realmente impressionante e por ser um interlocutor sempre elegante, F. H. Cardoso admite que possui uma falha, que parece irrelevante, mas que talvez poderia levá-lo a falhar na construção do Brasil-bem-sucedido. Como professor, ele admite o que parece considerar uma limitação, ele só teve alunos e não discípulos. Como presidente do Brasil, terá somente funcionários, pessoas ligadas a ele burocrática e racionalmente, e uma população desmotivada e sem sonhos associados à sua imagem? Para um professor, ter só alunos é um ótimo sinal: foi um educador aberto ao diálogo, capaz de ouvir e fazer falar, e não um pregador, um encantador de espíritos frágeis. Mas, para um presidente, esta falha pode enfraquecê-lo muito e ser fatal.

Outra falha de sua personalidade, segundo se afirma, é o seu "pão--durismo".[15] Há anedotas lamentáveis que revelam este lado pobre da sua personalidade complexa. Ou melhor: o seu lado rico, pois esta disposição d'alma é a das elites brasileiras em relação à população brasileira, que F. Fernandes denunciou com veemência: um egoísmo, uma indiferença, um desinteresse, uma mesquinhez de enojar e indignar. A divergência é tanta que caberia perguntar: teria sido F. H. Cardoso discípulo de F. Fernandes ou só um aluno? Entretanto, a sua personalidade complexa talvez oculte sob o pão-durismo uma grande generosidade, um grande interesse e sensibilidade pelos problemas e dilemas do povo brasileiro. É o que o povo brasileiro espera, aliás, perguntando: até quando ele poderá suportar tanta exclusão da sua própria história?!

F. H. Cardoso: o seu Lugar entre os Marxistas Brasileiros

A partir de 1958, com os estudos de Marx feitos no chamado grupo d'*O Capital*, F. H. Cardoso procurará compreender a dinâmica capitalista observando-a no contexto específico da realidade brasileira. Para isso, produzirá uma reflexão profunda sobre o método dialético materialista, reflexão teórica rara entre os cientistas sociais marxistas brasileiros (Cardoso, 1975). Entre os marxistas brasileiros, qual seria a sua posição? Na periodização da história do pensamento marxista brasileiro, de Mantega, já mencionada, ele entraria na terceira fase, denominada materialismo dialético, posterior a 1958 (Mantega, 1991). Mas ele não caberia nessa terceira fase tal como Moraes a define — "marcada pela radicalização da crítica das armas" (Moraes, 1991). A radicalização de F. H. Cardoso será mais teórica do que ideológica, embora seja uma teoria engajada e construída para servir à ação. De qualquer maneira, ambas as periodizações anteriores o colocam produzindo no período posterior a 1958 — ele oporá a teoria materialista dialética, para a compreensão da

---

[15] *Veja*, out. 1994.

especificidade da realidade brasileira dentro do modo de produção capitalista, à luta armada apaixonada e clandestina. Sua radicalização será no interior da razão — como conhecer melhor o Brasil e como agir de forma racional para formular e resolver os seus problemas? Eis aí a sua grande questão.

Na periodização de Bresser-Pereira, F. H. Cardoso é o personagem central da interpretação da nova dependência, que predominou dos anos 1960 aos 1970 e era mais serena em relação à derrota de 1964, fazendo uma análise menos ressentida da interpretação nacional-burguesa, que levara àquela derrota (Bresser-Pereira, 1979). Isso significa que o seu principal interlocutor não é o PCB, mas os cientistas sociais marxistas, com destaque para Caio Prado Jr. e F. Fernandes. É como se esses dois autores, sobretudo Caio Prado, já tivessem encerrado a polêmica da derrota das esquerdas com o PCB. F. H. Cardoso representa a esquerda em sua reinterpretação do Brasil após o abatimento e exaltação posteriores à derrota. Para a sua reinterpretação do Brasil, a ideia de "fato novo" é essencial. Ele percebeu que a derrota de 1964 teve uma dupla origem: erros de interpretação, que Caio Prado já reconhecera, e alguns fatos novos inantecipáveis, que puseram em xeque até mesmo os acertos da interpretação nacional-burguesa. As esquerdas teriam sido derrotadas pela sua teoria equivocada da revolução brasileira mas, em sua avaliação, não totalmente equivocada, e pela ocorrência de fatos novos que levaram a burguesia para a aliança com o imperialismo e as elites tradicionais, frustrando o que era esperado pela teoria. Esses fatos novos ocorreram no final dos anos 1950-60: a revolução cubana, o crescimento da atividade sindical, a entrada das multinacionais na produção interna, a consolidação da indústria nacional, entre outros. Tais fatos novos, afirma Bresser-Pereira, liquidaram o pacto populista e forçaram o estabelecimento de um novo pacto: o da burguesia industrial, antes nacional, com a agrário-mercantil, associados às multinacionais. O Golpe de 1964 foi a culminação desse processo (Bresser-Pereira, 1979).

A interpretação da nova dependência reconhece que houve um pacto populista e nacionalista e admite que houve uma industrialização substituidora de importações produzida por uma burguesia autônoma e em tensão com as oligarquias. Essa era a realidade brasileira nos anos 1930-50, que sustentou a interpretação nacional-burguesa e o seu projeto democrático-burguês. Se a teoria se equivocou, não se pode afirmar que ela não tinha base histórica, que delirava e se iludia completamente. Ela tinha elementos concretos com os quais pensava. Só era otimista demais em relação à autonomia da burguesia brasileira e ao caráter nacionalista do seu projeto social. Otimismo que lhe custou a derrota e a frustração.

Em relação à interpretação do Brasil pré-1964, portanto, a *interpretação* da nova dependência, do final dos anos 1960-70, é mais lúcida e serena, separando bem das surpresas da história os erros da teoria. Em relação às interpretações da esquerda pós-1964, quanto à *interpretação da superexploração imperialista*, ela recusa a radicalização da luta armada e não vê que a América Latina esteja condenada à alternativa fascismo ou socialismo. Quanto à *interpretação funcional-capitalista*, não crê que o futuro da América Latina seja o desenvolvimento do subdesenvolvimento, nem prevê a estagnação, prevista pelos cepalinos. A interpretação da nova dependência é otimista em relação ao capitalismo dependente, é uma interpretação que reabre os horizontes do desenvolvimento latino-americano, dentro e apesar da dependência (Bresser-Pereira, 1979).

Quanto ao Brasil, ele é visto no contexto latino-americano e não mais isoladamente, o que já representa um avanço significativo na reflexão sobre a sua realidade histórica e social. Para a interpretação da nova dependência, o futuro da América Latina e do Brasil não será catastrófico: nem fascismo, nem eterno subdesenvolvimento, nem estagnação, nem guerra civil, nada do que previam as esquerdas, caso não fosse implantado imediatamente o socialismo. As esquerdas faziam "terrorismo teórico", ameaças, chantagens políticas: ou o socialismo ou a catástrofe. Como o socialismo era irrealizável nos anos 1960-70, restava a catástrofe de um pensamento voluntarioso, rebelde, armado de palavras de ordem, uma retórica inflamada e repetitiva, autoritária e terrorista: o presente deveria se tornar imediatamente futuro e ser sacrificado enquanto presente. O projeto socialista deixa de aparecer como a "construção da democracia" para se tornar uma "imposição da história", através de seus proféticos intérpretes (Cardoso, 1974 e 1973; Goldstein, 1994).

Foi nesse ambiente exaltado por golpes militares sucessivos na América Latina e pelas sucessivas derrotas das esquerdas — por isso aquele espírito ressentido e perigoso — que F. H. Cardoso e o chileno Enzo Falleto escreveram *Dependência e desenvolvimento na América Latina* (1969/70), que oferecerá um olhar renovador sobre o passado/presente e o futuro da

América Latina. Eles defendem uma tese que escandaliza a esquerda radicalizada, pois veem a possibilidade da "dependência e desenvolvimento" na América Latina! É uma tese tão escandalosa como, por exemplo, a de *Casa-grande & senzala*! Talvez F. H. Cardoso esteja para a esquerda brasileira assim como G. Freyre esteve para o pensamento conservador que o precedeu: ambos esses pensamentos estavam céticos em relação ao futuro do Brasil, ambos não viam saída nem para a "dura realidade" da *miscigenação & sub-raça* nem para a "dura realidade" da *dependência & subdesenvolvimento*. G. Freyre tornou a miscigenação um motivo de exaltação e base de uma promessa de realização brasileira futura — o que era o mal do Brasil e o condenava tornava-se o seu bem e a razão da sua melhoria futura. F. H. Cardoso fez da dependência, que era o mal do Brasil, a base do seu desenvolvimento capitalista, reabrindo o horizonte do Brasil. O que impedia o desenvolvimento tornava-se o seu dinamizador. São obras otimistas que ressignificam o passado, tornando-o não só mais leve como a fundação sólida de um Brasil bem-sucedido no futuro. A partir dessa aproximação Cardoso-Freyre, passaremos a nos referir à relação "dependência-desenvolvimento" com o sinal freyriano "&".

Não temos certeza de que F. H. Cardoso se sentiria confortável ao lado de G. Freyre. Talvez o primeiro F. H. Cardoso resistisse, o das pesquisas sobre a escravidão; o F. H. Cardoso de *Dependência & desenvolvimento* talvez se sentisse em boa companhia. Ele substituiu a tese da estagnação pela tese do desenvolvimento dependente-associado, o desenvolvimento capitalista possível nos países atrasados da América Latina. Considera possível a acumulação industrial, apesar da manutenção dos laços de dependência em relação ao capital estrangeiro e da exclusão de uma numerosa população de diversos setores sociais. Nele, a dicotomia entre "industrialização & nação" ou "subdesenvolvimento & dependência" foi superada. A industrialização já ocorria em diversos países dependentes — ela não está vinculada necessariamente à emancipação e à autonomia nacional. Os investimentos estrangeiros não são o obstáculo ao desenvolvimento; pelo contrário, são a sua alavanca — são eles que dinamizam os países dependentes.

Para chegar a essa conclusão, que custa a crer seja de esquerda, os autores inovaram na metodologia. Reivindicaram uma análise concreta de cada situação específica, recusando-se a tomar a América Latina como um todo único e indivisível, determinado pelo centro dominante. A relação centro-periferia não é percebida como uma relação entre países exportadores de matérias-primas e de produtos agrícolas e países industrializados, mas uma relação entre países com graus distintos de industrialização. O capitalismo é uma estrutura internacional, na qual cada país ocupa um lugar e desempenha uma função determinados. Não há lugar para uma análise dicotômica que tenha como consequência um projeto político alternativo: ou desenvolvimento & soberania ou dependência & subdesenvolvimento. Essa dicotomia e essa alternativa são superadas por uma análise concreta e integrada do capitalismo, que leva à surpreendente síntese dialética do desenvolvimento & soberania dependente.

F. H. Cardoso aplicará bem o materialismo dialético. As análises marxistas que o precederam eram muito economicistas, deixando de integrar aspectos políticos e sociais nas análises das forças sociais latino-americanas. O seu conceito de "dependência" permite a análise das estruturas de dominação de classes e grupos sociais das sociedades dependentes, bem como dos seus meios políticos para a imposição dos seus interesses ao conjunto da sociedade. O conceito de "dependência" não é economicista — ele integra uma análise econômica, social e política. F. H. Cardoso, através desse conceito, consegue integrar de forma dialética o externo e o interno — é essa integração que lhe permite perceber que a periferia, na linguagem cepalina, não era exterior ao centro. A periferia era interior ao centro, e o centro, interior à periferia. Eis o que quer revelar o conceito de "dependência" — o centro é interior; o desenvolvimento na periferia seria promovido por esse centro interiorizado. Assim, a industrialização da América Latina seria possível, mesmo se baseada em um mercado interno restrito e na exclusão de certos setores sociais. Apesar disso, a acumulação capitalista e a transformação da sua estrutura produtiva para níveis de complexidade crescente são viáveis nos países dependentes (Mantega, 1991). Esta apreensão dialética da realidade latino-americana, ele a realizou com um bom conhecimento e uma boa aplicação do marxismo (Cardoso, 1975 e 1973).

Entretanto, F. H. Cardoso é também associado a Weber. Ele esteve tão próximo de Weber como F. Fernandes, talvez até mais próximo. Os analistas da recepção de Weber no Brasil o consideram, ao lado de R. Faoro, S. B. de Holanda, Juarez Brandão Lopez, um dos mais familiarizados com as categorias weberianas. Em sua obra *Empresário industrial e desenvolvimento econômico* (1964), onde analisa o papel do empresário industrial no processo de desenvolvimento brasileiro, ele criou o "tipo-ideal" do personagem que produz o desenvolvimento brasileiro, acentuando por um lado algumas características da sua personalidade, abstraindo outras, por outro. Ele apresentou os diversos tipos de industrial brasileiro ao lado do tipo de empresário tradicional. Recria a situação concreta em que este tipo age, racionalmente. Procurou perceber a articulação de meios e fins na ação dos empresários, isto é, ele procurou uma adequação de sentido. Estudou a mentalidade empresarial a partir das condições estruturais que dão sentido à sua ação e opiniões.

Em *Dependência...* ele se afastou mais de Weber e se aproximou mais de Marx. Segundo os seus vários analistas, seus trabalhos constituem um dos melhores produtos da moderna sociologia brasileira e latino-americana. Encontrou uma maneira própria de análise, sem repetir modelos teóricos importados (Maranhão, 1974). Não abusa de dados numéricos, de tabelas estatísticas, mas procura compreender as relações entre os seus personagens e as condições sociais que limitam e dão sentido à sua ação (Chacon, 1986). Seu marxismo é, portanto, eclético, ou melhor, "sintético", assim como o de F. Fernandes. Revela ter lido Sartre, Luckács, Gramsci e Parsons. É na tradição marxista que ele encontrou os seus interlocutores teóricos. Quer reconstruir uma problemática do sujeito e compreender os movimentos sociais, que a corrente marxista sempre priorizou. Entretanto, não percebe o sujeito armado, na luta armada. Para ele, o sujeito social em luta, fazendo a história, usa meios democráticos, os partidos políticos organizados, o Congresso, a imprensa, o diálogo aberto com todas as posições e tendências.

Para ele, a democracia parlamentar não é burguesa ou formal, é real; e há outros agentes transformadores da sociedade além do proletariado e do campesinato. Na época da ditadura, reconhecia a existência de um setor da burguesia interessado na democracia, que podia ser um aliado importante contra o autoritarismo militar. O objetivo dessa burguesia aliada dos interesses populares é econômico e não político — ela é contra o estatismo e não contra a tortura e pelos direitos humanos. Ela faz uma contestação liberal ao excesso de Estado. Mas, apesar da divergência quanto aos fins, seria possível uma aliança quanto aos meios: por razões distintas, diversos grupos lutam pela democracia parlamentar. Para Lehman, F. H. Cardoso manteve um pé nas ciências sociais e o outro na política. Ele seria um político travestido de sociólogo. Sua influência foi mais política do que teórica. Alterou o discurso da oposição radical no Brasil ao defender uma sociedade ainda capitalista, mas controlada por um Estado democrático. Sua ação política visa ao controle do Estado, que não poderia ser destruído revolucionariamente, mas "aproximado" politicamente. Para Lehman, entre o seu estilo e o dos outros cientistas sociais latino-americanos há um abismo![16]

Enfim, a sua posição entre os marxistas brasileiros é bem diferenciada. Para ele, o Brasil não tende nem ao fascismo, nem ao subdesenvolvimento crônico, nem à estagnação; o capitalismo nacional é um equívoco de análise, e o socialismo não é vislumbrável ou exeqüível. Resta a opção do capitalismo-dependente com um máximo de democracia política e social a ser conquistada por uma hábil-ágil aliança de sujeitos sociais heterogêneos.

O Escravo, o Industrial e o Desenvolvimento Econômico

Com F. Fernandes, F. H. Cardoso elaborou a sua tese de doutorado e estudou o *Capitalismo e escravidão no Brasil meridional — o negro na sociedade escravista do Rio Grande do Sul* (1962). Seus companheiros de equipe, O. Ianni, E. Viotti, P. Beiguelman e muitos outros, também pesquisavam o tema da escravidão e do negro, orientados por F. Fernandes. F. H. Cardoso estudou a escravidão no sul do Brasil, onde havia menos escravos, por não ser uma região ligada ao mercado mundial. Para ele, o número de escravos não é o mais importante, mas a relação de produção em si. O tema da escravidão é muito importante para o conhecimento do Brasil, pois revela muitos aspectos ainda dominantes: os valores brasileiros, as aspirações brasileiras, as desigualdades e injustiças brasileiras. Discutindo o modo de produção brasileiro antes da abolição, recusou a tese feudal e preferiu falar de economia colonial. Avaliando as razões do fim da escravidão, ele o atribuiu à insuficiência numérica, pelo fim do tráfico e a alta mortalidade, à incompatibilidade com o avanço capitalista, embora tivesse sido compatível com ele em um primeiro momento. O avanço do capitalismo e a modernização dependem do fim da escravidão. O empresário capitalista pode conseguir mais trabalho do assalariado do que do escravo. O trabalhador escravo é

---

[16] Cf. Lehmann, 1986.

um obstáculo à divisão e à especialização do trabalho. O trabalho qualificado é incompatível com a escravidão. Além disso, escassos, os escravos estavam cada vez mais caros (Graham, 1979). Em sua análise da escravidão, salientou a coisificação do escravo, enfatizou o tratamento coercitivo e sem direitos que recebiam. Para ele, a coisificação social do escravo foi até a sua coisificação subjetiva — o escravo se autorrepresentava como não homem, a partir da representação branca dominante. O que aparecia em um comportamento passivo, em uma incapacidade para agir, fazer história, lutar a luta de classes (Gorender, 1990).

Depois de pesquisar o escravo, F. H. Cardoso foi investigar o empresário brasileiro e as possibilidades do desenvolvimento industrial brasileiro. Se o escravo não era sujeito, pois não se representava como tal, F. H. Cardoso foi conhecer a autorrepresentação do sujeito modernizador do Brasil: o empresário industrial. Fez também uma história da burguesia brasileira, mas mais empírica. Descobriu que a classe burguesa no Brasil era recente, heterogênea e desorganizada. Os burgueses desconfiavam das associações de classe, pois achavam que promoviam apenas os seus dirigentes, os quais tampouco apreciavam. Desprezavam a atividade política e contavam somente com a sua disciplina e trabalho individual. Para F. H. Cardoso, não se podia perceber um projeto consciente que unisse os interesses industriais. Não há no Brasil uma consciência de si burguesa, uma representação clara de si. O empresário se vê como povo e não como governo, quer ser dominante só economicamente e não politicamente. Essa aparente inconsciência de classe o torna a "boa consciência da nação", fazendo crer ao operário que ele não trabalha para uma classe, mas para a nação. A burguesia industrial se acomodou em larga medida à dominação tradicional, adaptou-se ao clientelismo, reivindica favores, privilégios (Cardoso, 1964).

Há dois tipos de industriais brasileiros, segundo ele: o associado ao capital estrangeiro, para o qual a industrialização do país significa fazê-lo solidário da prosperidade ocidental como sócio menor; e aquele que conseguiu "fazer a América", aplicando na indústria capitais adquiridos na lavoura. Estes segundos são nacionalistas, protecionistas, contra a presença do capital estrangeiro. Para estes, industrializar o país significa criar uma política estatal contra o subdesenvolvimento que se baseie no apoio aos capitalistas nacionais. Esta divisão da burguesia brasileira não é nítida e exaustiva. Os primeiros também reivindicam favores do Estado, mas não pedem o fechamento do mercado interno. Os segundos reivindicam o fechamento do mercado interno, mas quando acumulam bastante capital convertem-se no empresário do primeiro tipo: querem também associação com o capital internacional. F. H. Cardoso conclui que a tendência é a da aproximação dos burgueses brasileiros com o capital internacional, à medida que a industrialização avança. O crescimento industrial força as alianças de grupos industriais brasileiros com os internacionais, e cada vez mais as diferenças ideológicas tendem a desaparecer em nome da condição comum de capitalistas. Como classe, defendem a mesma coisa: propriedade, democracia, prosperidade. Essa tendência não se explicita em um projeto consciente. A burguesia brasileira é mais pragmática do que revolucionária. Ela se adapta ao poder tradicional, compromete-se com o velho Brasil. Sua práxis política torna-se um pragmatismo sem grandezas. Ela mais reage do que age. Tende para a associação com a prosperidade ocidental, que exclui as massas, que em vários momentos a apoiaram em suas lutas contra as pressões oligárquicas e imperialistas (Cardoso, 1964).

Esta pesquisa sobre o industrial brasileiro e a conclusão a que chegou terá uma grande consequência sobre o seu pensamento acerca do Brasil e da América Latina. Na verdade, o seu *Dependência e desenvolvimento na América Latina* somente desenvolverá aquela tendência observada na burguesia brasileira. O que a burguesia brasileira deseja não é uma revolução democrático-burguesa, ela não tem um projeto político emancipacionista e nacionalista. Pelo contrário, ela aspira é à participação na prosperidade ocidental. E quanto às oligarquias, ao velho Brasil, ela não se opõe — ela se adapta, optando por um pragmatismo sem grandezas. Quanto às classes trabalhadoras, ela não quer o seu apoio se este custar a renúncia à sua associação à "prosperidade ocidental". F. Fernandes também percebeu isso em sua análise da *Revolução burguesa no Brasil* (1975). Mas a análise dele não o impediu de protestar contra o pragmatismo da burguesia, pois, como cidadão, olhava para essa história burguesa do ponto de vista das massas excluídas, que jamais serão incluídas no desenvolvimento dependente.

F. H. Cardoso perderá esses escrúpulos populares e nacionalistas e assumirá o projeto burguês, com o seu pragmatismo sem grandezas.[17] A ideia de um capitalismo nacional foi considerada inviável; a ruptura com

---

[17] Cf. Cardoso, 1974.

a estrutura capitalista internacional, uma impossibilidade. Além disso, nem seria desejável. A ação deverá explorar as possibilidades de desenvolvimento na dependência: eis uma operação realista, concreta, um pragmatismo sem grandezas, não voluntarista e não idealista. O desenvolvimento capitalista depende de grande volume de capitais e de tecnologia avançada — os que detêm tais riquezas e recursos deverão ser atraídos para o mercado interno, deverão ser estimulados a investir na América Latina e não desestimulados ou até expulsos. E esta é uma opção, além de realista, otimista: na dependência, a América Latina poderá crescer economicamente, acumular capitais e se fortalecer politicamente. O horizonte se abre, por uma ação racional, por uma articulação política entre os sujeitos internos a cada país e os sujeitos internacionais.

O Debate Teórico/Político sobre a Teoria da Dependência

Antes de abordarmos a sua teoria do Brasil, e da América Latina, abordaremos o debate que ela gerou depois da sua publicação. Esta inversão da exposição se justifica porque, em seus artigos posteriores, F. H. Cardoso esclareceu o que pretendeu demonstrar em seu livro. Seus esclarecimentos posteriores poderão nos ajudar a compreender melhor a sua visão do Brasil. Coloquemos, então, o debate sobre o livro antes do livro, para melhor compreender as suas teses. F. H. Cardoso participou vivamente do debate que seu livro criou, esclarecendo posições, corrigindo recepções. Nós nos manteremos bem próximos dos seus textos e da sua linguagem, para guardar a sua precisão e o seu tom.

Nos Estados Unidos, ele afirma, a teoria da dependência foi recebida como um novo paradigma, como uma teoria — um conjunto de proposições testáveis, formal. Mas, ele esclarece, a teoria da dependência não é nada disso: não é um novo paradigma, pois é uma continuidade crítica dos estudos da Cepal e de outros latino-americanos. Não foi um "estalo" individual ou da dupla-autora, mas uma ideia que circulava na América Latina sem ter sido ainda formulada plenamente. Ela foi produzida por muitos. Não foi uma resposta crítica à tese do desenvolvimento do subdesenvolvimento de Gunder Frank, embora o marxismo norte-americano tenha sido um interlocutor importante na sua elaboração. Mas a influência do marxismo latino-americano e norte-americano não foi maior do que a influência do próprio Marx. Foi, na verdade, o fracasso das tentativas de desenvolvimento capitalista nacional que levou à sua formulação.[18]

Nos anos 1950, a maioria dos intelectuais e instituições de esquerda brasileiras e latino-americanas era nacional-desenvolvimentista: Iseb, PCB, Cepal. Todos defendiam o fortalecimento do mercado interno e da industrialização para o desenvolvimento autônomo nacional. Entretanto, afirma F. H. Cardoso, tal projeto não se referia à realidade: não há "capitalismo nacional". O capitalismo é por definição internacional. Ele é inevitavelmente expansionista e monopolístico em sua fase imperialista. A realidade latino-americana dos anos 1960-70 era a seguinte: os governos e as burguesias nacionais se associaram aos monopólios internacionais. Foi isto o que a teoria da dependência percebeu: a internacionalização do mercado interno, a solidariedade de duas classes aparentemente opostas — as burguesias nacional e internacional. A teoria da dependência rearticula centro e periferia e crê na possibilidade da industrialização da periferia. As economias periféricas são capazes de acumulação. Com a internacionalização do mercado interno, com o crescimento do consumo da produção interna, cresce a massa de capital. Não há superexploração imperialista na relação de dependência. A exploração capitalista se baseia na exploração da mais-valia relativa e no aumento da produtividade. Portanto, não há desenvolvimento do subdesenvolvimento, mas dependência & desenvolvimento capitalista. Os beneficiários: as empresas estatais, as multinacionais e as empresas locais, são elas os agentes do desenvolvimento dependente-associado.[19]

Como conciliar dependência e industrialização? Se há dependência tecnológica, endividamento externo!? F. H. Cardoso desfaz a contradição: dependência & desenvolvimento são processos contraditórios e correlatos, que se reproduzem, se modificam e se ampliam. A expansão capitalista na América Latina não produz a miséria. Não é uma lei interna ao capitalismo dependente a produção da miséria. Ocorre apenas que ele não absorve toda a mão de obra em oferta, problema que resta a ser resolvido para o sistema capitalista como um todo. O desemprego é um flagelo também no centro. Enfim, esta é a novidade da teoria da dependência: o desenvolvimento pela industrialização sob o controle das multinacionais, e não por uma luta nacional contra elas. Apesar de con-

---

[18] Cf. Cardoso, 1973.
[19] Cf. Cardoso, 1973 e 1974.

tinuar a haver dependência tecnológica e financeira, há desenvolvimento. No Brasil, ao invés de um nacional populismo anti-imperialista, há um nacional estatismo dependente-associado. É do jogo entre estes atores que se nutre a história recente dos países periféricos.

Com este enfoque, afirma F. H. Cardoso, a teoria da dependência aproxima-se mais das realidades específicas, concretas. A busca do concreto supõe a criação de categorias. A teoria da dependência é uma superação dialética das teses cepalinas. É uma teoria que parte da dialética marxista e, por isso, enfatiza a dinâmica, a historicidade, a análise concreta. Busca, então, formas históricas, concretas, de dependência. O que interessa conhecer são as relações internas que expressam o externo — como as classes e Estados se inserem na ordem internacional? A teoria da dependência distingue situações de dependência e especifica os contendores reais na luta pela dominação econômica a fim de detectar processos sociais novos. É por aí que se mede a adequação analítica e o alcance interpretativo de um esquema explicativo. O esforço teórico é o de apreender o específico e o novo "concretos". A denúncia ideológica é uma distorção analítica que pode ter consequências políticas graves. Não seria melhor renunciar ao romantismo revolucionário e fazer a teoria social? E descobrir no próprio processo social a sua possibilidade de transformação? Não seria melhor formular os problemas específicos de cada realidade histórico-social e encontrar as soluções particulares mais adequadas? O homem faz a história, mas em condições dadas. A história revela alternativas, futuro, no interior de estruturas sociais mais ou menos estáveis. Para F. H. Cardoso, dentro de certos limites estruturais, o homem inventa o seu mundo. Nem todas as opções são viáveis. As opções são feitas no interior das forças que constituem o modo de produção.[20]

Há, portanto, uma estrutura que condiciona — e não determina — a história-invenção do mundo. O objeto da história não são atores reificados, mas relações sociais. A história é um conhecimento fundamental, desde que estrutural. Então ela se torna uma ciência, consciência objetiva de um processo. Fazer teoria social é perceber as opções históricas que a estrutura social torna viáveis. A teoria social é uma consciência objetiva do processo histórico que de fato ocorre, e não considerações sobre como ele deveria ocorrer. Mas a análise dialética concre-

---

[20] Cf. Cardoso, 1975.

ta não é empirista. O conhecimento "do que de fato ocorre" que F. H. Cardoso propõe não é a submissão do cientista social aos dados, aos fatos, controlando os seus impulsos afetivos e a construção subjetiva da realidade. Os dados não são anteriores aos conceitos. Eles são apreendidos pelos conceitos, que constituem uma "rede teórica". No final da análise há um esforço de síntese: a diversidade é articulada em uma totalidade pensada. Esta síntese não é uma abstração, interior ao pensamento, sem referente exterior. Ela se refere à realidade: há um movimento que vai da realidade ao pensamento e deste à realidade. Conhecimento e história não são transparentes um ao outro, não se recobrem, mas se articulam. Uma análise dialética não quer sufocar o processo histórico — ela o vê como um processo aberto, cujo desdobramento se dá no tempo através da luta de classes. Por esta razão, o pensamento não pode se estancar em teorias simplificadas e abstratas. Ele deve produzir análises concretas histórico-estruturais.[21]

Será com esta concepção da história e armado do método que lhe é mais adequado que F. H. Cardoso abordará o Brasil e a América Latina. Seu pensamento quer se referir à "realidade latino-americana" e não ao que ela "deveria ser". E a realidade latino-americana é a da dependência capitalista. Dura ou não, esta é a realidade a ser analisada e transformada. A análise dialética concreta, ao abordar a dependência latino-americana, não opõe mecanicamente interno e externo e não submete o interno ao externo. Este não é nem unilateralmente determinante nem exterior: o externo é interior, o interno é exterior, e se constituem reciprocamente. O capitalismo é exterior e interior. E em cada situação concreta de dependência esta articulação interno/externo é específica, histórica. Em cada fase do capitalismo e em cada país do mundo o interno se articula de forma original com o externo. O que interessa representar na análise da "dependência estrutural" é esta articulação concreta e específica. O que interessa é o movimento, a luta de classes, as redefinições de interesses, as alianças políticas que mantêm a estrutura e a transformam ao mesmo tempo. As estruturas não são fixas e atemporais — são contraditórias, dinâmicas, históricas.[22]

O que interessa a F. H. Cardoso é o que reivindicavam Caio Prado Jr. e F. Fernandes: a busca do concreto, isto é, de uma temporalidade específica, de um mundo histórico determinado. É a análise rigorosa,

---

[21] Cf. Cardoso, 1975.
[22] Cf. Cardoso, 1974 e 1975.

histórico-concreta, das articulações entre dependência e imperialismo que possibilitará a elaboração de uma estratégia política que se abra para o futuro. Esta é a sua proposta essencial: uma análise histórica consistente que não leve ao fechamento do futuro da América Latina — estagnação e ações desesperadas. Uma análise teórica consistente deverá propor caminhos novos que levem ao desenvolvimento, caminhos realistas-otimistas, dentro das condições estruturais capitalistas, que são "objetivas".

Dependência e desenvolvimento na América Latina escandaliza as esquerdas pelo seu otimismo em relação às possibilidades de desenvolvimento econômico-social dos países latino-americanos dentro do capitalismo-dependente. As esquerdas eram mais céticas quanto ao futuro destes países, e seus vários segmentos se envolviam em debates apaixonados, desesperados e sempre divergentes. As análises sociológicas falavam de desenvolvimento do subdesenvolvimento, de subimperialismo, de lumpemburguesia, e propunham sonhos irrealizáveis como ou capitalismo nacional ou socialismo, brandindo a ameaça do fascismo. No interior desse debate, F. H. Cardoso falará de dependência & desenvolvimento! A sua intervenção nesse debate lembra, repetimos, a de G. Freyre em outro: quando os interlocutores chegam às conclusões mais desalentadoras e céticas, os dois dão uma guinada no olhar e veem, na realidade que impossibilitava o sucesso, a chave do sucesso! F. H. Cardoso defenderá a aliança entre a burguesia brasileira e a burguesia internacional; ele verá como um caminho positivo para o Brasil a aproximação e não a luta contra os capitais estrangeiros. Aqui, talvez, se possa perceber o seu "mirante" sobre o Brasil: a burguesia paulista.

F. H. Cardoso é um pensador burguês e paulista. Ele se tornou um formulador do projeto burguês para o Brasil quando percebeu que a burguesia tinha dificuldades em dar forma à sua própria consciência. Decidiu formulá-la para ela, oferecendo-lhe a sua própria representação. E ofereceu-lhe uma representação de si mesma simpática, não autoritária, vinculada aos interesses nacionais no interior das pressões internacionais. F. H. Cardoso percebeu que nos anos 1960-70, estando o capitalismo estruturado como estava, só havia um sujeito que poderia levar o Brasil ao desenvolvimento industrial, à acumulação de capitais: a burguesia interna associada ao capital estrangeiro. O capital estrangeiro veio dinamizar a produção, diversificando-a, e estimular o mercado interno.

O capital estrangeiro traz tecnologia, financiamentos, empregos e abastece o mercado interno. O mercado interno só poderia ser dinamizado pela sua internacionalização, que tornaria os industriais brasileiros mais competitivos, aprofundaria neles uma mentalidade burguesa consequente, eficaz, racional, competitiva. O capitalismo não poderá se instalar na América Latina se se lutar contra ele, se os capitais estrangeiros forem hostilizados e ameaçados quando aplicados internamente. Se é o capitalismo que dinamiza o desenvolvimento industrial, este só será possível na América Latina pela associação, não sem tensões, é claro, entre os sujeitos econômicos internos, Estados nacionais e burguesias locais, e os externos.

Na nossa perspectiva, defini-lo como burguês ou intelectual orgânico da burguesia não é uma definição pejorativa e negativa. Nossa intenção é situá-lo, olhando para o Brasil com os seus olhos, para melhor compreender e avaliar o seu pensamento. Ele oferece à burguesia uma representação de si mesma que não é autoritária, mas democrática, pluralista, de uma classe social que acumula capital extraindo mais-valia relativa. Talvez ele seja otimista demais em relação a essa burguesia, que para F. Fernandes, por exemplo, tem um comportamento avesso a este acima, o que o levou a protestar veementemente e a não sucumbir aos argumentos da análise histórico-estrutural concreta, que ele fez tão bem quanto F. H. Cardoso.

Entretanto, F. H. Cardoso não "quer que as coisas sejam assim", ele não "deseja" que o desenvolvimento se dê na dependência. Ele constata esta realidade e propõe meios para a sua representação e controle político. A teoria sociológica procura constatar tendências estruturais e, se são produtivas, favoráveis, dinamizá-las por uma intervenção política calculada. A tendência estrutural constatável no Brasil nos anos 1960 não era a afirmação do capitalismo nacional, ao contrário. As esquerdas mais desejavam isso do que o constatavam na realidade. A questão é definir bem essa tendência e torná-la favorável ao desenvolvimento interno, o que requer uma intervenção política eficaz, racional, bem informada e sempre contrastada com a tendência historicamente observável. Esta intervenção política eficaz exige uma análise integrada da realidade brasileira. Ele proporá que não se aborde o Brasil isoladamente da América Latina. O Brasil será visto como um "caso" de uma conjuntura mais global, a latino-americana, dentro da estrutura capitalista internacional. A integração do Brasil à América Latina não apaga a diferença em seu interior. Pelo contrário, falar da América Latina é especificar, em seu conjunto, as especificidades histórico-estruturais. Em cada realidade nacional latino-americana, grupos, classes e Estados em tensão — em luta e alianças pelo poder e com a sua história específica — se articulam de maneira diferenciada com o capitalismo internacional. É uma análise, ao mesmo tempo, e nisto F. Weffort verá uma contradição, nacional e classista. Nacional, porque cada Estado latino-americano é dominado por grupos distintos, com projetos distintos, e de classes, porque em cada realidade nacional a luta pelo poder é constante, e o seu controle varia de acordo com as vitórias e as derrotas de uns grupos ou outros.[23]

F. H. Cardoso foi também censurado por enfatizar muito as condições capitalistas internacionais, o externo determinando o interno.[24] Mas não nos parece ter sido isto o que ele pretendeu fazer. A análise dialética que realiza, embora situe a América Latina no sistema capitalista internacional, não enfatiza variáveis exógenas, mas as características internas de cada sociedade latino-americana. E examina as suas possibilidades particulares de desenvolvimento. O desenvolvimento capitalista é visto como produzido pelas classes internas em conflito. A dominação interna e a dominação externa variam de acordo com as vitórias de cada grupo. A mudança é histórica: é produzida na luta de classes pelo poder interno. Portanto, o externo não explica mecanicamente o interno. O interno se conecta ao externo, e este se expressa nas relações de classes internas. F. H. Cardoso se refere a uma causalidade significante, em que as realidades se determinam de um modo historicamente dado.[25]

A Obra: *Dependência e Desenvolvimento na América Latina*

Procuraremos realizar uma síntese da obra, apresentando as suas principais teses, diagnósticos e propostas para a América Latina e, principalmente, para o Brasil, sempre apoiados em sua própria linguagem e tom. F. H. Cardoso e E. Falleto pretendem realizar uma nova aborda-

---

[23] Cf. Weffort, 1971.
[24] Cf. Goldstein, 1994.
[25] Cf. Cardoso e Falleto, 1970.

gem da América Latina, jamais tentada, realmente marxista e dialética. Eles denominam esta abordagem inovadora "análise integrada de situações histórico-estruturais concretas". Sem esquecermos a coautoria de E. Falleto, doravante falaremos apenas de F. H. Cardoso, a quem geralmente se atribui, talvez injustamente em relação a Falleto, a criação da teoria da dependência.

Esta análise integrada da América Latina, além de não separar cada realidade particular, ao mesmo tempo que a especifica, não privilegia nenhuma esfera da sociedade como determinante das outras. Nem a esfera social, nem a esfera econômica, nem a política se impõe uma às outras, em última instância. É uma análise que explica os processos econômicos como sociais, os sociais como políticos, e os políticos como mentais, econômicos e sociais. Esta análise evita a perspectiva tipológica, simplificadora, que opõe as sociedades tradicionais às sociedades modernas. Na verdade, ele afirma, não há sociedades tradicionais puras ou "sociedades modernas puras. E a mudança do tradicional para o moderno não significa que o tradicional esteja atrasado e que seguirá as mesmas etapas do moderno avançado. Evitando essa análise tipológica, F. H. Cardoso quer recuperar a originalidade da América Latina, a especificidade das relações entre as classes no plano nacional e as suas relações particulares com o capitalismo internacional. O moderno não é o tradicional amanhã. Interessa realçar as características histórico-estruturais que promovem o desenvolvimento de forma original.

Entre os países da periferia, é necessário distinguir as suas posições particulares e as suas relações específicas com o centro. Há os países sem desenvolvimento, que não mantêm relação de mercado com o centro; os subdesenvolvidos são coloniais ou nacionais. Cada um destes possui posições e funções na estrutura global do sistema capitalista. Entre os desenvolvidos e os subdesenvolvidos não há só diferença de etapas produtivas, mas de função e posição na estrutura econômica internacional. O conceito de "subdesenvolvimento" (realidade histórica onde predomina o setor agrário, forte concentração da renda, pouca diferenciação do setor produtivo, predomínio do mercado externo, mercado interno inelástico) é insuficiente se não for considerado também como uma situação histórica. É preciso analisar a maneira pela qual as economias subdesenvolvidas se vinculam ao mercado mundial, bem como a constituição dos grupos internos nessa vinculação. O conceito de "dependência" seria mais adequado do que o de "subdesenvolvimento", pois vincula os sistemas econômicos e políticos no plano interno e externo, ressaltando o modo de integração das economias nacionais ao mercado internacional, o qual supõe formas distintas de inter-relação dos grupos internos com os externos. Não se deve, portanto, procurar o passado do centro na periferia, mas a relação centro-periferia.

Na perspectiva da dependência, da relação centro-periferia articulada, o visado são as condições e possibilidades de desenvolvimento e consolidação das economias nacionais latino-americanas pelo modo como se articulam os grupos internos e externos e pela forma do poder interno que assegura essa relação. O sistema de poder não é transformado e assegurado automaticamente pelas suas bases materiais. As relações de poder e produção foram distintas nos diversos países latino-americanos, motivo pelo qual se impõe com mais força a necessidade da análise de situações histórico-concretas das relações entre as nações latino-americanas e o mercado mundial. Após o rompimento do Pacto Colonial, as novas nações latino-americanas se formaram dependendo da força e capacidade política dos grupos locais e da sua história colonial particular. As ex-colônias agrícolas foram mais bem-sucedidas na constituição nacional. Esses países terão uma duplicidade interna: os limites nacionais não coincidem com as áreas integradas ao capitalismo. Há setores marginais, que abastecem os centros exportadores, articulando-se assim indiretamente ao externo.

O novo poder nacional teve de se vincular duplamente, então: reorientou a vinculação externa e articulou as oligarquias locais voltadas para dentro. As independências não foram homogêneas, isentas de lutas internas. As lutas internas foram definindo as alianças, os mercados nacionais e os limites territoriais. Estabeleceu-se uma primeira forma de dependência com a produção controlada nacionalmente. As economias nacionais dependiam de um produto primário de exportação, de abundante oferta de mão de obra e disponibilidade de terras. Os grupos modernos ligados ao mercado mundial se associaram internamente aos grupos tradicionais, desligados do mercado mundial. Constituíram uma aliança, não sem tensões, que controlou o Estado durante todo o século XIX.

Essa primeira forma de articulação entre as nações latino-americanas recém-independentes e o capitalismo, que variou de país para país, mudará na passagem do século XIX para o XX e se acentuará nos 30 anos seguintes. Já ao longo do século XIX, ao lado das oligarquias, afirmaram-se setores financeiros e mercantis que abriram a possibilidade do desenvolvimento de uma economia urbano-industrial. Na passagem do século XIX para o XX, os países latino-americanos atravessam um período de transição, cada um a sua maneira. No interior da sociedade econômica exportadora, apareceram novos atores sociais, os setores médios, que puseram em xeque aquele modelo de crescimento para fora, o qual entraria em crise mais aguda com as crises externas. Mas, insiste F. H. Cardoso, essa crise só foi agudizada pelas crises externas, não foi criada por elas. A dominação oligárquica começou a se deteriorar antes da crise econômica mundial, com a formação interna de um setor burguês que produzia para dentro, desvinculado, portanto, do mercado mundial, embora ele tivesse de se apoiar em uma complexa aliança com os latifúndios tradicionalistas. Foi o próprio crescimento da economia exportadora que propiciou a diferenciação interna, o surgimento dos grupos médios, a produção voltada para dentro e o fortalecimento do mercado interno. Apareceram os primeiros núcleos industriais, as classes típicas do capitalismo, a burguesia e o proletariado, tudo isso em consequência da expansão do setor exportador. Não há oposição entre os setores exportador e interno — são complementares.

Eis como F. H. Cardoso vê a América Latina como um todo: a primeira dependência nacional, após a ruptura do Pacto Colonial, era baseada na exportação de produtos primários para o mercado mundial. A produção para o mercado interno era vinculada à área exportadora, que consumia esses produtos nacionais. À medida que a exportação crescia, estimulava a produção voltada para o mercado interno, que no início dos anos 1930 se fortaleceu, impondo uma reestruturação das forças internas e uma rearticulação com o capitalismo internacional. Essa tendência geral foi conduzida de forma particular em cada país latino-americano. E F. H. Cardoso analisará os vários países latino-americanos como casos histórico-concretos dessa tendência geral. Interessa-nos a sua análise do caso histórico-concreto Brasil.

O Brasil na América Latina

No Brasil, a modernização da economia exportadora se manifestou com a abolição e com o advento da República (1888/89). Até 1860-70, mandavam as alianças regionais do açúcar e do café. O poder oligárquico garantia o Império. A oligarquia no poder se dividira em dois partidos — um conservador e outro liberal. F. H. Cardoso não desvaloriza essa divisão interna às elites oligárquicas, quer dizer, não minimiza a sua diferenciação interna. Para ele, seria um erro subestimar a capacidade transformadora do partido liberal, que foi de fato "renovador". A modernização se iniciou após 1870, depois da Guerra do Paraguai e com a vinda do trabalhador livre imigrante. A pressão dos grupos oligárquicos renovadores e dos setores médios levou à transformação da ordem agrária escravista. Essas pressões, intensificadas pela I Guerra Mundial e pela crise de 1929, se acentuaram nos primeiros 30 anos do século XX. As expressões visíveis dessa aceleração das pressões renovadoras foram as agitações dos anos 1920 e a Revolução de 1930. A transformação renovadora se acelerou. Em 1930, algumas oligarquias regionais associadas aos setores médios deslocaram as oligarquias nacionais de Minas e São Paulo. Vargas, representante das oligarquias excluídas durante a Primeira República, irá fortalecer os setores urbanos, a burguesia, o proletariado e os segmentos médios dependentes da indústria nacional. Ele estimulará o mercado interno, renovando o Estado, investindo em indústrias básicas e protegendo o proletariado.

O problema da industrialização no Brasil é o de saber quais grupos poderão tomar as decisões de investimento na produção voltada para o mercado interno. A burguesia é ascendente, mas politicamente frágil. Ela é o sujeito que produzirá para o mercado interno. Pós-1930, ela se aproximará das massas a fim de limitar o poder das oligarquias rurais. Há uma intensa mobilização política das massas. Aos poucos, essa mobilização levará ao grande problema da compatibilização entre a incorporação socioeconômica das massas e o reinvestimento. As propostas nacionalistas e desenvolvimentistas unem grupos opostos, promovendo alianças que levarão a impasses resolvidos pela violência. A indústria, nessa época, foi sustentada por uma política nacionalista e populista.

Vargas e seus sucessores populistas instalaram certas indústrias de base — aço, energia elétrica, transporte e petróleo. Foram importantes equipamentos para a constituição de um parque industrial moderno. A industrialização pós-1930 foi feita por forças internas, sobretudo, mesmo se o capital externo já entrava e tendia a ocupar cada vez mais espaço. As forças internas entrarão em choque com a presença do capital externo no mercado interno. Essa presença bloqueava o desenvolvimento acelerado da industrialização nacional e comprometia a soberania, argumentavam os nacionalistas. Essa era a realidade que permitia falar em revolução democrático-burguesa e em planejamento do desenvolvimento em bases nacionais. F. H. Cardoso é mais brando em sua crítica ao PCB: a realidade brasileira dos anos 1920-50 não proibia o sonho da emancipação e autonomia nacional. Esse sonho, naquela época, não era um delírio total, um discurso sem base histórica. As ideias de "nação" e de "desenvolvimento autossustentado" reuniam internamente grupos antagônicos contra os adversários comuns: o passado oligárquico e o presente imperialista.

Havia, portanto, um clima de otimismo, e pensou-se alcançar um desenvolvimento autossustentado, reconhece F. H. Cardoso, menos cáustico do que Caio Prado Jr. em sua avaliação do projeto nacional-burguês. A produção e o mercado interno reorganizados, o Brasil tinha acumulado grande quantidade de divisas e se tinha industrializado de fato. Nos anos 1950, o Brasil contava com um mercado interno mais forte, integrado desde o século XIX, uma forte base industrial, uma abundante fonte de divisas, uma forte taxa de crescimento do capital interno. Era necessário ainda absorver uma tecnologia capaz de promover a diversificação da produção e aumentar a produtividade. Vivia-se um momento estrutural e conjuntural favorável. A teoria e a prática vislumbravam o desenvolvimento pela industrialização, um desenvolvimento autossustentado, estimulando o mercado interno pela criação de uma indústria própria de bens de capital. O mercado interno em expansão garantia por si só o desenvolvimento, que não dependeria mais do estímulo externo. Falou-se, então, em redistribuição de renda, para fortalecer o mercado interno e o consumo de produtos nacionais; em reforma agrária, para garantir a mais-valia relativa; discutiu-se a revolução democrático-burguesa ou o desenvolvimento capitalista em bases nacionais. Havia, enfim, uma esperança na possibilidade de desenvolvimento autossuficiente e autônomo. Esperança não sem fundamento.

Entretanto, nos anos 1960, fatos novos vieram destruir esse ambiente otimista. As esquerdas se tornaram ressentidas, amargas, sofrendo a derrota e a perda do futuro de desenvolvimento com autonomia. F. H. Cardoso tentará recuperar o otimismo das esquerdas. O futuro não foi perdido ainda. É preciso saber onde houve erro: na análise da realidade, que não foi lúcida e adequada, ou nos sujeitos da modernização brasileira, que não souberam fazer as opções corretas que a estrutura possibilitava? F. H. Cardoso conclui que houve erro nos dois níveis, no teórico e no político. Faltou uma análise integrada que desse conta do desenvolvimento específico dos países latino-americanos. Tal análise apoiaria os sujeitos da modernização com uma melhor informação sobre a realidade. É esta análise integrada que ele pretende oferecer, agora, às sociedades latino-americanas. Tal análise revelaria a existência de limites estruturais ao desenvolvimento industrial controlado nacionalmente, sem também impor a conclusão de que ele deveria ser tal como se deu, isto é, com a participação e o controle externos.

O desenvolvimento não tem necessariamente de ser controlado ou de dentro ou de fora: a análise ofereceria apenas o conhecimento das forças internas, da sua luta e das opções que fazia. É esta luta interna que define a opção feita. Em Cuba, por exemplo, tal luta levou a uma opção pelo desenvolvimento no socialismo; no Brasil, a luta interna não levou nem a esta opção cubana e nem à opção pelo capitalismo nacional. A análise integrada revelaria as lutas internas e as opções feitas por cada aliança dos grupos vitoriosos nacionais. No caso do Brasil, as lutas internas levaram à opção pelo desenvolvimento capitalista-associado. Aqui, os grupos vitoriosos acreditavam na viabilidade do desenvolvimento capitalista-dependente.

As lutas internas pelo poder instauraram um conjunto histórico de possibilidades estruturais próprias: alternativas foram excluídas e opções foram feitas dentro de possibilidades estruturais pelos grupos vencedores. Por que teriam feito aquela opção os grupos vencedores no Brasil? Porque o desenvolvimento industrial em bases nacionais teria que compatibilizar acumulação e reinvestimento com integração econômico-social das massas. O que não é possível em uma economia dependente: ou se faz a acumulação e se exclui, ou se inclui e não se faz a acumulação. Os grupos nacionais optaram pela acumulação, pelo desenvolvimento tipicamente capitalista, que é excludente. Nos anos 1930-50, tinha sido possível um crescimento para dentro, porque a conjuntura internacional era de crise, favorável ao crescimento em bases nacionais. Naquele momento, foi possível minimizar a exclusão social e incorporar as massas na aliança desenvolvimentista nacional-populista. Tal incorporação, no entanto, diminuía a capacidade de acumulação. As oligarquias rurais e as burguesias industriais não suportavam a pressão por melhores salários no campo e na cidade. O Estado premido pelas massas tornou-se perigoso. A queda dos preços dos produtos de exportação, preços que são controlados de fora, veio limitar ainda mais a acumulação necessária à industrialização.

F. H. Cardoso põe-se no lugar do setor industrial no início dos anos 1960 e examina todas as opções para continuar crescendo em bases nacionais. Nenhuma delas era satisfatória. Todas gerariam crises internas perigosas. Só lhe restou uma opção para continuar acumulando e promovendo a industrialização: a "internacionalização do mercado interno", a sua associação com a burguesia internacional. A fase da industrialização por substituição de importações passara. Desfez-se a antiga aliança populista-desenvolvimentista. Criou-se uma nova dependência, que reorganizava os grupos internos articulando-os ao externo de forma nova. Nessa nova dependência a periferia não é mais agroexportadora. Aparece uma novidade histórica: a periferia industrializada! A relação com o exterior será de outra ordem: as economias centrais investem diretamente nos mercados periféricos.

A opção interna foi, então, pela industrialização e desenvolvimento no interior da dependência. O desenvolvimento se faz com crescentes investimentos estrangeiros no setor industrial. Os capitais externos se solidarizam com a expansão da economia de mercado, favorecendo o seu desenvolvimento. Pode-se até supor que há autonomia e desenvolvimento, mas essa nova dependência continua supondo heteronomia e desenvolvimento limitado. A economia central e a periférica se encontram no próprio mercado interno. O desenvolvimento industrial será alcançado com restrição da autonomia do sistema econômico nacional e da soberania política. A unificação dos sistemas produtivos leva à padronização dos mercados e ao seu ordenamento supranacional. O mercado mundial impõe suas leis aos grupos locais, restringindo-lhes a autonomia. Entretanto, também associado ao capital externo, o Estado se fortalece, torna-se empresário, o que aumenta a sua autonomia. A vida política se torna mais complexa. Nessa nova forma de desenvolvimento dependente-associado articulam-se: o setor público empresarial, as multinacionais e o setor moderno nacional. Dividem a esfera da produção entre si, em áreas de atuação. Os setores-chave são dominados pelas multinacionais (bens de consumo duráveis e produtos primários de exportação). O setor nacional se associa às multinacionais em condição subordinada. E os três são consumidores dos produtos e serviços uns dos outros. São produtores-consumidores. As reivindicações do povo pela redistribuição da renda são reprimidas, pois o seu consumo é dispensável. O desenvolvimento se realiza pela intensificação da exclusão social das massas e de grupos que tinham poder na fase anterior. Em vez de um nacional-populismo anti-imperialista, há um nacional-estatismo dependente-associado. O Estado empresarial, e não mais populista, já não se interessa pela redistribuição da renda. A centralização autoritária facilitará a implantação do modo de produção capitalista nas economias dependentes.

Essa nova dependência se impôs de forma consistente a partir de 1964. Desde essa época, dominarão os burgueses internacionalizados com o apoio do Poder Executivo e dos tecnocratas. A burguesia atuará mais sobre o Estado do que através de partidos políticos. Ela organiza "anéis burocráticos" que a instalam diretamente no Executivo. O Estado, pressionado também por setores médios, intelectuais de esquerda, partidos e parlamentares, empresários nacionais, que são contra a indústria em bases não nacionais, às vezes realizará "desvios nacionalistas", que a burguesia-associada instalada nos anéis burocráticos tratará de minimizar ou corrigir. O desenvolvimento capitalista dependente exclui os assalariados em geral e setores industriais não associados. Aumenta a marginalização. Mas a resistência está controlada. As classes dominantes estão solidárias na dominação. A passagem para o capitalismo industrial em países dependentes assenta-se em regimes autoritários, cuja duração dependerá do êxito econômico dos grupos no poder. Mas o curso da história, apesar de ser um rio com margens estreitas, depende da ousadia dos que agem em função de fins historicamente viáveis.

Quanto ao futuro, F. H. Cardoso afirma não poder controlá-lo antecipadamente. Ele dependerá da ação coletiva que realizará o que for estruturalmente viável. A história não se deixa fechar em teorias e esquemas simples: seu desdobramento é inesperado e exige pesquisa histórica particular, sóbria e paciente. Em todo caso, F. H. Cardoso define a sua visão do futuro: prefere não ser idílico (socialista) nem catastrofista (estagnação). Prefere o otimismo: a superação dos obstáculos ao desenvolvimento depende mais do jogo de poder que utilizará as condições econômicas do que das próprias condições econômicas. O futuro dependerá da ação de sujeitos históricos competentes e audaciosos, que saberão fazer as opções mais favoráveis ao desenvolvimento que a estrutura capitalista possibilitar. A história é uma "invenção dos homens", embora sob estreitos limites estruturais.[26]

F. H. Cardoso *versus* F. Fernandes e F. Weffort

Essa é a análise que F. H. Cardoso e E. Falleto fazem da América Latina. A partir de certo momento, quando F. H. Cardoso passa ao esclarecimento da teoria, ele tende a fazer a apologia da opção feita como a única que poderia ter sido feita. Dá a impressão de desejar que as coisas se tenham dado como se deram e não apenas de analisar e constatar uma opção realizada. Parece passar a apoiar a burguesia brasileira e o Estado na sua associação com o capitalismo internacional.

Desapareceu da sua análise o tom de protesto presente em uma análise tão rigorosa quanto a dele, como a de F. Fernandes. A ausência dessa indignação com os métodos da burguesia e com a exclusão que o desenvolvimento capitalista-associado exige o confirma no ponto de vista burguês. Tal indignação só pode ser percebida em uma análise do Brasil a partir do ponto de vista dos grupos que "sofrem" tal opção feita pela burguesia. Sua análise se apoia na ação de uma classe social, ação que ele declara apenas querer conhecer constatando, mas que acaba conhecendo, apreciando e orientando. Teria o sujeito do conhecimento sido vítima do seu objeto? De tanto "pôr-se no lugar de" para compreender melhor o outro, corre-se o risco de aderir ao seu lugar, de "tomar e ficar no lugar". Não haveria nisso nada de problemático se tal orientação não significasse uma minimização do autoritarismo que essa opção representou e uma desconsideração da exclusão social que ela propõe. Entretanto, F. H. Cardoso não é nem autoritário nem favorável à exclusão social — por isso, ele pode ser também considerado um intelectual de esquerda. Mas, na medida em que se especializou na burguesia e se tornou um seu assessor e informante, ele, por um lado, tornou-se aliado e cúmplice da sua ação autoritária e excludente e, por outro, tornou-se um "civilizador da burguesia", seu professor de democracia, de tolerância e de simpatia pelos excluídos.

Os analistas da teoria da dependência procuram restringir a sua validade, mesmo reconhecendo a sua grande fecundidade. Para Weffort,

---

[26] Cf. Cardoso, 1971.

a teoria da dependência não seria uma "teoria", na verdade, mas uma "problemática", que teve um papel renovador na discussão da América Latina ao abandonar a tese do padrão universal do desenvolvimento capitalista para enfatizar a peculiaridade dos caminhos latino-americanos para o desenvolvimento. Sua presença é renovadora e crítica, pois chama a atenção para as singularidades latino-americanas. Entretanto, ela possui elementos ideológicos que a diminuem como teoria científica. O conceito de "dependência", afirma Weffort, é impreciso, o que dificulta o seu uso científico. Este conceito se refere à luta de classes ou à nação? Ele é ambíguo: refere-se à dependência externa (centro/nação) e a uma dependência estrutural (classes internas e externas). O conceito oscila entre uma abordagem nacional e uma abordagem de classe. A ideia de "nação", no entanto, é contraditória com a de dependência estrutural. Nação implica autonomia e soberania; a dependência estrutural implica heteronomia, associação em uma posição menor. Na perspectiva de classe, que é a da dependência estrutural, a questão nacional é secundária, senão irrelevante. A teoria marxista ignora a existência de nações; o sistema capitalista é universal; universais são as classes sociais em sua luta.[27]

A teoria da dependência parece dar uma ênfase excessiva ao conceito de nação, tomando-o em pé de igualdade com o de classe, quando uma teoria de classe não precisa da nação. Mas, na América Latina, qual o lugar dos valores nacionais nas relações de classe? Weffort parece, portanto, querer limitar o conceito de dependência à luta de classes, à dependência estrutural, e desvalorizar o seu uso na dependência externa entre nações centrais e periféricas, que ele considera secundária do ponto de vista marxista (Weffort, 1971).

F. H. Cardoso comentou essas considerações de Weffort, procurando esclarecer o seu ponto de vista. Para ele, a análise histórico-concreta que a teoria da dependência pretende realizar não pode estudar as classes no interior de um país sem levar em conta o conceito de nação. Esta análise recupera a significação política dos processos econômicos contra a vagueza das análises pseudomarxistas que veem o imperialismo como uma entelequia a condicionar desde o exterior os países dependentes. O valor da noção de dependência está na recuperação do nível concreto, isto é, permeado pelas mediações políticas e sociais da luta de

---

[27] Cf. Weffort, 1971.

classes, as quais constituem interna e externamente o capitalismo internacional. Nas relações entre nação/autonomia e classe/heteronomia não há uma ambiguidade: trata-se de uma *contradição real* na situação de dependência. Na análise da situação concreta, aparece esta contradição entre nação/Estado e a internacionalização das relações de produção capitalistas. Além do mais, Marx nunca desprezou os Estados nacionais em suas análises sobre o capitalismo na Europa. O conceito de nação revela um aspecto político da luta de classes no nível internacional: quer-se o desenvolvimento capitalista, mas este é articulado por forças internas a cada país, forças que ao mesmo tempo querem a associação internacional de classes e a manutenção do seu poder de decisão política autônoma.[28]

F. H. Cardoso estaria disposto, entretanto, a reconhecer uma crítica à sua interpretação. Ele próprio admite que o seu livro avançou pouco na análise dos limites da reprodução da situação de dominação de classe em países dependentes. Sua análise se refere pouco à ruptura da dominação capitalista interna; ele não tratou de uma possível revolução socialista. Em que circunstâncias seria possível interromper o desenvolvimento capitalista dependente-associado por um projeto que integre mais a população ao desenvolvimento, por um projeto que não só estimule o crescimento econômico mas também a integração das massas ao gozo deste crescimento? Ele reconhece que não tratou disso, pois também não pretendeu se referir ao que "deveria ser". Poderia ter avançado na análise deste futuro possível, mas preferiu não ser idílico. Espera que outro faça este avanço teórico a partir da sua própria análise. Entretanto, quem o fizer, exige ele, deverá formular, não um anseio ideológico da revolução socialista, mas uma teoria que permita orientar a prática de uma revolução socialista viável. Para formular tal teoria da revolução socialista, este pesquisador deverá ir além na análise das situações concretas da dependência para ver como agem, em situações concretas, as forças sociais capazes de superar o estado atual de dependência. Enfim, uma teoria da revolução socialista só será válida e aceitável se apoiada em uma análise integrada, dialética, de situações histórico-estruturais concretas.[29]

---

[28] Cf. Cardoso, 1971.
[29] Ibid.

F. H. Cardoso seria um marxista que aplica à realidade latino-americana o método dialético e não o força a concluir pelo socialismo. Sua análise marxista da realidade latino-americana não o autorizou a extrair esta conclusão: "A revolução socialista é necessária e iminente". Pelo contrário, a sua análise revelou que ela é idílica, longínqua. É um projeto ainda sem sujeito eficaz, organizado e forte. O que tampouco significa que ela seja não realizável, desde que apoiada em uma análise histórico-estrutural concreta, que a tome como uma opção estruturalmente viável.

No "redescobrimento do Brasil" feito pelos intérpretes marxistas, de 1950 a 1970, o que se percebeu foi uma restrição progressiva da ideia de revolução. Nos anos 1950, ela era uma evidência, uma euforia, uma crença, uma fé, uma ciência, uma necessidade iminente. Nos anos 1960, com Caio Prado Jr., a ideia foi reconstruída e adiada, após a derrota, mas mantida, apoiada em uma outra análise da realidade brasileira. No final dos anos 1960-70, têm-se duas visões da revolução brasileira: F. Fernandes continua a alimentar esta esperança. Quanto mais a sua análise empírica da realidade brasileira a proíbe, mais ele protesta e aspira a ela. Vê as mudanças no Brasil serem produzidas por um sujeito histórico pouco eficaz, pouco audacioso, uma burguesia tímida para fora e violenta para dentro. F. Fernandes, por mais que perceba a continuidade predominando sobre a mudança, insiste na necessidade da mudança e na sua aceleração. Nele, teoria social e sentimento político mantêm uma relação tensa: a teoria social revela a continuidade, seu sentimento político é o da produção acelerada da mudança.

Em F. H. Cardoso a mudança é percebida como aceleração em outro sentido: o da modernização capitalista, mas com associação e dependência. A mudança não é ruptura estrutural, mas a realização das possibilidades estruturais. F. H. Cardoso constata que o Brasil muda e rápido, mas dentro da estrutura capitalista. E ele não protesta contra este sentido da história brasileira. A ruptura estrutural foi reconhecida como inviável, um sonho irrealizável. A emancipação e a autonomia nacionais, que representariam tal revolução, foram substituídas pela radicalização e renovação da dependência e do comprometimento da autonomia nacional. Mas, fundamentalmente, com mudança, produzida por novos sujeitos históricos, em direção ao desenvolvimento industrial e à democracia.

Bibliografia

Introdução

Domingues, I. *O fio e a trama*. São Paulo/Belo Horizonte, Iluminuras/UFMG, 1996.

Eco, U. *Interpretação e superinterpretação*. São Paulo, Martins Fontes, 1993.

Febvre, L. *Combats pour l'histoire*. Paris, A. Colin, 1992.

Koselleck, R. *Le futur passé. Contribution à la semantique des temps historiques*. Paris, EHESS, 1990.

Mota, C. G. *Ideologia da cultura brasileira (1933-74)*. São Paulo, Ática, 1978.

Ortega y Gasset, J. *Kant, Hegel, Dilthey*. Madrid, Revista de Occidente, 1958.

Reis, J. C. *Tempo, história e evasão*. Campinas, Papirus, 1994.

Ricoeur, P. *De l'interprétation. Essai sur Freud*. Paris, Seuil, 1965.

―――. *História e verdade*. Rio de Janeiro, Forense, 1968.

―――. *Interpretação e ideologias*. Rio de Janeiro, Francisco Alves, 1988.

Schaff, A. *História e verdade*. São Paulo, Martins Fontes, 1978.

Sobre Varnhagen: *História geral do Brasil*. [1853-57]. 7 ed. Revisão e notas de Rodolfo Garcia. São Paulo, Melhoramentos, 1962. 5t.

Abreu, J. Capistrano de. Sobre o visconde de Porto Seguro. In: *Ensaios e estudos: crítica e história*. 2 ed. Rio de Janeiro/Brasília, Civilização Brasileira/INL, 1975a.

―――. Necrológio de Varnhagen. In: *Ensaios e estudos: crítica e história*. Rio de Janeiro/Brasília, Civilização Brasileira/INL, 1975b.

Araújo, R. B. Ronda noturna: narrativa, crítica e verdade em Capistrano de Abreu. *Estudos Históricos*. Rio de Janeiro, Vértice (1), 1988.

Barata, M. A obra de Martius e a sua presença na cultura brasileira. In: *II Colóquio de Estudos Teuto-Brasileiros*. Recife, UFPE, 1974.

Campos, P. M. Esboço da historiografia brasileira nos séculos XIX e XX. In: Glenisson, J. *Iniciação aos estudos históricos.* São Paulo, Difel, 1983.

Canabrava, A. P. Apontamentos sobre Varnhagen e Capistrano. *Revista de História.* São Paulo, USP, *18*(88), out./dez. 1971.

Dias, M. Odila. *O fardo do homem branco — Southey, historiador do Brasil.* São Paulo, Nacional, 1974. (Coleção Brasiliana, 344.)

Guimarães, M. L. S. Nação e civilização nos trópicos. O IHGB e o projeto de uma história nacional. *Estudos Históricos.* Rio de Janeiro, Vértice (1), 1988.

Mota, C. G. *Atitudes de inovação no Brasil (1789-1801).* Lisboa, Horizonte, s.d.

Moura, C. *As injustiças de Clio: o negro na historiografia brasileira.* Belo Horizonte, Oficina de Livros, 1990.

Odália, N. (org.). *Varnhagen.* São Paulo, Ática, 1979. (Coleção Grandes Cientistas Sociais.)

Ortiz, R. *Cultura brasileira e identidade nacional.* São Paulo, Brasiliense, 1985.

Ribeiro, D. *O povo brasileiro; a formação e o sentido do Brasil.* São Paulo, Companhia das Letras, 1995.

Rodrigues, J. H. Varnhagen: mestre da história geral do Brasil. *Revista do IHGB,* abr./jun. 1967.

Sobre a criação do Instituto Histórico e Geographico Brazileiro. *Revista do IHGB, 1,* 1º trim. 1839.

Stein & Stein. A historiografia brasileira (1808-1889). *Revista de História.* São Paulo, USP, *29*(59), 1964.

Von Martius, K. Philipp. Como se deve escrever a história do Brasil? *Jornal ou Revista Trimestral do IHGB* (24), jun. 1845.

——. *Frey Apollônio: um romance do Brasil.* São Paulo, Brasiliense, 1992.

Sobre Gilberto Freyre: *Casa-grande & senzala.* [1933]. 25 ed. Rio de Janeiro, J. Olympio, 1987.

Araújo, R. B. *Guerra e paz* — Casa-grande & senzala *e a obra de G. Freyre nos anos 30.* Rio de Janeiro, Editora 34, 1994.

Avila, F. B. G. Freyre e o desafio da cultura luso-tropical. In: *Gilberto Freyre na UnB.* Brasília, UnB, 1981.

Barbu, Z. A contribuição de G. Freyre à sociologia histórica. In: *Gilberto Freyre na UnB*. Brasília, UnB, 1981.

Bastos, E. R. Gilberto Freyre e a questão nacional. In: *Inteligência brasileira*. São Paulo, Brasiliense, 1986.

Briggs, A. Gilberto Freyre e o estudo da história social. In: *Gilberto Freyre na UnB*. Brasília, UnB, 1981.

Burke, P. *A revolução francesa da historiografia: a escola dos* Annales, *1929-1989*. São Paulo, Unesp, 1991.

Cândido, A. Prefácio: o significado de *Raízes do Brasil*. In: Holanda, S. B. *Raízes do Brasil*. Rio de Janeiro, J. Olympio, 1976.

Cardoso, F. H. Livros que inventaram o Brasil. In: *Novos Estudos Cebrap*. São Paulo, Cebrap (37), 1993.

Chacon, V. *Gilberto Freyre, uma biografia intelectual*. Recife/São Paulo, Fundaj/Massangana/Nacional, 1993.

Duvignaud, J. Gilberto Freyre, sociólogo humanista. In: *Gilberto Freyre na UnB*. Brasília, UnB, 1981.

Freyre, G. *Como e por que sou e não sou sociólogo*. Brasília, UnB, 1968.

————. *Novo mundo dos trópicos*. São Paulo, Nacional/Edusp, 1971. (Coleção Brasiliana.)

Gorender, J. *A escravidão reabilitada*. São Paulo, Ática/SCSP, 1990.

Graham, R. A escravatura brasileira reexaminada. In: *Escravidão, reforma e imperialismo*. São Paulo, Perspectiva, 1979.

Kujawski, G. M. G. Freyre, escritor ibérico. In: *Gilberto Freyre na UnB*. Brasília, UnB, 1981.

Leite, D. M. *O caráter nacional brasileiro*. São Paulo, Pioneira, 1983.

Lima, L. C. A versão solar do patriarcalismo: *Casa-grande & senzala*. In: *Aguarrás do tempo*. Rio de Janeiro, Rocco, 1989.

Marias, J. O tempo e o hispânico em G. Freyre. In: *Gilberto Freyre na UnB*. Brasília, UnB, 1981.

Merquior, J. G. Na casa-grande dos 80. In: *Gilberto Freyre na UnB*. Brasília, UnB, 1981.

Mota, C. G. *Ideologia da cultura brasileira (1933-74)*. São Paulo, Ática, 1978.

Motta, R. C. A intuição da história. In: *Gilberto Freyre na UnB*. Brasília, UnB, 1981.

Ortiz, R. *Cultura brasileira e identidade nacional*. São Paulo, Brasiliense, 1985.

Queiroz, S. R. Rebeldia escrava e historiografia. *Estudos Econômicos*. São Paulo, IPE/USP (17), 1987.

Ribeiro, D. *O povo brasileiro; formação e sentido da história do Brasil*. São Paulo, Companhia das Letras, 1995.

Rodrigues, J. H. Capistrano de Abreu e a historiografia brasileira. In: *História e historiadores do Brasil*. São Paulo, Fulgor, 1965.

Santos, L. A. O espírito de aldeia — orgulho ferido e vaidade na trajetória intelectual de G. Freyre. *Novos Estudos Cebrap*. São Paulo, Cebrap (27), 1993.

Skidmore, Th. *O Brasil visto de fora*. São Paulo, Paz e Terra, 1994.

Solis, G. T. Uma visão diferente do hispânico e o tempo. In: *Gilberto Freyre na UnB*. Brasília, UnB, 1981.

Sobre Capistrano de Abreu: *Capítulos de história colonial (1500-1800) & Os caminhos antigos e o povoamento do Brasil*. [1907]. 5 ed. Brasília, UnB, 1963.

Abreu, J. Capistrano de. *Ensaios e estudos: crítica e história*. Rio de Janeiro/Brasília, Civilização Brasileira/INL, 1975.

Araújo, R. B. Ronda noturna: narrativa, crítica e verdade em Capistrano de Abreu. *Estudos Históricos*. Rio de Janeiro, Vértice (1), 1988.

Bosi, A. O tempo e os tempos. In: Novaes, A. (org.). *Tempo e história*. São Paulo, Companhia das Letras/Secretaria Municipal de Cultura, 1992.

Câmara, J. S. *Capistrano de Abreu*. Rio de Janeiro, J. Olympio, 1969. (Documentos Brasileiros.)

Campos, P. M. Esboço da historiografia brasileira nos séculos XIX e XX. In: Glenisson, J. *Iniciação aos estudos históricos*. São Paulo, Difel, 1983.

Canabrava, A. Apontamentos sobre Varnhagen e Capistrano. *Revista de História*. São Paulo, USP, *18*(88), out./dez. 1971.

Chacon, V. *História das ideias sociológicas no Brasil*. São Paulo, USP/Grijalbo, 1977.

———. *Gilberto Freyre, uma biografia intelectual*. Recife/São Paulo, Fundaj/Massangana/Nacional, 1993.

Odália, N. Formas do pensamento historiográfico brasileiro. *Anais de História*. Assis/São Paulo, Unesp (8), 1976.

Ortiz, R. *Cultura brasileira e identidade nacional*. São Paulo, Brasiliense, 1985.

Reis, J. C. A história metódica, dita "positivista". In: *A história, entre a filosofia e a ciência*. São Paulo, Ática, 1996.

Ribeiro, D. *O povo brasileiro; a formação e o sentido do Brasil*. São Paulo, Companhia das Letras, 1995.

Rodrigues, J. H. Prefácio. In: *Capítulos de história colonial (1500-1800) & Os caminhos antigos e o povoamento do Brasil*. 5 ed. Brasília, UnB, 1963.

———. Capistrano de Abreu e a historiografia brasileira. In: *História e historiadores do Brasil*. São Paulo, Fulgor, 1965.

Souza, L. de Mello e. Entrevista. *Pós-História*. Assis, SP, Unesp, 6:11-21, 1998.

Wehling, A. *A invenção da história*. Rio de Janeiro/Niterói, Gama Filho/UFF, 1994.

Sobre Sérgio Buarque de Holanda: *Raízes do Brasil*. [1936]. 17 ed. Rio de Janeiro, J. Olympio, 1984.

A. Filho, G. As raízes de *Raízes do Brasil*. *Novos Estudos Cebrap*. São Paulo, Cebrap (18), 1987.

Cândido, A. Prefácio: o significado de *Raízes do Brasil*. In: Holanda, S. B. *Raízes do Brasil*. Rio de Janeiro, J. Olympio, 1976.

Cardoso, F. H. Livros que inventaram o Brasil. *Novos Estudos Cebrap*. São Paulo, Cebrap (37), 1993.

Chacon, V. *História das ideias sociológicas no Brasil*. São Paulo, Edusp/Grijalbo, 1977.

———. Uma weberiana brasileira. In: Bendix, R. *Max Weber, um perfil intelectual*. Brasília, UnB, 1986.

———. *Gilberto Freyre, uma biografia intelectual*. Recife/São Paulo, Fundaj/Massangana/Nacional, 1993.

Dias, F. Correa. Presença de Max Weber na sociologia brasileira contemporânea. *Revista de Administração Pública*. Rio de Janeiro, FGV, 4(1), jul./ago. 1974.

Dias, M. O. Introdução. In: *S. B. Holanda*. São Paulo, Ática, 1986. (Coleção Grandes Cientistas Sociais.)

Ianni, O. *Sociologia da sociologia*. São Paulo, Ática, 1989.

———. *A ideia de Brasil moderno*. São Paulo, Brasiliense, 1994.

Iglésias, F. Sérgio Buarque de Holanda, historiador. In: *III Colóquio sobre S. B. de Holanda* (Uerj). Rio de Janeiro, Imago, 1992.

Leite, D. M. *O caráter nacional brasileiro*. São Paulo, Pioneira, 1983.

Mota, C. G. *Ideologia da cultura brasileira (1933-74)*. São Paulo, Ática, 1978.

Peixoto, C. A. A diferença e a unidade em torno de algumas ideias de Sérgio Buarque. In: *III Colóquio sobre S. B. de Holanda* (Uerj). Rio de Janeiro, Imago, 1992.

Reis, J. C. O historicismo. Aron *versus* Dilthey. In: *A história, entre a filosofia e a ciência*. São Paulo, Ática, 1996.

Semana S. B. de Holanda/USP. São Paulo, Secretaria de Estado da Cultura, 1992.

Weber, M. *Metodologia das ciências sociais*. São Paulo, Cortez, 1992. 2v.

Sobre Nelson Werneck Sodré: *História da burguesia brasileira*. [Civilização Brasileira, 1964]. 4 ed. Petrópolis, Vozes, 1983.

Bornheim, G. O pensamento marxista e a exigência de sua renovação. Rio de Janeiro, Civilização Brasileira, 1978. (Encontros com a Civilização Brasileira, 4.)

Bresser-Pereira, L. C. Seis interpretações do Brasil. *Dados*. São Paulo, Perspectiva, *25*(3), 1979.

Cardoso, Ciro. Sobre os modos de produção coloniais da América. In: Santiago, Th. (org.). *América colonial*. Rio de Janeiro, Pallas, 1975.

Cardoso, F. H. *Empresário industrial e desenvolvimento econômico no Brasil*. São Paulo Difel, 1964.

———. Notas sobre o estado atual dos estudos sobre a dependência. *Cadernos Cebrap*. São Paulo, Cebrap (11), 1975.

Konder, L. *A derrota da dialética*. Rio de Janeiro, Campus, 1988.

———. *Intelectuais brasileiros & marxismo*. Belo Horizonte, Oficina de Livros, 1991.

Ianni, O. *Sociologia da sociologia*. São Paulo, Ática, 1989.

———. *A ideia de Brasil moderno*. São Paulo, Brasiliense, 1994.

Lapa, J. R. A. (org.). *Modos de produção e realidade brasileira*. Petrópolis, Vozes, 1980.

Mantega, G. *A economia política brasileira*. São Paulo/Petrópolis, Pólis/Vozes, 1984.

———. Marxismo na economia brasileira. In: *História do marxismo no Brasil*. Rio de Janeiro, Paz e Terra, 1991. v. 2.

Moraes, J. Q. A evolução da consciência política dos marxistas brasileiros. In: *História do marxismo no Brasil*. Rio de Janeiro, Paz e Terra, 1991. v. 2.

Mota, C. G. *Ideologia da cultura brasileira (1933-74)*. São Paulo, Ática, 1978.

Prado Jr., Caio. *A revolução brasileira*. São Paulo, Brasiliense, 1966.

Sodré, N. W. *História e materialismo histórico no Brasil*. São Paulo, Global, 1986.

Topalov, Ch. *Estruturas agrárias brasileiras*. Rio de Janeiro, Francisco Alves, s.d.

Sobre Caio Prado Jr.: *A revolução brasileira*. [1966]. 7 ed. São Paulo, Brasiliense, 1987.

Bosi, A. A arqueologia do Estado-providência. In: *Dialética da colonização*. São Paulo, Companhia das Letras, 1992.

Bresser-Pereira, L. C. Seis interpretações do Brasil. *Dados*. São Paulo, Perspectiva, 25(3), 1979.

──────. In: D'Incao, M. A. *História e ideal. Ensaios sobre Caio Prado Jr.* São Paulo, Brasiliense/Unesp, 1989.

Cardoso, Ciro. Sobre os modos de produção coloniais da América. In: Santiago, Th. (org.). *América colonial*. Rio de Janeiro, Pallas, 1975.

Cardoso, F. H. *Empresário industrial e desenvolvimento econômico no Brasil*. São Paulo, Difel, 1964.

──────. Livros que inventaram o Brasil. *Novos Estudos Cebrap*. São Paulo, Cebrap (37), 1993.

Coutinho, C. N. A imagem do Brasil na obra de Caio Prado. In: *Cultura e sociedade no Brasil*. Belo Horizonte, Oficina de Livros, 1990.

D'Incao, M. A. *História e ideal: ensaios sobre Caio Prado Jr.* São Paulo, Unesp/Brasiliense, 1989.

Garcia, M. A. Um ajuste de contas com a tradição. In: D'Incao, M. A. *História e ideal: ensaios sobre Caio Prado Jr.* São Paulo, Brasiliense/Unesp, 1989.

Gorender, J. Do pecado original ao desastre de 1964. In: D'Incao, M. A. *História e ideal. Ensaios sobre Caio Prado Jr.* São Paulo, Brasiliense/Unesp, 1989.

Ianni, O. *Sociologia da sociologia*. São Paulo, Ática, 1989.

──────. *A ideia de Brasil moderno*. São Paulo, Brasiliense, 1994.

Iglésias, F. *Caio Prado Jr. Introdução*. São Paulo, Ática, 1982. (Coleção Grandes Cientistas Sociais.)

Konder, L. *Intelectuais brasileiros & marxismo*. Belo Horizonte, Oficina de Livros, 1991.

Mantega, G. *A economia política brasileira*. São Paulo/Petrópolis, Pólis/Vozes, 1984.

---. Marxismo na economia brasileira. In: *História do marxismo no Brasil*. Rio de Janeiro, Paz e Terra, 1991. v. 2.

Mello, J. O economicismo em Caio Prado. *Novos Estudos Cebrap*. São Paulo, Cebrap (18), 1987.

Moraes, J. Q. A evolução da consciência política dos marxistas brasileiros. In: *História do marxismo no Brasil*. Rio de Janeiro, Paz e Terra, 1991. v. 2

Mota, C. G. *A ideologia da cultura brasileira (1933-74)*. São Paulo, Ática, 1978.

Novais, F. Caio Prado Jr. e a historiografia brasileira. In: *Inteligência brasileira*. São Paulo, Brasiliense, 1986.

Santos, L. A. O espírito de aldeia — orgulho ferido e vaidade na trajetória intelectual de G. Freyre. *Novos Estudos Cebrap*. São Paulo, Cebrap (27), 1993.

Sodré, N. W. Modos de produção no Brasil. In: Lapa, J. R. A. *Modos de produção e realidade brasileira*. Petrópolis, Vozes, 1980.

Topalov, Ch. *Estruturas agrárias brasileiras*. Rio de Janeiro, Francisco Alves, s.d.

Sobre Florestan Fernandes: *A revolução burguesa no Brasil. Ensaio de interpretação sociológica.* [1974]. 3 ed. Rio de Janeiro, Guanabara, 1987.

Bresser-Pereira, L. C. Seis interpretações do Brasil. *Dados*. São Paulo, Perspectiva, 25(3), 1979.

Cohn, G. Florestan Fernandes. In: *Inteligência brasileira*. São Paulo, Brasiliense, 1986.

Costa, E. V. *A revolução burguesa no Brasil*. Rio de Janeiro, Civilização Brasileira, 1978. (Encontros com a Civilização Brasileira, 4.)

Franco, M. S. C. *As ideias estão no lugar*. São Paulo, Brasiliense, 1981. (Cadernos de Debates, 1.)

Gorender, J. *A escravidão reabilitada*. São Paulo, Ática/Secretaria de Estado da Cultura, 1990.

Graham, R. A escravatura brasileira reexaminada. In: *Escravidão, reforma e imperialismo*. São Paulo, Perspectiva, 1979.

Ianni, O. *Florestan Fernandes. Introdução*. São Paulo, Ática, 1978. (Coleção Grandes Cientistas Sociais.)

---. *Sociologia da sociologia*. São Paulo, Ática, 1989.

---. *A ideia de Brasil moderno*. São Paulo, Brasiliense, 1994.

Mantega, G. Marxismo na economia brasileira. In: *História do marxismo no Brasil*. Rio de Janeiro, Paz e Terra, 1991. v. 2.

Moraes, J. Q. A evolução da consciência política dos marxistas brasileiros. In: *História do marxismo no Brasil*. Rio de Janeiro, Paz e Terra, 1991. v. 2.

Mota, C. G. *Ideologia da cultura brasileira (1933-74)*. São Paulo, Ática, 1978.

Queiroz, S. R. Rebeldia escrava e historiografia. *Estudos Econômicos*. São Paulo, IPE/USP (17), 1987.

Saes, D. *A formação do estado burguês no Brasil (1888-91)*. São Paulo, Paz e Terra, 1984.

Schwarz, Roberto. As ideias estão fora do lugar. In: *Ao vencedor as batatas*. São Paulo, Duas Cidades, 1981.

Silveira, Paulo. Estrutura e história. Rio de Janeiro, Civilização Brasileira, 1978. (Encontros com a Civilização Brasileira, 4.)

Sobre Fernando Henrique Cardoso: *Dependência e desenvolvimento na América Latina*. Rio de Janeiro, Zahar, 1970.

Atrás da cena, FHC afia as garras do triunfo. *Veja*. São Paulo, 12 out. 1994.

Bresser-Pereira, L. C. Seis interpretações do Brasil. *Dados*. São Paulo, Perspectiva, *25*(3), 1979.

Cardoso, F. H. *Empresário industrial e desenvolvimento econômico no Brasil*. São Paulo, Difel, 1964.

―――. Teoria da dependência ou análises concretas de situações de dependência. *Estudos Cebrap*. São Paulo, Cebrap (1), 1971.

―――. O consumo da teoria da dependência nos EU. In: *As ideias e o seu lugar*. Petrópolis, Vozes, 1973.

―――. As tradições do desenvolvimento-associado. *Estudos Cebrap*. São Paulo, Cebrap, 1974.

―――. Notas sobre o estado atual dos estudos sobre a dependência. *Cadernos Cebrap*. São Paulo, Cebrap (11), 1975.

―――. Ciência e política; a nova agenda sociológica da América Latina; a nova esquerda; a utopia viável. In: Brasil. Presidência da República. *A utopia viável: trajetória intelectual de F. H. Cardoso*. Brasília, Presidência da República, 1995.

Chacon, V. Uma weberiana brasileira. In: Bendix, R. *Max Weber: um perfil intelectual*. Brasília, UnB, 1986.

Fernandes, F. O novo presidente. *Folha de S.Paulo*. São Paulo, 31-10-1994.

———. A utopia possível. *Folha de S.Paulo*. São Paulo, 27-7-1995.

Franco, M. S. C. *As ideias estão no lugar*. São Paulo, Brasiliense, 1981. (Cadernos de Debates, 1.)

Goldstein, L. *Repensando a dependência*. São Paulo, Paz e Terra, 1994.

Gorender, J. *A escravidão reabilitada*. São Paulo, Ática/Secretaria de Estado da Cultura, 1990.

Graham, R. A escravatura brasileira reexaminada. In: *Escravidão, reforma e imperialismo*. São Paulo, Perspectiva, 1979.

Lehman, D. F. H. Cardoso: da dependência à democracia. *Novos Estudos Cebrap*. São Paulo, Cebrap (14), 1986.

Mantega, G. Marxismo na economia brasileira. In: *História do marxismo no Brasil*. Rio de Janeiro, Paz e Terra, 1991. v. 2.

Maranhão, S. M. A. Sobre Max Weber. Um breve estudo de sua influência metodológica na sociologia brasileira. In: *II Colóquio de Estudos Teuto-Brasileiros*. Recife, UFPE, 1974.

Moraes, J. Q. A evolução da consciência política dos marxistas brasileiros. In: *História do marxismo no Brasil*. Rio de Janeiro, Paz e Terra, 1991. v. 2.

Mota, C. G. *A ideologia da cultura brasileira (1933-74)*. São Paulo, Ática, 1978.

O presidente — a força da vitória. *Jornal do Brasil*. Rio de Janeiro, 17-10-1994. (Suplemento especial.)

Queiroz, S. R. Rebeldia escrava e historiografia. *Estudos Econômicos*. São Paulo, IPE/USP (17), 1987.

Schwarz, Roberto. As ideias estão fora do lugar. In: *Ao vencedor as batatas*. São Paulo, Duas Cidades, 1981.

Weffort, F. Dependência: classe e nação. *Estudos Cebrap*. São Paulo, Cebrap (1), 1971.

———. O intelectual das identidades complexas. In: Brasil. Presidência da República. *A utopia viável: trajetória intelectual de F. H. Cardoso*. Brasília, Presidência da República, 1995.

Este livro foi impresso nas oficinas gráficas da Editora Vozes Ltda.,
Rua Frei Luís, 100 – Petrópolis, RJ.